Hans Irtel

Experimental-psychologisches Praktikum

Mit 20 Abbildungen

Springer-Verlag
Berlin Heidelberg New York
London Paris Tokyo
Hong Kong Barcelona
Budapest

Priv.-Doz. Dr. Hans Irtel
Universität Regensburg
Institut für Psychologie
Universitätstr. 31

W-8400 Regensburg
E-Mail: Irtel@rpss3.psychologie.uni-regensburg.de

ISBN 3-540-56330-X Springer-Verlag Berlin Heidelberg New York

Die Deutsche Bibliothek – CIP-Einheitsaufnahme
Irtel, Hans:
Experimentalpsychologisches Praktikum / Hans Irtel. – Berlin; Heidelberg; New York; London; Paris; Tokyo; Hong Kong; Barcelona; Budapest: Springer, 1993
ISBN 3-540-56330-X

Dieses Werk ist urheberrechtlich geschützt. Die dadurch begründeten Rechte, insbesondere die der Übersetzung, des Nachdrucks, des Vortrags, der Entnahme von Abbildungen und Tabellen, der Funksendung, der Mikroverfilmung oder der Vervielfältigung auf anderen Wegen und der Speicherung in Datenverarbeitungsanlagen, bleiben, auch bei nur auszugsweiser Verwertung, vorbehalten. Eine Vervielfältigung dieses Werkes oder von Teilen dieses Werkes ist auch im Einzelfall nur in den Grenzen der gesetzlichen Bestimmungen des Urheberrechtsgesetzes der Bundesrepublik Deutschland vom 9. September 1965 in der jeweils geltenden Fassung zulässig. Sie ist grundsätzlich vergütungspflichtig. Zuwiderhandlungen unterliegen den Strafbestimmungen des Urheberrechtsgesetzes.

© Springer-Verlag Berlin Heidelberg 1993
Printed in Germany

Die Wiedergabe von Gebrauchsnamen, Handelsnamen, Warenbezeichnungen usw. in diesem Werk berechtigt auch ohne besondere Kennzeichnung nicht zu der Annahme, daß solche Namen im Sinne der Warenzeichen- und Markenschutz-Gesetzgebung als frei zu betrachten wären und daher von jedermann benutzt werden dürften.

Produkthaftung: Für Angaben über Dosierungsanweisungen und Applikationsformen kann vom Verlag keine Gewähr übernommen werden. Derartige Angaben müssen vom jeweiligen Anwender im Einzelfall anhand anderer Literaturstellen auf ihre Richtigkeit überprüft werden.

Satz: Reproduktionsfertige Vorlage vom Autor
26/3130-5 4 3 2 1 0 – Gedruckt auf säurefreiem Papier

Meinem Vater
Hanns Irtel
★ 18. 5. 1922 † 4. 11. 1986
zum Gedenken

Vorwort

Dieses Buch ist ein Handbuch zum Experimentalpsychologischen Praktikum für Studenten der Psychologie. Es eröffnet einen experimentell orientierten Zugang zu verschiedenen Bereichen der Allgemeinen Psychologie. Eine solche Einführung muß zwangsläufig exemplarisch bleiben, da im Rahmen eines Praktikums einzelne Forschungsarbeiten zwar besonders detailliert bearbeitet werden können, die Anzahl der Themen aber klein sein muß, um den durch die Dauer eines Semesters vorgegebenen zeitlichen Rahmen einhalten zu können.

Die Auswahl der Experimente erfolgte sowohl nach inhaltlichen als auch nach methodischen Gesichtspunkten. Es sollten möglichst viele inhaltliche und methodische Bereiche der Allgemeinen Psychologie vertreten sein, und die Experimente mußten mit den angenommenen, materiellen Randbedingungen eines Experimentalpsychologischen Praktikums realisierbar sein. Als technische Voraussetzung wird ein Tischrechner vom Typ IBM PC/AT mit VGA-Graphik, Farbbildschirm und Mauszeiger angenommen. Rechner dieses Typs sollten heute an jedem Psychologischen Institut in ausreichender Anzahl für das Experimentalpsychologische Praktikum zur Verfügung stehen. Darüber hinaus wurden bevorzugt Experimente gewählt, die im Rahmen des Praktikums an einer einzigen Versuchsperson, wenn möglich im Selbstversuch, durchführbar sind. Dies war allerdings nicht in allen Fällen möglich, da manche Themen naive Versuchspersonen voraussetzen. Die weitgehende Beschränkung auf Effekte, die an einer einzigen Versuchsperson nachweisbar sind, hat zur Folge, daß fast ausschließlich wohlbekannte und (auch im Rahmen eines Praktikums) sicher replizierbare Effekte behandelt werden. Gerade für Studienanfänger, denen auch die in der Psychologie wohlbekannten Effekte neu sind, hat dies den Vorteil, daß tatsächlich replizierbare Ergebnisse psychologischer Forschung demonstriert werden. Darüber hinaus zeigt dies auch das Ziel der experimentellen Forschung auf: experimentell validierte Aussagen zu finden, die für jede einzelne Person gelten, ein Ziel das mit Quasiexperimenten oder Gruppendaten nicht zu erreichen ist.

Jedes der Kapitel 1 bis 11 stellt ein Thema und ein exemplarisches Experiment vor und kann in einer Woche bearbeitet werden. Im Text wird eine Einführung in den Themenbereich gegeben, eine Fragestellung dargestellt und der Aufbau und Ablauf des Experiments beschrieben. Es werden auch Hinweise zur Datenauswertung gegeben, diese sind aber in der Regel kurz, so daß das Auffinden und Begründen einer geeigneten Art der Datenauswertung zur Praktikumsaufgabe wird. Da Studenten im zweiten Fachsemester zumindest am Anfang die für inferenzstatistische Analysen notwendigen Kenntnisse noch nicht besitzen, enthält jedes Kapitel auch Vorschläge für eine deskriptive Datenauswertung. Als wöchentliche, schriftliche Arbeit genügt ein Kurzbericht, der die Ergebnisse deskriptiv- oder inferenzstatistischer Auswertungen und eine Zusammenfassung enthält. Für die Datenerhebung sind nicht mehr als 2 Stunden aufzuwenden. Rechnet man je 2 Stunden für die inhaltliche Vorbereitung, die Datenerhebung und das Verfassen des Kurzberichts mit Datenauswertung, dann ergeben sich 6 Wochenstunden, was für ein Praktikum durchaus angemessen ist.

Zielgruppe des Praktikums sind Studenten im 2. oder 3. Semester. Vorausgesetzt werden Grundkenntnisse der Allgemeinen Psychologie, vor allem der Bereiche Psychophysik, Wahrnehmung, Lernen, Gedächtnis, Sprachverstehen und Denken, wie sie etwa durch das von Spada herausgegebene Lehrbuch (Spada, 1990) vermittelt werden, der Stoff von Statistik I (Bortz, 1993) und die wesentlichen Grundlagen der experimentellen Methodik (Calfee, 1985; Snodgrass, Levy-Berger & Haydon, 1985). Letztere können auch in einer begleitenden Lehrveranstaltung vermittelt werden. Kenntnisse inferenzstatistischer Methoden, der Stoff von Statistik II, sind wünschenswert, aber zur Durchführung des Praktikums nicht Voraussetzung, da die benötigten Verfahren entweder innerhalb der einzelnen Kapitel oder zusammenfassend in Kapitel 13 dargestellt sind. Zur wöchentlichen Praktikumsaufgabe gehört eine Zusammenfassung. In Kapitel 14 ist kurz dargestellt, welche Punkte beim Schreiben einer Zusammenfassung zu beachten sind.

Neben dem Hauptexperiment eines jeden Kapitels sind zu den jeweiligen Themen weiterführende Experimente dargestellt. Diese können alternativ zu den Hauptexperimenten durchgeführt oder als Grundlage für ein zweites Experimentalpraktikum benutzt werden. Darüber hinaus sind in Kapitel 12 kurz einige Experimente beschrieben, die sich ebenfalls für ein zweites Experimentalpsychologisches Praktikum eignen.

Alle hier beschriebenen Experimente sind auf handelsüblichen Tischrechnern ohne Spezialgeräte durchführbar. Alle Programme sind frei zugänglich. Wo und wie sie zu erhalten sind und ihre Handhabung wird im Anhang A beschrieben.

Erfahrene Benutzer von Rechnern wissen, daß kein nichttriviales Programm fehlerfrei ist. Oder anders ausgedrückt: Um ein größeres Programm fehlerfrei zu machen, ist ein unendlich großer Aufwand notwendig. Eine wichtige Hilfe dafür ist die Rückmeldung durch die Benutzer. Einige der hier vorgestellten Programme laufen bereits seit mehreren Jahren, andere sind neu erstellt worden. Alle Programme wurden ausführlich getestet. Für Hinweise zur Verbesserung des Textes und der Programme habe ich den Kolleginnen und Kollegen zu danken, die einige der Programme bereits in ihren Lehrveranstaltungen benutzt haben. Besonders hilfreich waren die Hinweise von Prof. Dr. Dietrich Albert, Prof. Dr. Dieter Heller, PD Dr. Josef Lukas und Dipl.-Psych. Hannes Rödel. Danken möchte ich auch Herrn Prof. Dr. Jan Drösler, ohne dessen Förderung dieses Projekt nicht hätte realisiert werden können.

Kommentare und Hinweise auf Fehler können an folgende Adresse gerichtet werden: Irtel@rpss3.psychologie.uni-regensburg.de. Es wird eine Adressenliste geführt und neue Informationen über dieses Praktikum und die Experimentalprogramme werden über diese Adressenliste an alle Interessenten weitergegeben.

Regensburg, im November 1992   Hans Irtel

Inhaltsverzeichnis

1	**Reaktionszeiten**	**1**
1.1	Einfache Reaktionszeit	1
1.2	Methoden	4
1.3	Durchführung und Datenauswertung	6
1.4	Praktikumsaufgabe	8
1.5	Weiterführende Experimente	10
1.6	Literaturhinweise	12
1.7	Versuchsanweisung zum Reaktionszeitexperiment	14
2	**Die Unterscheidbarkeit einfacher Reize**	**15**
2.1	Fragestellungen der Psychophysik	15
2.2	Methoden	21
2.3	Datenauswertung	23
2.4	Praktikumsaufgabe	32
2.5	Weiterführende Experimente	35
2.6	Literaturhinweise	38
2.7	Versuchsanweisung zur Unterscheidung von Tönen	39
3	**Wahrnehmungstäuschungen**	**41**
3.1	Die Horizontal-vertikal-Täuschung	42
3.2	Methoden	44
3.3	Praktikumsaufgabe	46
3.4	Weiterführende Experimente	47
3.5	Literaturhinweise	50
3.6	Versuchsanweisung für das Einstellen von Streckenlängen	51

3.7 Versuchsanweisung für die Beurteilung von Streckenlängen 52

4 Der Bewegungsnacheffekt 53
4.1 Selektive Adaptation der Bewegungswahrnehmung . . 54
4.2 Methoden 58
4.3 Praktikumsaufgabe 60
4.4 Demonstrationen von Nacheffekten 62
4.5 Literaturhinweise 62

5 Der visuell-sensorische Speicher 65
5.1 Ganz- und Teilbericht bei kurzzeitiger Darbietung . . 65
5.2 Methoden 69
5.3 Praktikumsaufgabe 71
5.4 Weiterführende Experimente 72
5.5 Literaturhinweise 74

6 Das Erkennen von Buchstaben 75
6.1 Der Wortüberlegenheitseffekt 75
6.2 Methoden 78
6.3 Praktikumsaufgabe 80
6.4 Literaturhinweise 82

7 Stroop-Interferenz 83
7.1 Der Stroop-Effekt 84
7.2 Methoden 87
7.3 Praktikumsaufgabe 88
7.4 Ein weiterführendes Experiment 90
7.5 Literaturhinweise 90
7.6 Versuchsanweisung zum schnellen Benennen von Farben 92

8 Kurzzeitiges Speichern von Information 93
8.1 Kurz- und Langzeitgedächtnis 93
8.2 Gedächtnisspanne 96
8.3 Serielle Positionseffekte 99
8.4 Vergessen im Kurzzeitgedächtnis 102
8.5 Literaturhinweise 104

9 Suche im Kurzzeitgedächtnis 105
9.1 Informationsabruf aus dem Kurzzeitgedächtnis 105
9.2 Methoden 107
9.3 Praktikumsaufgabe 108
9.4 Literaturhinweise 110

10 Einfaches Paarlernen: Graduell oder diskret? 111
10.1 Paarlernen 111
10.2 Ein einfaches Lernmodell 113
10.3 Methoden 117
10.4 Praktikumsaufgabe 118
10.5 Auswertungsbeispiel 119
10.6 Weiterführende Experimente 123
10.7 Literaturhinweise 124

11 Inzidentelles Lernen und Verarbeitungstiefe 127
11.1 Wodurch wird Information langfristig gespeichert? . . 127
11.2 Methoden 130
11.3 Praktikumsaufgabe 131
11.4 Literaturhinweise 132

12 Replikationen 135
12.1 Mentale Rotation nach Cooper & Shepard 135
12.2 Symbolischer Distanzeffekt nach Moyer 136
12.3 Gleich/verschieden-Aufgaben nach Posner & Mitchell . 137
12.4 Suche im Langzeitgedächtnis: Satzverifikation nach Collins & Quillian 138
12.5 Verifikation logischer Aussagen nach Baddeley 139
12.6 Anagramme 140
12.7 Das Missionare-und-Kannibalen-Problem 141
12.8 Der Turm von Hanoi 142

13 Statistische Verfahren 145
13.1 Zur Logik des Hypothesentestens 145
13.2 Auswahl eines statistischen Testverfahrens 148
13.3 Überschlagen des notwendigen Stichprobenumfangs . . 149
13.4 Experimente mit einer einzigen Versuchsperson 151
13.5 Statistische Darstellung von Daten 152
13.6 Testverfahren 157

14 Wie schreibt man eine Zusammenfassung? 181

Literatur 183

Anhang A Experimentalprogramme 193
    A.1 Wo und wie man die Programme erhalten kann 193
    A.2 Installation 194
    A.3 Durchführen eines Experiments 199

Anhang B Lernlisten für Experimente zum Kurzzeitgedächtnis 205
    B.1 Zur Gedächtnisspanne 205
    B.2 Zu seriellen Positionseffekten 209

Namensverzeichnis 213

Sachverzeichnis 217

Symbole

Die folgenden Symbole erleichtern das Auffinden bestimmter Abschnitte innerhalb eines Kapitels.

Fragestellung. In diesem Abschnitt ist die Fragestellung des Experiments formuliert.

Aufbau und Ablauf. Ab hier werden Aufbau und Ablauf des Experiments beschrieben.

Durchführung. Hier steht: wie das Experiment gestartet wird.

Auswertung. Hier wird erläutert: wie die Daten ausgewertet werden können.

Hinweise. Hier werden weiterführende Methoden oder verwandte Experimente dargestellt. ➡

Literatur. Hier werden einige weiterführende Literaturhinweise gegeben. 📖

Verzeichnis aller Experimente

In der folgenden Tabelle sind in alphabetischer Reihenfolge alle Experimente aufgeführt, die in diesem Buch beschrieben sind. Die linke Spalte gibt die Programmnamen, die Zahlen in Klammern geben die Nummer des entsprechenden Kapitels an.

`ablog`	Verifikation logischer Aussagen nach Baddeley (1968) (12).
`anagram`	Anagramme (12).
`bene`	Dauer und interokularer Transfer des Bewegungsnacheffektes bei linearen und radialen Bewegungsreizen (4).
`cvd`	Demonstrationen zur visuellen Wahrnehmung (4, 5).
`erzav`	Vergleich der Reaktionszeiten auf optische und akustische Signale (1).
`erzv`	Einfache Reaktionszeiten auf optische Signale (1).
`ganz`	Abruf aus dem visuell-sensorischen Speicher: Ganzbericht (5).
`gsb`	Kurzzeitgedächtnis: Gedächtnisspanne für Buchstaben (8).
`gsw`	Kurzzeitgedächtnis: Gedächtnisspanne für Wörter (8).
`gsz`	Kurzzeitgedächtnis: Gedächtnisspanne für Ziffernfolgen (8).
`hvad`	Komponenten der Horizontal-vertikal-Täuschung, gemessen mit einem adaptiven Verfahren (3).

hvhe	Komponenten der Horizontal-vertikal-Täuschung, gemessen mit der Herstellungsmethode (3).
mcgame	Das Missionare-und-Kannibalen-Problem (12).
menrot	Mentale Rotation von Buchstaben nach Cooper & Shepard (1978) (12).
ml	Messung des Täuschungsbetrags bei Müller-Lyer-Figuren mit verschiedenen Winkeln zwischen den Endstrecken mit Hilfe der Herstellungsmethode (3).
pala	Einfaches Paarlernen nach der Antizipationsmethode (10).
palr	Überprüfung des Alles-oder-Nichts-Modells für einfaches Paarlernen durch Ersetzen falsch beantworteter Items (10).
palst	Einfaches Paarlernen mit separater Lern- und Testphase (10).
petpet	Wiedergabe aus dem Kurzzeitgedächtnis mit Ablenkaufgabe: das Peterson & Peterson-Paradigma (8).
pmfa	Parameter der Tonhöhendiskrimination, adaptives Verfahren (2).
pmfk	Psychometrische Funktionen bei der Tonhöhendiskrimination, Konstanzmethode (2).
rz1	Reaktionszeiten bei 2 optischen Signalen und einfacher Reaktion (1).
rz2	Wahlreaktionszeiten auf 2 optische Signale (1).
samediff	Gleich/verschieden-Aufgaben nach Posner & Mitchell (1967) (12).
serpos	Serielle Positionseffekte beim Reproduzieren von Listen (8).
stern	Suche im Kurzzeitgedächtnis: das Sternberg-Paradigma (9).
stroop	Farbe-Wort-Interferenz: der Stroop-Effekt (7).
stroopsg	Der semantische Gradient des Stroop-Effektes (7).

symdist	Symbolischer Distanzeffekt nach Moyer (1973) (12).
tbfarbe	Visuell-sensorischer Speicher: Teilbericht mit Selektion nach Farbe (5).
tbzeile	Visuell-sensorischer Speicher mit akustischem Hinweisreiz: Teilbericht einer Zeile (im Ablauf identisch mit **teil**, aber anderes Ausgabeformat) (5).
tbzeit	Visuell-sensorischer Speicher: Teilbericht mit variabler Verzögerung des Hinweisreizes (5).
tbziff	Visuell-sensorischer Speicher: Teilbericht mit Selektion von Ziffern oder Buchstaben (5).
teil	Visuell-sensorischer Speicher: Teilbericht einer Zeile mit akustischem Hinweisreiz (5).
tohanoi	Der Turm von Hanoi (12).
veri	Suche im Langzeitgedächtnis: Satzverifikation nach Collins & Quillian (1969) (12).
vorwort	Vorversuch zum Wortüberlegenheitseffekt beim Erkennen von Buchstaben (6).
vti	Inzidentelles Lernen mit verschiedenen Orientierungsaufgaben (11).
wort	Der Wortüberlegenheitseffekt beim Erkennen von Buchstaben (6).

1 Reaktionszeiten

Die Messung von Reaktionszeiten ist für die experimentelle Psychologie eine der wichtigsten Methoden, die Informationsverarbeitung des Menschen zu untersuchen. Man nimmt an, daß aus der Zeit, die für die Verarbeitung von Reizen benötigt wird, auf die zur Verarbeitung benötigten Prozesse geschlossen werden kann. Die Begründung für diese Annahme ist die empirische Tatsache, daß selbst Reaktionszeiten für sehr einfache Reaktionen auf einfache Reize von den Eigenschaften der Reize abhängen. Als *Reaktionszeit* wird die Zeit bezeichnet, die zwischen dem Einsetzen eines Reizes und der Reaktion verstreicht, also etwa die Zeit zwischen dem Aufleuchten der Bremslichter eines Autos und dem Zurückziehen des Fußes vom Gaspedal durch den Fahrer eines nachfolgenden Fahrzeugs. Von *einfacher* Reaktionszeit spricht man dann, wenn nur eine einzige Reaktionsmöglichkeit vorgegeben ist. Muß die Versuchsperson zwischen 2 oder mehr Reaktionsalternativen wählen, dann spricht man von *Wahlreaktionszeit*.

1.1 Einfache Reaktionszeit

Wir werden uns hier mit einfachen Reaktionen befassen. In diesem Fall wird der Versuchsperson ein Signal gegeben, auf das sie so schnell wie möglich reagieren soll. Die Reaktion ist immer gleich, sie besteht im Drücken oder Loslassen einer Reaktionstaste. Wir werden untersuchen, ob die Reaktionszeit von den Signaleigenschaften abhängt. Bei einem deutlich wahrnehmbaren Signal wäre es durchaus denkbar, daß die Signaleigenschaften keinen Einfluß auf die Reaktionszeit haben, da die Versuchsperson ja in dem Augenblick, in dem sie das Vorhandensein des Signals feststellt, die Reaktion ausführen kann. Da keine Reaktion verlangt ist, die von der Art des Signals abhängt, hat die Versuchsperson bereits beim Einschalten des Signals die für eine korrekte Reaktion ausreichende Information. Ist die Reaktionszeit für Signale mit unterschiedlichen Eigenschaften verschieden, dann kann daraus geschlossen werden, daß für die Reaktionszeit nicht nur das Vorhandensein des Signals festgestellt werden muß, sondern daß auch weitergehende Reizverarbeitungsmechanismen den Prozeß der Reaktionsausführung beeinflussen.

Reaktionszeiten unterliegen immer zufälligen Schwankungen und sind daher als Zufallsgrößen aufzufassen. Um einen Effekt der Signaleigenschaften im Experiment nachweisen zu können, muß das Experiment so gestaltet werden, daß alle Einflußgrößen, die zu Zufallsschwankungen bei der führen könnten, möglichst konstant gehalten werden. Diesem Zweck dient ein Versuchsdesign mit Meßwiederholungen und der Kontrolle der Aufmerksamkeit der Versuchsperson.

1.1.1 Meßwiederholungen

In einem Versuchsplan mit Meßwiederholungen werden *einer* Versuchsperson *alle* Reizausprägungen angeboten. Wir können damit die mittleren Reaktionszeiten für alle Reizbedingungen *innerhalb* einer Versuchsperson vergleichen, so daß die möglicherweise vorhandenen interindividuellen Unterschiede in den mittleren Reaktionszeiten nur noch dann eine Rolle spielen, wenn es sich um interindividuelle Unterschiede in den Reaktionszeitdifferenzen zwischen den beiden Reizbedingungen handelt.

1.1.2 Kontrolle der Aufmerksamkeit

Die Aufmerksamkeit der Versuchsperson wird kontrolliert, indem die Unsicherheit darüber, wo und wann das Signal erscheint, klein gehalten wird, soweit dies, ohne andere Artefakte zu erzeugen, möglich ist. Dazu wird vor Erscheinen des Signals durch ein Vorsignal angedeutet, an welcher Stelle das Hauptsignal erscheint. Das Vorsignal deutet außerdem den Zeitpunkt an, zu dem das Hauptsignal erscheint. Es muß allerdings verhindert werden, daß die Versuchsperson bereits auf das Vorsignal reagiert oder den Zeitpunkt des Erscheinens des

Hauptsignals vorwegnimmt und die Reaktion bereits auslöst, bevor das Hauptsignal erscheint. Dafür gibt es mehrere Möglichkeiten:

1. Die Versuchspersonen werden für frühzeitige Reaktionen „bestraft", etwa durch eine entsprechende Rückmeldung oder durch den Abzug von Punkten, falls ein Belohnungssystem verwendet wird.

2. Es können Durchgänge eingeführt werden, bei denen nach dem Vorsignal kein Hauptsignal erscheint, so daß eine frühzeitige Reaktion zu einem Fehler führt, der entsprechend zurückgemeldet wird.

3. Die Zeit zwischen dem Vorsignal und dem Hauptsignal kann zufällig variiert werden, so daß die Versuchsperson aus dem Erscheinen des Vorsignals nicht mehr auf den Zeitpunkt des Erscheinens des Hauptsignals schließen kann.

Wir werden in unserem Experiment die letztere Möglichkeit benutzen und die Zeit zwischen dem Vor- und dem Hauptsignal zufällig variieren. Damit bleibt eine gewisse Unsicherheit der Versuchsperson darüber, wann das Signal auftauchen wird, erhalten. Dies ist notwendig, um zu verhindern, daß die Versuchsperson nach einiger Übungszeit statt auf das Haupt- bereits auf das Vorsignal reagiert, was bei einem festen Zeitintervall zwischen Vor- und Hauptsignal der Fall wäre. Als Zufallsverteilung für die Wartezeit benutzen wir eine Exponentialverteilung. Eine solche Verteilung liegt dann vor, wenn zu jedem Zeitpunkt der Wartephase die Wahrscheinlichkeit dafür, daß das Hauptsignal erscheint, konstant ist. Dies ist nicht der Fall, wenn man eine Gleichverteilung der Wartezeiten benutzt. Verwendet man beispielsweise in jeweils 1/3 der Durchgänge eines der drei Intervalle 1, 2, und 3 s, dann ändert sich die Auftretenswahrscheinlichkeit des Hauptsignals in der Wartephase. So ist etwa nach einer Wartezeit von 2 s die Wahrscheinlichkeit dafür, daß das Signal in der nächsten Sekunde kommt, gleich 1.

Die Wartephase beginnt in unserem Experiment 500 ms nach dem Abschalten des Vorsignals. Danach beginnt eine Wartezeit zufälliger Dauer, deren Verteilung approximativ exponentiell ist und die einen Erwartungswert von 1000 ms hat. Der Modus der Exponentialverteilung ist bei 0, die häufigste Gesamtwartezeit wird daher 500 ms sein. Ein Nachteil der Exponentialverteilung ist, daß sie auch zu sehr langen Wartezeiten führen kann. Es wird daher ein Maximum von 4000 ms festgesetzt. Die Vorwarnzeiten liegen also zwischen 500 und 4000 ms.

Auch bei sorgfältig kontrollierten Versuchsbedingungen kommt es in Reaktionszeitexperimenten gelegentlich vor, daß die Versuchsperson ein Signal übersieht oder durch irgendwelche Störungen vom Versuchsaufbau abgelenkt wird. Dies schlägt sich dann in sogenannten „Ausreißern" nieder, Reaktionszeiten also, die weit außerhalb des Bereichs liegen, der unter Normalbedingungen auftritt. In unserem Experiment sind im Normalfall Zeiten bis zu 250 ms zu erwarten. Der Versuchsperson wird ein Zeitlimit vorgegeben, das bei 500 ms liegt. Hat sie 500 ms nach dem Einschalten des Signals nicht reagiert, wird sie auf diesen Fehler hingewiesen und der Durchgang wird später wiederholt.

1.1.3 Fragestellung

Die Fragestellung des Experiments ist, ob die auf optische Signale von der Helligkeit der Signale abhängt. Es werden nur deutlich sichtbare Signale verwendet, so daß keine Unsicherheit darüber vorliegt, ob ein Signal gegeben wurde oder nicht. Unabhängige Variable ist die Leuchtdichte des Signals, sie wird in 2 Stufen variiert. Abhängige Variable ist die Reaktionszeit. Als Reaktion gilt das Loslassen einer Reaktionstaste. Die Hypothese ist, daß die Reaktionszeiten auf das hellere Signal kürzer sind als auf das weniger helle Signal.

1.2 Methoden

1.2.1 Versuchsaufbau

Die Signale werden auf einem Videomonitor erzeugt. Es handelt sich um 2 weiße Lichtpunkte in der Mitte des Bildschirms. Sie erscheinen aus einer Entfernung von 60 cm unter einem Sehwinkel (vgl. Abb. 1.1) von 4°. Die Mitte des Bildschirms befindet sich in Augenhöhe im Abstand von 60 cm direkt vor den Augen der Versuchsperson. Die Führungshand der Versuchsperson liegt vor ihr auf dem Tisch, der Mittelfinger ruht auf der Reaktionstaste, der linken Maustaste. Der Versuchsraum wird nur durch eine Tischlampe beleuchtet, die direkt hinter dem Monitor angebracht ist und die Wand hinter dem Monitor beleuchtet. Es gibt keinen direkten Lichteinfall auf die Bildröhre des Monitors. Als Leuchtdichtewerte für die beiden

$$\alpha = 2\arctan\left(\tfrac{h}{2d}\right), \quad h = 2d\tan\tfrac{\alpha}{2}$$

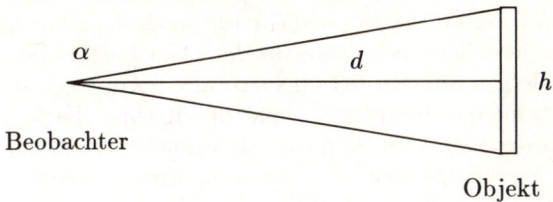

Abb. 1.1. Bestimmung des Sehwinkels. Ein Objekt der Größe h erscheint einem Beobachter in der Entfernung d unter dem Sehwinkel $\alpha = 2\arctan\left(\tfrac{h}{2d}\right)$, vorausgesetzt, die Blickrichtung ist senkrecht zum Objekt.

Signale werden 3.0 cd/m² und 100.0 cd/m² verwendet.[1] Auf beide Signale ist mit der gleichen Reaktion zu antworten, nämlich dem Loslassen der Reaktionstaste.[2]

1.2.2 Versuchsablauf

Ein Durchgang im Experiment beginnt mit einer Pause von 2 s. Als Vorsignal erscheint dann ein Pluszeichen genau an der Stelle,

---

[1] Die Leuchtdichtewerte können natürlich nur dann korrekt sein, wenn Helligkeits- und Kontrastregler des Monitors fixiert sind und die Leuchtdichteausbeute der Bildröhre ausgemessen wurde. Ist dies nicht der Fall, dann sind die Zahlenwerte von 3.0 und 100.0 für die Leuchtdichte nur als relative Werte zu sehen. Auf einem handelsüblichen Monitor wird eine Leuchtdichte von 3.0 cd/m² etwa dann abgegeben, wenn die leuchtende Fläche bei gedämpfter Beleuchtung zwar als dunkles Grau erscheint, aber doch gut zu erkennen ist. Die maximale Leuchtdichte der meisten Farbmonitore, also die von hellstem Weiß erzeugte Leuchtdichte, liegt zwischen 150 und 300 cd/m².

[2] Bei allen Experimenten, bei denen Maustasten als Reaktionstasten benutzt werden, kann die Genauigkeit der Zeitmessung erhöht werden, indem die Positionierkugel aus dem Mausgehäuse genommen wird. Die Maus gibt dann bei Bewegungen keine die Zeitmessung störenden Unterbrechungen mehr an den Rechner weiter.

an der auch das Hauptsignal erscheinen wird. Das Vorsignal ist 1 s sichtbar. Es weist die Versuchsperson darauf hin, daß sie die Reaktionstaste drücken muß, da kurz vor dem Erscheinen des Hauptsignals geprüft wird, ob die Taste gedrückt ist. Nach dem Vorsignal folgt eine Warteperiode, deren Dauer in der oben beschriebenen Weise zufällig zwischen 500 bis 4000 ms schwankt. Am Ende der Vorperiode erscheint das Hauptsignal und der Rechner beginnt auf die Reaktion zu warten. Das Hauptsignal ist maximal 100 ms sichtbar. Wenn die Versuchsperson früher reagiert, wird es sofort abgeschaltet. Unmittelbar nach der Reaktion wird die Rückmeldung gezeigt. Falls die Reaktion zu früh erfolgte, wird eine Warnung ausgegeben. Anderenfalls wird 1 s lang die erzielte angezeigt. Danach beginnt der nächste Durchgang. Reagiert die Versuchsperson nicht innerhalb von 500 ms, so wird ebenfalls eine Warnung ausgegeben. Signale, bei denen zu früh oder zu spät reagiert wurde, werden zu späteren Zeitpunkten innerhalb eines Abschnitts wiederholt.

Um ein möglichst stabiles Verhalten zu erzielen, werden vor der Datenerhebung Übungsdurchgänge bearbeitet. Eine Sitzung besteht aus 3 Blöcken, von denen jeder 50 Signaldarbietungen enthält, jeweils 25 mit dem dunkleren und 25 mit dem helleren Signal. Die Reihenfolge ist zufällig. Der erste Block ist der Übungsdurchgang, dessen Daten bei der Auswertung nicht berücksichtigt werden. Am Ende eines Blockes erscheint auf dem Bildschirm „Pause" und es wird der Versuchsperson mitgeteilt, daß sie, um weiterzumachen, eine der Reaktionstasten drücken muß. Drückt die Versuchsperson eine Taste, beginnt sofort der erste Durchgang des neuen Blockes. Am Ende des Experiments erscheint die Meldung „Ende" auf dem Bildschirm.

1.3 Durchführung und Datenauswertung

Zum Starten des Experiments muß der Name des Experiments und ein Kode für die Versuchsperson eingegeben werden.[3] Der Kode dient zur Benennung und Identifikation der Daten bzw. der Datendatei einer Versuchsperson. Der Kode muß aus Buchstaben oder Ziffern

---

[3] Gegebenenfalls muß vor dem Starten des Experiments, wie in Anhang A ab Seite 199 beschrieben, ein bestimmtes Verzeichnis angewählt werden. Der Anhang A enthält weitere Hinweise zum Starten eines Experiments.

bestehen und darf nicht mehr als 4 Zeichen enthalten. Für eine Versuchsperson mit dem Kode **rudi** wird das Experiment also mit der Eingabe

erzv rudi

gestartet. Die Daten dieser Versuchsperson werden dann in einer Datei mit dem Namen **rudi.res** im aktuellen Verzeichnis gespeichert.

Das Datenprotokoll besteht aus einer Liste, deren Einträge jeweils die Durchgangsnummer, die Leuchtdichte und die angeben. Durchgänge, bei denen die Versuchsperson vor dem Signal „reagiert" hat oder bei denen sie nach 500 ms noch nicht reagiert hat, enthalten einen Reaktionszeitwert von 0. Sie sind aus der Auswertung auszuschließen. Die Übungsdurchgänge sind nicht im Datenprotokoll enthalten. Die Datendatei der Versuchsperson **rudi** könnte also etwa folgendermaßen beginnen:

```
50 3.0 327
51 3.0 281
52 100.0 298
...
```

Die Durchgangsnummer beginnt bei 50, da die Übungsdurchgänge im Datenprotokoll nicht enthalten sind.

Der erste Schritt der Datenauswertung besteht in einer statistischen Beschreibung der Ergebnisse. Zu diesem Zweck werden Mittelwerte und Streuungen in einer Tabelle dargestellt. Zur Berechnung dieser Statistiken empfiehlt es sich, die Daten nach Bedingungen getrennt in eine Tabelle zu übertragen. In dieser Tabelle können dann wie in Abschnitt 13.6.2 dargestellt, die Reaktionszeitwerte und deren Quadrate eingetragen werden. Daraus läßt sich nach den Formeln (13.2) und (13.3) der Mittelwert und die Varianz berechnen. Tabelle 1.1 zeigt ein Beispiel für eine Ergebnistabelle.

Bei Reaktionszeiten wird häufig nicht nur der Mittelwert und die Varianz betrachtet, sondern die vollständige Verteilungsfunktion. Abbildung 1.2 zeigt die Reaktionszeitverteilungen der Daten aus Tabelle 1.1. Auch hier ist bereits aus der graphischen Beschreibung der Daten ein deutlicher Unterschied zwischen den beiden Bedingungen zu erkennen. Die inferenzstatistische Prüfung der Hypothese, daß die

Tabelle 1.1. Mittelwerte und Standardabweichungen der Reaktionszeiten einer Versuchsperson unter den beiden experimentellen Bedingungen. Die Anzahlen n sind nicht identisch, da Reaktionszeiten über 500 ms nicht in die Auswertung aufgenommen wurden.

Signal	n	$\bar{x}$	s
3 cd/m^2	50	257.58	63.55
100 cd/m^2	49	223.88	50.54

Helligkeit des Signals einen Einfluß auf die hat, kann mit Hilfe des in den Abschnitten 13.6.2 und 13.6.3 beschriebenen t-Tests durchgeführt werden. Dabei ist zu unterscheiden, ob nur Daten von einer Versuchsperson vorliegen oder ob Daten von einer Stichprobe von Versuchspersonen aus einer größeren Population vorliegen. Im ersten Fall ist der t-Test für unabhängige Stichproben anzuwenden, eine Generalisierung auf andere Personen ist in diesem Fall nicht möglich. Im zweiten Fall ist der t-Test für abhängige Stichproben anzuwenden, die Ergebnisse können dann auf die Population der Versuchspersonen verallgemeinert werden. Eine genauere Begründung für diese Unterscheidung wird in Abschnitt 13.4 gegeben. Abschnitt 13.6.2 enthält ein Beispiel für die inferenzstatistische Auswertung des Experiments.

1.4 Praktikumsaufgabe

Führen Sie das Experiment an einer Versuchsperson durch und testen Sie die Hypothese, daß die auf das hellere Signal kürzer ist als auf das dunklere Signal. Achten Sie bei der Durchführung des Experiments darauf, daß die Raumbeleuchtung so eingerichtet ist, wie sie oben beschrieben wurde und kontrollieren Sie gegebenenfalls die Helligkeits- und Kontrasteinstellung des Monitors.

Legen Sie der Versuchsperson die auf Seite 14 abgedruckte Versuchsanweisung vor und geben ihr hinreichend Zeit, sie genau zu lesen. Bevor Sie das Experiment durch Eingabe des Programmnamens und des Versuchspersonenkodes starten, vergewissern Sie sich, daß der Abstand der Augen der Versuchsperson von der Mitte des

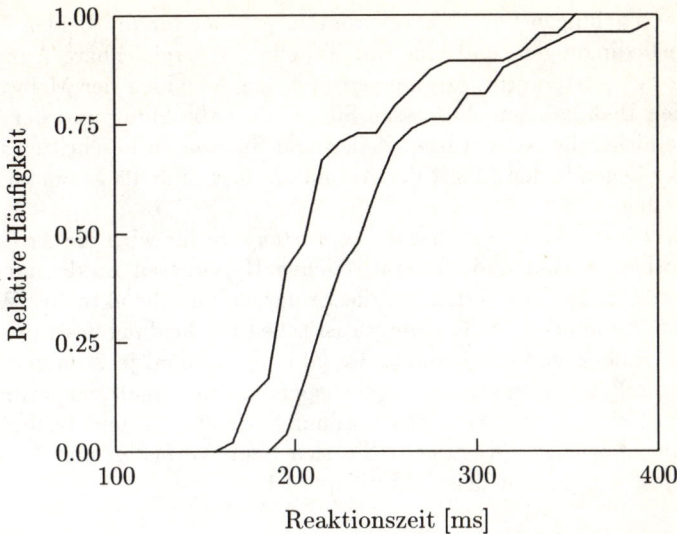

Abb. 1.2. Kumulative Häufigkeitsverteilungen von Reaktionszeiten bei einem hellen (linke Kurve) und einem dunklen (rechte Kurve) Signal. Jede Verteilung beruht auf 50 Messungen. Die Kurven zeigen die für Reaktionszeiten typische Asymmetrie. Die Verteilungen streuen nach oben deutlich stärker als nach unten. Dies zeigt sich auch an den Kennwerten der Stichprobe. Bei den Reaktionszeiten auf das dunklere Signal ist das arithmetische Mittel 257.58 ms, der Median liegt dagegen bei 242.5 ms. Die Verteilung ist *rechtsschief*, ihre Schiefe ist 2.415. Es ist aber klar zu erkennen, daß die Reaktionszeiten auf das hellere Signal im Durchschnitt kürzer sind, als die auf das dunklere Signal. Das arithmetische Mittel der Reaktionszeiten beim helleren Signal ist 223.88 ms, der Median ist 212.0 ms.

Bildschirms genau 60 cm beträgt und daß die Versuchsperson zur Reaktion ihre Führungshand benutzt.

Fertigen Sie einen Kurzbericht zum Experiment an, der die folgenden 3 Abschnitte enthält:

1. *Eine deskriptiv-statistische Datenauswertung.* Sie enthält eine mit Abb. 1.2 vergleichbare Abbildung zweier kumulativer Häufig-

keitsverteilungen von Reaktionszeiten, je einer für die beiden Versuchsbedingungen, und eine mit Tabelle 1.1 vergleichbare Aufstellung der Mittelwerte, Streuungen und den Anzahlen der Meßwerte in den Bedingungen. Vergessen Sie bei der Abbildung und der Tabelle nicht, die Achsen bzw. Zeilen und Spalten zu beschriften und in der Legende den Inhalt der Abbildung bzw. Tabelle genau zu beschreiben.

2. *Eine inferenzstatistische Auswertung.* In ihr wird die Arbeitshypothese verbal und die statistischen Hypothesen mathematisch formuliert, das Testverfahren, die Prüfgröße und ihr aktueller Wert genannt und in einem Satz die statistische Entscheidung beschrieben.

3. *Eine Zusammenfassung.* Sie gibt in maximal je 2 Sätzen die Fragestellung, wesentliche Versuchspersonenmerkmale, experimentelle Methodik und Versuchsanordnung, Ergebnisse und Schlußfolgerungen wieder. Orientieren Sie sich beim Verfassen der Zusammenfassung an dem Beispiel in Kapitel 14.

1.5 Weiterführende Experimente

1.5.1 Vergleich der Reaktionszeiten auf akustische und optische Signale

Zeigt sich bei der einfachen Reaktionszeit ein Effekt der Signalintensität, dann wird man davon ausgehen, daß die Ursache dafür in der Wahrnehmungsgeschwindigkeit für das Signal liegt, denn die Reaktionsausführung sollte von den Eigenschaften des Signals nicht betroffen sein, vorausgesetzt es findet eine streng sequentielle Verarbeitung statt. Unser experimentelles Ergebnis können wir daher als empirischen Beleg dafür betrachten, daß an einer einfachen Reaktion mindestens 2 informationsverarbeitende Prozesse beteiligt sind: die Wahrnehmung oder Detektion des Signals und die Reaktionsausführung. Allerdings ist damit noch nicht gezeigt, daß der Prozeß der Reaktionsausführung bei allen Signalintensitäten gleich geblieben ist. Dies ist eine Annahme, die mit psychologischen Methoden empirisch nur schwer zu validieren ist (Luce, 1986).

Der Einfluß der Wahrnehmung kann auch durch den Vergleich verschiedener Sinnesmodalitäten untersucht werden. Zum direkten

Vergleich der Reaktionszeit auf optische und akustische Signale eignet sich das Programm **erzav**. Es unterscheidet sich von **erzv** dadurch, daß statt der 2 Ausprägungen des optischen Signals je 1 optisches und 1 akustisches Signal gegeben werden. Die Versuchsperson hat in diesem Experiment 4 Blöcke zu bearbeiten. Zuerst 2 Blöcke mit akustischen Signalen, dann 2 Blöcke mit optischen Signalen. Der erste Block von jeder Signalart ist ein Übungsblock. In der Datendatei ist die Signalart mit „0" für das optische und „1" für das akustische Signal kodiert. Dieses Experiment eignet sich zur Untersuchung der Fragestellung, ob die auf akustische Signale im Durchschnitt kürzer ist als auf optische, wie das für hinreichend hohe Intensitäten in der Literatur berichtet wird (Kohfeld, 1971; Luce, 1986).

1.5.2 Wahlreaktionszeit

Bei einer einfachen Reaktion hat die Versuchsperson nur eine Reaktionsmöglichkeit. Stehen mehr als eine Reaktion zur Verfügung, so spricht man von *Wahlreaktion*. Der einfachste Fall liegt dann vor, wenn 2 Signale mit 2 Reaktionen verknüpft werden. Ein Beispiel dafür ist das Experiment **rz2**. Das Signal kann hier entweder ein Pfeil nach links oder ein Pfeil nach rechts sein, und die Reaktion besteht im Drücken der linken oder rechten von 2 Tasten. Zur Lösung dieser Aufgabe genügt es nicht, das Signal zu entdecken, es muß darüber hinaus erkannt werden, welches Signal vorliegt, und es muß entschieden werden, welche von 2 möglichen Reaktionen auszuführen ist. Die dafür zwischen Wahrnehmung und Reaktion angenommene Entscheidungsstufe führt gegenüber der einfachen Reaktion zu einer Reaktionszeitverlängerung (Teichner & Krebs, 1974).

Zur Prüfung der Fragestellung, ob die Wahlreaktionszeit bei 2 Reaktionsalternativen im Durchschnitt länger ist als die einfache Reaktionszeit, kann mit einer Versuchsperson das Experiment **rz2** und das Experiment **rz1** durchgeführt werden. Das Experiment **rz1** ist mit **rz2** identisch bis auf die Eigenschaft, daß die Rückmeldung unabhängig von der gedrückten Reaktionstaste ist. Damit kann die Versuchsperson bei **rz1** immer die gleiche Reaktion abgeben, gleichgültig welches Signal gegeben wurde. Von Donders (1868, zitiert nach Massaro, 1989) wurde die Aufgabe in **rz1** „c-Reaktion" und die von **rz2** „b-Reaktion" genannt. Ein Vergleich der beiden Aufgaben sollte die

Messung der Zeit erlauben, die für das Treffen einer binären Entscheidung notwendig ist (vgl. Massaro, 1989).

Mit Hilfe geeigneter Instruktionen bezüglich der für die Reaktion zu benutzenden Finger bzw. Hände eignet sich rz2 auch zur Replikation der Experimente von Heuer (1981), bei denen die Rolle der Zuordnung von Reaktion zu Signal untersucht wurde.

1.6 Literaturhinweise

Zur Einführung in die experimentelle Untersuchung einfacher Reaktionszeiten eignet sich sehr gut Kapitel 7 von Underwood (1966). Eine Zusammenfassung der bis zum damaligen Zeitpunkt wichtigsten Ergebnisse für visuelle Reize geben Teichner und Krebs (1972). Zur Beschreibung der Leuchtdichte visueller Reize benutzen Teichner und Krebs die Einheit *Millilambert* (mL). Es gilt: 1 mL = 3.183 cd/m^2. Die Abszissen der Abbildungen sind logarithmisch zur Basis 10 abgetragen. Aus Abbildung 1 von Teichner und Krebs (1972) kann für Reize, die denen, die wir im Experiment verwenden, ähnlich sind, die abgelesen werden. Bei einer Reizgröße von 1.167° und einer Dauer von 100 ms ergibt sich bei 3 cd/m^2 eine von etwa 190 ms und bei 100 cd/m^2 von etwa 170 ms.

Auch Mansfield (1973) beschreibt den Zusammenhang zwischen der und der Leuchtdichte eines optischen Reizes. Er gibt seine Reizparameter in Dezibel (dB), bezogen auf einen Schwellenwert von $L_0 = 0.318 \cdot 10^{-6}$ cd/m^2 an. Dezibel sind definiert durch

$$H = 10 \log \frac{L}{L_0} \text{ [dB]}.$$

So entsprechen 70 dB einer Leuchtdichte von 3.2 cd/m^2, während 100 cd/m^2 nach Mansfields Umrechnung 85 dB entsprechen. Abbildung 2a von Mansfield (1973) zeigt für 3.2 cd/m^2 eine mittlere von etwa 230 ms und für 100 cd/m^2 von etwa 205 ms. Die Reaktionszeiten bei Mansfield sind allgemein etwas länger als man sie sonst in der Literatur findet. Von Kohfeld (1971) wird die auf optische und akustische Reize verglichen, wobei die Reize auf gleiche wahrgenommene Intensität abgeglichen werden.

Die Notwendigkeit von Vorwarnperioden mit konstanter Auftretenswahrscheinlichkeit für das Signal wird von Luce (1986) und im

Zusammenhang mit Wahlreaktionszeiten von Green, Smith und von Gierke (1983) ausführlich diskutiert. Luce (1986) faßt auch einige Ergebnisse über den Zusammenhang von Signalintensität und einfacher Reaktionszeit zusammen und stellt theoretische Erklärungen für diesen Zusammenhang dar. Eine einführende Darstellung der Modellbildung im Bereich der Reaktionszeitforschung geben Townsend und Ashby (1983).

1.7 Versuchsanweisung zum Reaktionszeitexperiment

In diesem Experiment wird untersucht, wie schnell man auf einfache optische Signale reagieren kann. In jedem Durchgang erscheint auf dem Bildschirm ein Kreuz, das Ihnen das Signal ankündigt, auf das Sie reagieren sollen. Das Kreuz ist nur kurz sichtbar. Spätestens dann, wenn das Kreuz erscheint, sollen Sie die linke Maustaste drücken, denn die Reaktion, die untersucht wird, besteht im *Loslassen* der Taste. Etwa 0,5 bis 4 s nach dem Verschwinden des Kreuzes erscheint das Signal. Es handelt sich dabei um einen Punkt in der Mitte des Bildschirms, dessen Helligkeit von Durchgang zu Durchgang wechseln kann.

Ihre Aufgabe besteht darin, beim Erscheinen des Punktes so schnell wie möglich die Reaktionstaste loszulassen. Legen Sie bitte den Mittelfinger Ihrer Führungshand auf die Taste und halten sie leicht nieder. Es ist am besten, wenn Sie nach jedem Loslassen die Taste gleich wieder drücken, damit Sie für das nächste Signal bereit sind. Versuchen Sie, sich in dem Augenblick, wenn das Hinweiskreuz erscheint, voll auf das Signal zu konzentrieren. Lassen Sie die Reaktionstaste allerdings keinesfalls vor dem Erscheinen des Signals los. Solche Durchgänge können nicht gewertet und müssen später wiederholt werden. Dies gilt auch für Durchgänge, in denen Sie beim Erscheinen des Signals die Reaktionstaste nicht gedrückt halten.

Nach jeder Darbietung wird Ihnen die erzielte in Millisekunden angezeigt. Versuchen Sie möglichst kurze Zeiten zu erreichen. Zwischen 2 Durchgängen ist jeweils eine kurze Pause von etwa 2 s, bis das Hinweiskreuz des nächsten Durchgangs erscheint. Spätestens dann müssen Sie die Reaktionstaste wieder gedrückt halten.

Das Experiment ist in 3 Abschnitte eingeteilt, von denen jeder aus 50 Durchgängen besteht. Es dauert insgesamt etwa 20 min. Nach jedem Abschnitt wird eine kurze Pause eingelegt, und Sie können dann durch Drücken der Reaktionstaste den nächsten Abschnitt beginnen.

Wenn Sie noch Fragen haben, dann stellen Sie diese bitte jetzt. Wenn Sie bereit sind anzufangen, dann drücken Sie bitte die Reaktionstaste.

2 Die Unterscheidbarkeit einfacher Reize

2.1 Fragestellungen der Psychophysik

Der Gegenstand der *Psychophysik* ist die Vorhersage von Empfindungen und Verhaltensweisen aufgrund physikalischer Reizbeschreibungen. Die folgenden Fragestellungen umreißen die thematischen Bereiche der Psychophysik.

1. *Was ist der für eine bestimmte Empfindung spezifische Reiz?* Eine Vorhersage reizbezogener Verhaltensweisen oder Empfindungen ist nur möglich, wenn bekannt ist, was der Reiz für die Empfindung ist. In einigen Bereichen der Wahrnehmungspsychologie sind die spezifischen Reize für eine große Zahl von Empfindungsgrößen bekannt. Elektromagnetische Strahlung einer bestimmten Wellenlänge ist der Reiz für Farbempfindung, Schalldruck der Reiz für Lautheit. In anderen Bereichen der Wahrnehmungspsychologie sind die eine bestimmte Empfindung auslösenden Reize weitgehend unbekannt, wie etwa für Schönheit, die Ähnlichkeit von Gesichtern oder für verschiedene Geschmacksqualitäten.

2. *Was ist die minimale Reizintensität, die notwendig ist, damit eine bestimmte Empfindung auftritt, und wie stark müssen sich 2 Reize mindestens unterscheiden, damit sie als verschieden wahrgenommen werden?* Auch wenn der spezifische Reiz für eine bestimmte Empfindung bekannt ist, kann nicht durch jede Reizausprägung eine Empfindung ausgelöst werden. Für die meisten Reizarten, die bei hinreichend großer Intensität eine bestimmte Empfindung auslösen, gibt es einen Intensitätsbereich, in dem die Reize noch nicht wahrgenommen werden. Auch für die Erkennbarkeit von Reizunterschieden gibt es Grenzen. Selbst unter optimalen Bedingungen gibt es in allen

Wahrnehmungsbereichen physikalisch meßbare Reizunterschiede, die nicht mehr direkt wahrnehmbar sind.

3. *Wie hängt die Ausprägung einer bestimmten Empfindungsgröße von der Ausprägung des Reizes ab?* Empfindungsgrößen haben häufig quantitativen Charakter, der in der Sprache durch Steigerungsreihen wie „hell", „heller", „am hellsten" ausgedrückt wird. Die Psychophysik versucht Verhaltensweisen zu erklären, bei denen Urteile über die quantitativen Eigenschaften von Empfindungsrößen zum Ausdruck kommen. Für psychophysische Untersuchungen kommen dabei nur solche Empfindungsgrößen in Betracht, die aufgrund physikalischer Reizbeschreibungen erklärt werden können. Das Ziel ist, die Ausprägung von Empfindungsgrößen aufgrund der physikalischen Reizbeschreibung vorherzusagen. Von besonderem Interesse sind solche Empfindungsgrößen, die in einen einfachen funktionalen Zusammenhang mit Reizeigenschaften gebracht werden können. Die Konstruktion solcher Zusammenhänge ist das wichtigste methodische Problem der Psychophysik. Der erste fundierte Vorschlag einer Methode zur Konstruktion quantitativer Empfindungsmaße wurde von Gustav Theodor Fechner in dem Buch „Elemente der Psychophysik" (Fechner, 1860) entwickelt. Die Methoden Fechners haben die Entwicklung der Psychophysik bis in die 30er Jahre dieses Jahrhunderts bestimmt. In dieser Zeit entstanden die *direkten* Skalierungsmethoden von Stevens (zusammenfassend dargestellt in Stevens, 1975), die zu einer großen Zahl von empirischen Untersuchungen über psychophysische Zusammenhänge führten. Die Entwicklung der Meßtheorie und das tiefere Eindringen mathematischer Überlegungen in die Psychologie seit den 60er Jahren führte auch bei den Methoden der Psychophysik zu bedeutenden Fortschritten. Die Monographie von Falmagne (Falmagne, 1985) repräsentiert in umfassender Weise den gegenwärtigen Stand der formalen Methoden der Psychophysik.

2.1.1 Psychometrische Funktionen

Bei der experimentellen Untersuchung der Unterscheidbarkeit von Reizen versucht man, Reize so zu konstruieren, daß sie sich in möglichst wenig physikalischen Merkmalen voneinander unterscheiden, um nachher genau angeben zu können, aufgrund welcher Merkmale

2.1 Fragestellungen der Psychophysik

die Reize unterscheidbar sind. Die Reizsituationen, die bei der *Konstanzmethode* benutzt werden, enthalten immer einen Standardreiz s und einen Vergleichsreiz x_j. Soll etwa untersucht werden, wie stark sich 2 Objekte in ihrer Masse unterscheiden müssen, damit sie als unterschiedlich schwer wahrgenommen werden, dann werden als Reize Objekte benutzt, die sich möglichst *nur* durch ihre Masse unterscheiden. Die Versuchsperson erhält bei jeder Beurteilung zuerst das Objekt s, den Standardreiz, danach das Objekt x_j, den Vergleichsreiz. Die Frage an die Versuchsperson ist, ob das 2. Objekt schwerer ist als das erste. Als Antwort wird nur „ja" oder „nein" zugelassen. Eine solche Reizsituation kann mit (s, x_j) bezeichnet werden, womit angedeutet ist, daß die Versuchsperson zuerst den Standardreiz mit der Masse s und danach den Vergleichsreiz mit der Masse x_j vorgelegt bekommt. Ihr Urteil („ja" oder „nein") wird dann als Reaktion auf die Reizsituation (s, x_j) aufgefaßt. Falls die Versuchsperson nun die Reizsituation (s, x_1) anders beurteilt als die Reizsituation (s, x_2), dann werden die Reize x_1 und x_2 als bezüglich s unterscheidbar betrachtet. Dieses etwas komplizierte Vorgehen wird deshalb angewandt, weil es eine sehr gute Kontrolle der Randbedingungen erlaubt. Würde man keinen Standardreiz verwenden, sondern x_1 und x_2 direkt vergleichen lassen, dann ergäbe sich ein Reihenfolgeeffekt: das Objekt, das zuerst angehoben wird, beeinflußt die Beurteilung des 2.n Objekts. Durch die Darbietung des konstanten Standardreizes wird zwar auch die Beurteilung des folgenden Objekts beeinflußt, allerdings geschieht dies für x_1 und x_2 in der gleichen Weise.

Die Urteile der Versuchsperson hängen auch vom Standardreiz ab. Dabei kann man beobachten, daß bei sehr geringen physikalischen Unterschieden zwischen Standard- und Vergleichsreiz die Versuchsperson zufällig urteilt. Sie gibt bei wiederholter Darbietung derselben Reizsituation (s, x_j) nicht immer das gleiche Urteil ab. Man nimmt deshalb an, daß für jede Reizsituation (s, x_j) eine Wahrscheinlichkeit $P_s(x_j)$ existiert, mit der die Versuchsperson bei der Darbietung von (s, x_j) auf die Frage, ob das 2. Objekt schwerer ist als das erste, mit „ja" antwortet. Falls die Massen von s und x_j genügend ähnlich sind, dann hat diese Wahrscheinlichkeit einen Wert, der sowohl von 0, als auch von 1 verschieden ist. Der Wert von $P_s(x_j)$ ändert sich mit der Ausprägung von x_j. Je größer die Masse x_j ist, desto größer sollte auch die Wahrscheinlichkeit $P_s(x_j)$ sein.

Mit Hilfe der Wahrscheinlichkeiten $P_s(x_j)$ kann die Unterscheidbarkeit von Reizen definiert werden. Dazu müssen hinreichend viele, fein abstufbare Vergleichsreize x_j existieren, so daß es möglich ist, zu jeder Wahrscheinlichkeit π einen Reiz x_π zu finden,[1] so daß die Antwortwahrscheinlichkeit bei der Darbietung von (s, x_π) genau den Wert π annimmt. Es gilt also $P_s(x_\pi) = \pi$. Der Reiz $x_{1/2}$ wird als *Punkt der subjektiven Gleichheit* bezeichnet, da die Versuchsperson diesen Reiz in der Hälfte der Fälle als schwerer als den Standardreiz einstuft und in der anderen Hälfte der Fälle nicht. Als Maß für die Unterscheidbarkeit von Reizen wird in der Psychophysik häufig der *ebenmerkliche Unterschied EU* benutzt. Das ist diejenige Reizintensität, um die der Punkt der subjektiven Gleichheit $x_{1/2}$ nach unten oder nach oben verändert werden muß, damit sich eine Antwortwahrscheinlichkeit von 1/4 oder 3/4 ergibt. Da die Änderungen nach unten und oben nicht gleich sein müssen, nimmt man als Wert für den ebenmerklichen Unterschied das arithmetische Mittel. Es gilt also

$$EU_s = \frac{x_{3/4} - x_{1/4}}{2}.$$

Der Reihenfolgeeffekt, der beim direkten Vergleich von Standard- und Vergleichsreiz auftritt, wird durch den *konstanten Fehler KF* beschrieben. Dies ist die Differenz zwischen dem Standardreiz und dem Punkt der subjektiven Gleichheit:

$$KF_s = x_{1/2} - s.$$

Sollen die Parameter EU_s und KF_s aus empirischen Daten geschätzt werden, dann müssen dazu die Werte für $x_{1/4}$, $x_{1/2}$ und $x_{3/4}$ bekannt sein. Diese sind aber über die Wahrscheinlichkeiten $P_s(x_j)$ definiert, so daß die Formeln für EU_s und KF_s nur dann anwendbar sind, wenn im Experiment die Reize $x_{1/4}$, $x_{1/2}$ und $x_{3/4}$ tatsächlich auch als Vergleichsreize benutzt werden. Da dies ohne vorherige Kenntnis der Ergebnisse des Experiments sehr unwahrscheinlich ist, benutzt man für die praktische Anwendung andere Methoden, um die Parameter zu schätzen. Es wird angenommen, daß die Antwortwahrscheinlichkeiten $P_s(x)$ in einer ganz bestimmten Weise von den Reiz-

---

[1] Die Bezeichnung x_π müßte eigentlich mit dem Index s versehen werden, da die Definition auf den Standardreiz Bezug nimmt. Der Einfachheit halber unterschlagen wir diesen Index.

intensitäten x abhängen, d.h. es soll eine Funktion $F_s(x)$ geben, die für jede Reizausprägung x angibt, welchen Wert die Antwortwahrscheinlichkeit $P_s(x)$ hat. Eine solche Funktion wird *psychometrische Funktion* genannt. Als Funktionsgleichung für $F_s(x)$ wird heute meist die logistische Funktion in der Form

$$F_s(x) = \frac{1}{1 + e^{-\frac{x - c_s}{a_s}}} \qquad (2.1)$$

angenommen (vgl. Abb. 2.1). Die Parameter dieser Funktion können direkt als Maßzahlen für den Punkt der subjektiven Gleichheit und den ebenmerklichen Unterschied benutzt werden, da gilt: $c_s = x_{1/2}$ und $a_s = x_{0.73} - x_{1/2}$. Da die logistische Funktion symmetrisch ist, kann deshalb der Parameter a als ebenmerklicher Unterschied und c als Punkt der subjektiven Gleichheit betrachtet werden.

2.1.2 Das Webersche Gesetz

Bei der Definition des ebenmerklichen Unterschiedes wurde darauf hingewiesen, daß die Größe von EU_s vom Standardreiz abhängt. Die Art der Abhängigkeit vom Standardreiz war eine der ersten Fragestellungen der Psychophysik, die systematisch untersucht wurde. Durch Experimente zu verschiedenen Sinnesbereichen kam E. H. Weber (Weber, 1846) zu einer Hypothese über die Abhängigkeit des ebenmerklichen Unterschieds vom Standardreiz, die heute *Webersches Gesetz* genannt wird: Er nahm an, daß der ebenmerkliche Unterschied proportional zum Standardreiz ist:

$$EU_s = ks.$$

Die Proportionalitätskonstante k ist spezifisch für den jeweiligen Sinnesbereich. Weber (1846) gibt für das Heben von Gewichten den Wert $k = 0.1$ an. Spätere Untersuchungen konnten das Webersche Gesetz in zahlreichen Sinnesbereichen bestätigen, allerdings mit der Einschränkung, daß die Ausprägung des Standardreizes auf mittlere Intensitäten beschränkt wird. Für sehr kleine Intensitäten des Standardreizes und in einigen Fällen auch bei sehr großen Intensitäten, wird für die Webersche Konstante ein größerer Wert gefunden als in den mittleren Bereichen (Luce & Galanter, 1963).

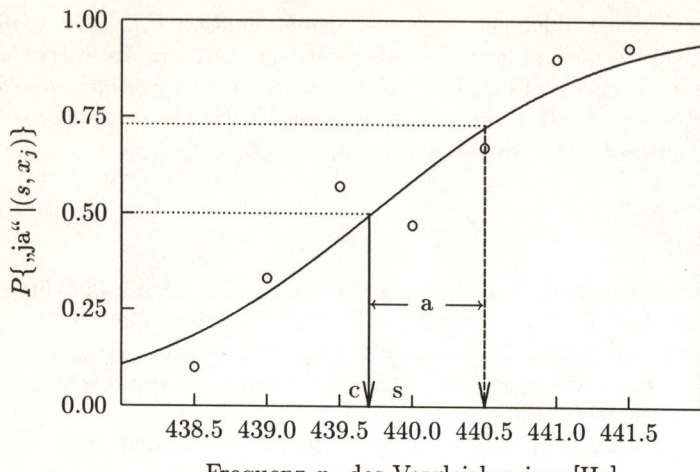

Frequenz x_j des Vergleichsreizes [Hz]

Abb. 2.1. Psychometrische Funktion für einen Standardreiz von $s = 440$ Hz. Die offenen Punkte sind die Datenpunkte aus Tabelle 2.1. Die Kurve ist eine logistische Funktion nach Gleichung (2.1) mit den Parameterwerten $a_s = 0.815$ und $c_s = 439.717$. Die Parameterwerte können auch in der Graphik abgelesen werden, da $c_s = x_{0.5}$ und $a_s = x_{0.73} - x_{0.5}$. Die Parameter wurden mit dem Minimum-Logit-Verfahren geschätzt.

2.1.3 Fragestellung

In unserem Experiment wollen wir die Unterscheidbarkeit von Tönen aufgrund ihrer Grundfrequenz untersuchen. Wir werden für verschiedene Grundfrequenzen des Standardtones den ebenmerklichen Unterschied bestimmen und prüfen, ob in dem von uns untersuchten Bereich das Webersche Gesetz gilt. Die Reize sind Töne konstanter Lautheit und konstanter Wellenform, aber mit unterschiedlicher Grundfrequenz. Jede einzelne Darbietung besteht aus einem Paar (s, x), bei dem der Standardreiz s ein Ton mit der Grundfrequenz s Hz, und der Vergleichsreiz x ein Ton mit der Grundfrequenz x Hz ist. Die Darbietung erfolgt sequentiell. Zuerst erklingt der Standardton s, dann folgt eine kurze Pause, und danach erklingt der Vergleichston x. Die Aufgabe der Versuchsperson besteht darin anzugeben, ob der 2. Ton höher klingt als der erste. Als Reizmaterial werden von einem Rechner erzeugte Töne benutzt, deren Frequenz in einfacher Weise durch das Steuerprogramm kontrolliert werden kann. Im Gegensatz zu den Arbeiten von Harris (1952) und Wier, Jesteadt und Green (1977) muß auf die Verwendung rein sinusförmiger Schalldruckverläufe verzichtet werden, da diese durch einfache Rechner nicht herzustellen sind. Es zeigt sich aber, daß die in der Literatur publizierten Ergebnisse zumindest in mittleren Frequenzbereichen auch mit anderen Schwingungsformen reproduziert werden können.

Die Fragestellung ist, ob sich die Antworten der Versuchspersonen für jeden Standardreiz durch eine logistische psychometrische Funktion beschreiben lassen. Ist dies der Fall, dann werden mit Hilfe der Parameter der logistischen Funktionen ebenmerkliche Unterschiede für die verschiedenen Standardreize bestimmt und geprüft, ob in dem verwendeten Frequenzbereich das Webersche Gesetz gilt. Wir benötigen für diese Fragestellung also mehrere psychometrische Funktionen bezüglich mehrerer Standardreize. Als ebenmerklicher Unterschied wird der Parameter a_s der logistischen Funktion benutzt. Eine exakte Formulierung der Hypothese ist:

Die Wahrscheinlichkeit einer „Ja"-Antwort auf die Frage, ob beim Reizpaar (s,x) der 2. Reiz höher klingt als der erste, läßt sich durch die Funktion

$$F_s(x) = \frac{1}{1+e^{-\frac{x-c_s}{a_s}}} \tag{2.2}$$

mit $a_s > 0$ aus der Frequenz x berechnen. Die Parameter a_s und c_s sind reelle Zahlen, die für verschiedene Versuchspersonen und Standardreize unterschiedlich sein können.

2.2 Methoden

2.2.1 Versuchsaufbau

Ist in den Rechner ein spezieller Tongenerator eingebaut, dann werden Sinustöne als Reize verwendet und die Darbietung erfolgt über einen Kopfhörer, der direkt an den Tongenerator angeschlossen wird (vgl. Abschn. A.2.5 auf Seite 199). Ist kein Tongenerator vorhanden, dann sind die Reize Rechteckschwingungen, die über den eingebauten Lautsprecher des Rechners wiedergegeben werden. Wenn möglich wird die Lautstärke so eingestellt, daß der Ton zwar deutlich zu hören, aber nicht als laut empfunden wird.[2] Die Versuchsperson sitzt in einem schallarmen Raum, Störgeräusche werden weitgehend ausgeschaltet. Die Urteile werden über 2 Tasten der Rechnertastatur abgegeben. Bei dieser Methode der Reizgenerierung kann der Schalldruck der einzelnen Reize nicht individuell geregelt werden, wir beschränken daher den Reizbereich auf Werte zwischen 400 und 2000 Hz, da in diesem Bereich Schwingungen mit konstantem Schalldruck auch etwa gleich laut erscheinen (Fletcher & Munson, 1933). Dies verhindert, daß die Versuchsperson ihr Urteil auf Lautheitsunterschiede stützt.

Es werden 3 verschiedene Standardreize mit den Grundfrequenzen 440 (entspricht dem Kammerton A, dem Ton einer Stimmgabel), 880 und 1760 Hz verwendet. Zu jedem Standardreiz werden 7 Vergleichsreize angeboten. Die Vergleichsreize liegen symmetrisch zum Standardreiz in Abständen von 0.5 Hz bei 440 Hz, von 0.8 Hz bei 880 Hz und von 1.5 Hz bei 1760 Hz. Beim Standardreiz von 440 Hz haben wir also die Vergleichsreize 438.5, 439.0, 439.5, 440.0, 440.5, 441.0 und 441.5 Hz.

2.2.2 Versuchsablauf

Eine Reizdarbietung besteht aus der Darbietung des Standardtones (300 ms), einer Pause (500 ms) und der Darbietung des Vergleichstones (300 ms). Danach gibt die Versuchsperson ihr Urteil ab. Empfindet sie den 2. Ton als heller, drückt sie die Taste mit dem Pfeil nach links, empfindet sie ihn nicht als heller, drückt sie die Taste mit dem Pfeil nach rechts.

Jeder Vergleichsreiz wird 30 mal dargeboten, so daß für jeden Standardreiz 210 Urteile abgegeben werden. Insgesamt sind 630 Darbietungen notwendig. Das Experiment wird in 6 Blöcken mit je 15

---

[2] Besonders laute Signalgeber, die über keine Lautstärkeregelung verfügen, sollten durch eine Abdeckung gedämpft werden.

Wiederholungen der 7 Vergleichsreize eines Standardreizes durchgeführt. Jeder Block dauert etwa 10 min. Ein Block enthält nur Durchgänge zu einem Standardreiz. Die Reihenfolge der einzelnen Standardreize ist 440, 880, 1760, 1760, 880 und 440 Hz. Die Reihenfolge der Vergleichsreize innerhalb eines Blockes ist zufällig. Nach jedem Block werden mindestens 3 min Pause eingelegt, auf Wunsch der Versuchsperson auch mehr. Zur Übung werden vor jedem neuen Standardreiz jeweils alle 7 Vergleichsreize einmal dargeboten. Mit den Übungsdurchgängen eingerechnet sind also 672 Darbietungen zu bearbeiten.

2.3 Datenauswertung

2.3.1 Die Parameter der Psychometrischen Funktion

Die Ableitung einer Schätzfunktion für die Parameter der logistischen psychometrischen Funktion kann hier nicht in allen Einzelheiten dargestellt werden, sie ist bei Bock und Jones (1968) nachzulesen. Wir werden nur kurz eine auf Urban (1909) und Berkson (1955) zurückgehende, vereinfachte Schätzmethode beschreiben, da diese im wesentlichen nur die aus der linearen Regression bekannten Methoden benutzt. Das Optimalitätskriterium, das hier verwendet wird, ist eine Modifikation des χ^2-Kriteriums. Es werden diejenigen Parameter a und c der psychometrischen Funktion $F(x_j)$ gesucht, für die die Summe der gewichteten, quadrierten Abweichungen zwischen den beobachteten Häufigkeiten n_j und den erwarteten Häufigkeiten $N_j F(x_j)$ möglichst klein ist (N_j is die Anzahl der Beobachtungen beim Reiz x_j).

Eine Methode, die Parameter einer Funktion so zu schätzen, daß die Summe der quadrierten Abweichungen der beobachteten Werte einer Zufallsgröße möglichst wenig von den Vorhersagen abweichen, ist aus der linearen Regression bekannt. Überträgt man dieses Verfahren auf die psychometrische Funktion, dann heißt dies, daß die Parameter a und c der Funktion $F(x_j)$ so zu bestimmen sind, daß der Ausdruck

$$\sum_{j=1}^{m} [n_j - N_j F(x_j)]^2$$

2 Die Unterscheidbarkeit einfacher Reize

möglichst klein wird. Differenziert man den Ausdruck nach a und c und setzt die Ableitungen gleich 0, dann stellt sich jedoch heraus, daß die daraus entstehenden Gleichungen nicht explizit nach a und c aufgelöst werden können, da die Funktion F nicht linear ist. In der Psychophysik wird deshalb seit Fechner (1860) eine Modifikation dieses Verfahrens benutzt, das eine explizite Lösung der Schätzgleichungen erlaubt. Die Modifikation besteht darin, daß beim Schätzverfahren nicht die Abweichungen zwischen den beobachteten Häufigkeiten n_j und den erwarteten Häufigkeiten $N_j F(x_j)$ direkt minimiert werden, sondern es werden Transformationen von n_j und von $F(x_j)$ benutzt, die den Effekt haben, daß das Minimierungsproblem zu einer gewichteten linearen Regression wird.

Die Transformation, die zur Linearisierung der psychometrischen Funktion führt, wird von Berkson (1955) *Logit-Transformation* genannt:

$$Y_j = \ln \frac{P_j}{(1 - P_j)}. \tag{2.3}$$

Den linearen Zusammenhang zwischen Y_j und x_j erkennt man, wenn Gleichung (2.2) mit $P_j = F(x_j)$ in (2.3) eingesetzt wird. Dazu ist es besser, (2.2) vorher umzuformen:

$$\begin{aligned} P_j &= \frac{1}{1 + e^{-(x_j - c)/a}} \\ &= \frac{e^{-(x_j - c)/a}}{e^{-(x_j - c)/a} + 1}. \end{aligned}$$

Für die Gegenwahrscheinlichkeit $(1 - P_j)$ gilt dann

$$1 - P_j = \frac{1}{e^{-(x_j - c)/a} + 1}$$

und für den Quotienten $P_j/(1 - P_j)$

$$\frac{P_j}{1 - P_j} = e^{-(x_j - c)/a}.$$

Dies kann in Gleichung (2.3) eingesetzt werden und wir erhalten dann

$$Y_j = \ln \frac{P_j}{1 - P_j}$$

$$= \ln e^{-(x_j-c)/a}$$
$$= \frac{x_j - c}{a},$$

so daß
$$Y_j = \frac{x_j}{a} - \frac{c}{a}, \tag{2.4}$$

womit der lineare Zusammenhang von Y_j und x_j gezeigt ist. Die Logit-Transformation stellt also eine Linearisierung der psychometrischen Funktion dar. Als Schätzfunktion für Y_j wird die logistische Transformation der relativen Antworthäufigkeiten benutzt:

$$y_j = \ln \frac{p_j}{1 - p_j}$$

Da y_j nur von den Daten n_j abhängt, können auch die y_j als Daten betrachtet werden.

Bei der von Urban (1909) entwickelten Modifikation des Verfahrens der kleinsten Quadrate für die Parameterschätzung psychometrischer Funktionen wird nicht die Summe der quadrierten Abweichungen der erwarteten und beobachteten Häufigkeiten minimiert, sondern eine gewichtete Summe quadrierter Abweichungen der logistisch transformierten relativen Häufigkeiten bzw. Wahrscheinlichkeiten. Da diese logistisch transformierten Werte, wie oben gezeigt wurde, linear von den Reizgrößen abhängen, lassen sich die daraus entstehenden Schätzgleichungen explizit nach den Parametern der psychometrischen Funktion auflösen. Die Minimierung geht von der Zufallsgröße $(N_j W_j)^{1/2}(y_j - Y_j)$, mit $W_j = P_j(1 - P_j)$ aus. Man kann diese Zufallsgröße als gewichtete Abweichung des Datenpunktes y_j von dem durch die (linearisierte) psychometrische Funktion vorhergesagten Wert Y_j auffassen. Es läßt sich zeigen, daß diese gewichtete Abweichung approximativ standardnormalverteilt ist (Bock & Jones, 1968). Da eine Summe quadrierter, unabhängig standardnormalverteilter Zufallsgrößen χ^2-verteilt ist, ist die Größe

$$Q = \sum_{j=1}^{m} N_j W_j (y_j - Y_j)^2 \tag{2.5}$$

approximativ χ^2-verteilt mit m Freiheitsgraden, wenn a und c bekannt sind. Setzt man nun für Y_j Gleichung (2.4) in (2.5) ein, dann erhält man einen Ausdruck, der bei gegebenen Daten y_j nur noch von den Parametern a und c abhängt. Der Ausdruck (2.5) selbst ist eine approximativ χ^2-verteilte Summe quadrierter Abweichungen der beobachteten Werte y_j von den vorhergesagten Werten Y_j. Die Parameter a und c müssen so bestimmt werden, daß diese Summe möglichst klein wird. Der wesentliche Unterschied zur üblichen linearen Regression besteht hier in den Gewichtungsfaktoren $N_j W_j$, die als *Müller-Urban-Gewichte* bezeichnet werden.

Die Logit-Transformation führt in der Nähe von $P = 1$ bzw. $P = 0$ zu erheblich größeren Verzerrungen als in der Umgebung von $P = 0.5$. Dadurch bekommen die Abweichungen von y_j und Y_j in den Randbereichen ein zu großes Gewicht bei der Schätzung. Dies wird durch den Faktor W_j korrigiert, der bei $P_j = 0.5$ maximal und bei $P_j = 0$ bzw. bei $P_j = 1$ minimal ist. Nicht alle relativen Häufigkeiten n_j/N_j und damit auch nicht alle y_j sind mit der gleichen Genauigkeit geschätzt. Die Varianz der Schätzfunktionen n_j/N_j ist umgekehrt proportional zu N_j. Bei der Schätzung bekommen deshalb durch den Faktor N_j diejenigen Daten, die auf mehr Beobachtungen beruhen, auch einen größeren Einfluß.

Um die Parameterschätzungen $\hat{a}$ und $\hat{c}$ zu finden, die (2.5) minimieren, wird für Y_j die Gleichung (2.4) eingesetzt und der Ausdruck (2.5) nach a und c abgeleitet. Daraus ergeben sich 2 Gleichungen, die nach Nullsetzen zu expliziten Lösungen für a und c führen (Berkson, 1955; Bock & Jones, 1968). Wir erhalten mit den gewichteten Mittelwerten

$$\overline{x} = \frac{\sum_{j}^{m} N_j W_j x_j}{\sum_{j}^{m} N_j W_j},$$

$$\overline{y} = \frac{\sum_{j}^{m} N_j W_j y_j}{\sum_{j}^{m} N_j W_j}$$

und den Summen

$$S_{x^2} = \sum_j^m N_j W_j x_j^2 - \overline{x} \sum_j^m N_j W_j x_j,$$

$$S_{xy} = \sum_j^m N_j W_j x_j y_j - \overline{x} \sum_j^m N_j W_j y_j$$

für die Schätzungen $\hat{a}$ und $\hat{c}$ das Ergebnis

$$\begin{aligned} \hat{a} &= S_{x^2}/S_{xy} \\ \hat{c} &= \overline{x} - \hat{a}\overline{y}. \end{aligned} \quad (2.6)$$

In diesen Gleichungen sind die Gewichte W_j enthalten, die bei der Schätzung noch unbekannt sind. Sie können jedoch nach Bock und Jones (1968) durch $w_j = n_j(N_j - n_j)/N_j^2$ ersetzt werden, ohne daß sich die approximative Verteilung von Gleichung (2.5) ändert. Für die Berechnungen von (2.6) vereinfacht sich damit der Faktor $N_j W_j$ zu $N_j w_j = n_j(N_j - n_j)/N_j$.

Mit den Parameterschätzungen $\hat{a}$ und $\hat{c}$ können nun zusammen mit den bekannten Werten x_j die Antwortwahrscheinlichkeiten P_j unter der Annahme, daß Hypothese H richtig ist, geschätzt werden. Für alle $j = 1, \ldots, m$ gilt dann

$$\hat{P}_j = \frac{1}{1 + e^{-(x_j - \hat{c})/\hat{a}}}.$$

Bei der Minimum-Logit-Parameterschätzung muß die logistische Transformation von relativen Häufigkeiten berechnet werden. Sind in einem Experiment die Vergleichsreize ungünstig gewählt, dann kann es vorkommen, daß relative Häufigkeiten von 0 oder 1 auftreten, für die die logistische Transformation nicht definiert ist. Um dieses Problem zu vermeiden, wird von Bock und Jones (1968) als Schätzfunktion für Y_j statt der logistischen Transformation (2.3) eine etwas modifizierte Transformation der relativen Antworthäufigkeiten empfohlen:

$$\begin{aligned} y_j &= \ln \frac{p_j + 1/(2N_j)}{(1 - p_j) + 1/(2N_j)} \\ &= \ln \frac{n_j + 1/2}{N_j - n_j + 1/2} \end{aligned}$$

Diese Schätzfunktion hat außerdem gegenüber der einfachen logistischen Transformation den Vorteil, daß der Bias bei der Schätzung von Y_j geringer ist. Sie sollte also in jedem Fall der Formel (2.3) vorgezogen werden.

2.3.2 Statistischer Test

Um die Korrektheit der Annahme einer logistischen psychometrischen Funktion zu prüfen, ist ein statistischer Test durchzuführen, in dem die beobachteten Häufigkeiten n_j mit den aus der logistischen Funktion vorhergesagten Häufigkeiten $N_j P_j$ verglichen werden. Die Zufallsgröße n_j ist binomialverteilt. Ihr Erwartungswert ist $N_j P_j$ und ihre Varianz ist $N_j P_j (1 - P_j)$. Wie bereits oben dargestellt, ist die Hypothese H eine Hypothese über den Parameter P_j der Binomialverteilung von n_j. Als statistischen Test können wir deshalb einen χ^2-Test benutzen. Die Prüfgröße

$$\begin{aligned}\chi_j^2 &= \frac{(n_j - N_j P_j)^2}{N_j P_j} + \frac{[(N_j - n_j) - N_j(1 - P_j)]^2}{N_j(1 - P_j)} \\ &= \frac{(n_j - N_j P_j)^2}{N_j P_j (1 - P_j)}\end{aligned}$$

ist approximativ χ^2-verteilt mit einem Freiheitsgrad, wobei $N_j P_j$ nicht kleiner als 5 sein sollte. Auf diese Weise erhalten wir für jeden Vergleichsreiz x_j genau eine Prüfgröße. Aus der Statistik ist bekannt, daß eine Summe unabhängiger, χ^2-verteilter Zufallsgrößen selbst wieder χ^2-verteilt ist, wobei die Freiheitsgrade der Summenverteilung gleich der Summe der Freiheitsgrade ist. Die Prüfgröße

$$\chi^2 = \sum_j^m \frac{(n_j - N_j P_j)^2}{N_j P_j (1 - P_j)},$$

in der die Daten für die gesamte psychometrische Funktion erfaßt werden, ist deshalb approximativ χ^2-verteilt mit m Freiheitsgraden. Vorausgesetzt ist bisher, daß die Parameter P_j bekannt sind. Dies ist jedoch nicht der Fall, sondern die P_j werden über die Formel der psychometrischen Funktion und die Schätzfunktionen $\hat{a}$ und $\hat{c}$ aus den Häufigkeiten n_j geschätzt. Ersetzt man die P_j im Ausdruck für χ^2 durch die Schätzungen $\hat{P}_j$, die mit Hilfe der Schätzfunktionen $\hat{a}$ und $\hat{c}$ aus der Formel der psychometrischen Funktion $F(x_j)$ berechnet werden, dann ergibt sich eine Prüfgröße, die approximativ χ^2-verteilt ist mit $m-2$ Freiheitsgraden. Die Nullhypothese des Tests lautet:

$$P\{\text{„ja"} \mid (s, x_j)\} = \frac{1}{1 + e^{-(x_j - c)/a}}$$

$$P\{\text{„nein"} \mid (s, x_j)\} = \frac{e^{-(x_j - c)/a}}{1 + e^{-(x_j - c)/a}}$$

für alle $j = 1, \ldots, m$, wobei $a > 0$ und $j = 1, \ldots, m$. Die Prüfgröße

$$\chi^2 = \sum_j^m \frac{(n_j - N_j \hat{P}_j)^2}{N_j \hat{P}_j (1 - \hat{P}_j)} \tag{2.7}$$

ist approximativ χ^2-verteilt mit $m-2$ Freiheitsgraden.

Damit ist die Hypothese einer logistischen Form der psychometrischen Funktion statistisch überprüfbar. Das Testverfahren liefert durch die Parameterschätzung auch Werte für den ebenmerklichen Unterschied und den konstanten Fehler, da hierfür direkt die Parameter der logistischen Funktion benutzt werden können.

2.3.3 Mehrere psychometrische Funktionen

Alle Überlegungen zur Prüfung der Hypothese H können unabhängig voneinander auch für mehrere Standardreize durchgeführt werden. Jeder Standardreiz ergibt dann eine eigene psychometrische Funktion mit eigenen Parametern. Für jede dieser psychometrischen Funktionen ist ein eigener statistischer Test durchzuführen. Dabei wird für jeden Standardreiz unabhängig von den anderen Standardreizen geprüft, ob die psychometrische Funktion logistisch ist.

Diese Unabhängigkeit der Tests ist allerdings in der Regel nicht erwünscht, da bei mehreren Standardreizen die Hypothese meist eine Aussage über alle psychometrischen Funktionen ist. Auch wir nehmen an, daß bei allen Standardreizen die psychometrische Funktion logistisch ist, wobei jedoch jede psychometrische Funktion eigene Parameter hat. Die hier vorgeschlagene Prüfgröße kann sehr einfach zur Prüfung dieser zusammengesetzten Hypothese benutzt werden, da sie approximativ χ^2-verteilt ist. Bei mehreren Standardreizen können die zugehörigen Prüfgrößen addiert werden, und man erhält wieder eine approximativ χ^2-verteilte Prüfgröße. Die Freiheitsgrade werden ebenfalls addiert.

Wir benutzen in unserem Experiment 3 Standardreize und wollen die Hypothese prüfen, daß alle psychometrischen Funktionen logistische Form haben. Für jeden Standardreiz wird zuerst die oben beschriebene Auswertung durchgeführt, durch die wir die Parameter a_s und c_s jeder der 3 psychometrischen Funktionen für den entsprechenden Standardreiz s erhalten. Wir berechnen dann für jede psychometrische Funktion die Prüfgröße χ_s^2 nach Gleichung (2.7) und die zugehörige Anzahl von Freiheitsgraden d_s. Als Prüfgröße für den zusammengesetzten Test über alle psychometrischen Funktionen wird die Summe aller einzelnen Prüfgrößen χ_s^2 benutzt. Sie ist approximativ χ^2-verteilt und die Anzahl der Freiheitsgrade ist gleich der Summe der Freiheitsgrade der einzelnen Prüfgrößen χ_s^2.

Das Webersche Gesetz ist eine Aussage über den Parameter a der psychometrischen Funktion. Es sagt, daß a proportional zum Standardreiz s ist, d.h. es soll eine Konstante δ geben, so daß $a_s = \delta s$. Die Konstante δ ist die *Webersche Konstante*. Eine einfache Prüfung der Gültigkeit des Weberschen Gesetzes erhält man, wenn in einem Koordinatensystem der Quotient a_s/s gegen den Wert s abgetragen wird. Gilt das Webersche Gesetz, dann müssen die sich ergebenden Punkte auf einer horizontalen Linie liegen. Da wir diese Graphik nur mit den Schätzwerten $\hat{a}_s$ der Parameter a_s herstellen können, stellt sich auch hier das Problem einer zufallskritischen Prüfung der aufgestellten Hypothese. Eine solche statistische Prüfung wird von Bock und Jones (1968) dargestellt. Wir begnügen uns hier mit einer graphischen Darstellung wie in Abb. 2.2, da in unserem Experiment durch den engen Bereich der verwendeten Standardreize auch eine statistische Prüfung nicht wesentlich aussagekräftiger ist. In der Graphik tragen wir an der Abszisse die Ausprägungen der Standardreize s und an der Ordinate die Quotienten $\hat{a}_s/s$ ab.

2.3.4 Auswertungsbeispiel

In Tabelle 2.1 sind mit den Daten zum Standardton $s = 440$ Hz alle Rechenschritte im einzelnen durchgeführt.[3] Für die Berechnung der Parameter empfiehlt sich das Anlegen einer solchen Tabelle, in der jeweils die einzelnen Ausdrücke berechnet werden. Man erhält damit auch ein einfaches Rechenschema, das als Vorlage für ein Computerprogramm zur Datenauswertung dienen kann. Die Berechnungen müssen mit einer Genauigkeit von mindestens 4 Dezimalstellen durchgeführt werden, da sonst zu große Rundungsfehler auftreten. Abbildung 2.1 zeigt die Ergebnisse einer Versuchsperson beim Standardreiz 440 Hz. Neben den Daten ist die logistische Funktion mit den in Tabelle 2.1 berechneten Parametern eingezeichnet. Statt der Frequenz der Vergleichsreize ist in der Tabelle die Differenz $x_j - s$ eingetragen. Dies hat den Vorteil, daß die Zahlenwerte der unabhängigen Variablen erheblich kleiner werden und die Berechnungen bei der Parameterschätzung sich dadurch vereinfachen. Bei der Parameterschätzung ergibt sich somit für c nicht der Punkt der subjektiven Gleichheit als Ergebnis, sondern c ist dann der konstante Fehler. Alle anderen Ergebnisse sind davon nicht betroffen. In der Legende der Tabelle 2.1 ist auch der Summand für die Prüfgröße des χ^2-Tests und die zugehörige Anzahl der Freiheitsgrade angegeben. Für die hier nicht tabellierten Daten zu den Standardreizen 880 und 1760 Hz ergeben sich die Werte $\chi^2_{880} = 9.526$ und $\chi^2_{1760} = 6.565$. Für die Entscheidung, ob die Nullhypothese beibehalten oder abgelehnt wird, summieren wir die χ^2-Summen aller Standardreize zu einer einzigen Prüfgröße. Für diese Prüfgröße ergibt sich der Wert $\chi^2 = 23.583$. Die Anzahl der Freiheitsgrade ist $df = 15$. Der kritische Wert des χ^2-Tests für ein Signifikanzniveau von $\alpha = 0.10$ bei 15 Freiheitsgraden ist $\chi^2_{krit} = 30.23$. Da die Prüfgröße für die erhobenen Daten kleiner ist als dieser kritische Wert, wird die Nullhypothese beibehalten.

Abbildung 2.2 zeigt einen Vergleich der ebenmerklichen Unterschiede bei den verschiedenen Standardreizen. Die Weber-Brüche sind zwar nicht alle konstant, die Änderung in Abhängigkeit von der

---

[3]Die Frequenzen der Vergleichsreize in den Beispieltabellen sind nicht mit denen identisch, die in dem zu diesem Kapitel gehörenden Experiment verwendet werden.

2 Die Unterscheidbarkeit einfacher Reize

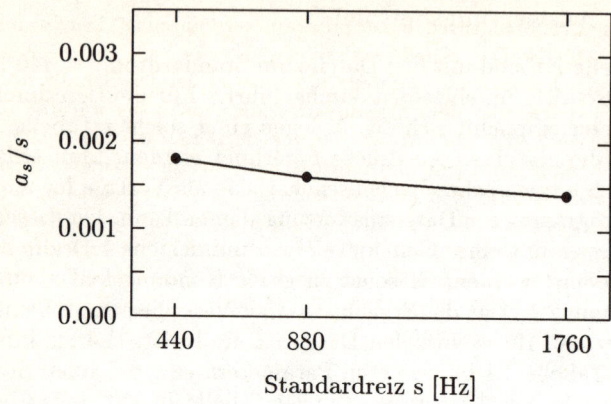

Abb. 2.2. Der Wert der Weberschen Konstanten bei wachsendem Standardreiz. Aufgetragen ist a_s/s, also der Quotient aus dem ebenmerklichen Unterschied und dem Standardreiz. Gilt das Webersche Gesetz, dann müssen alle Punkte auf einer horizontalen Linie liegen. Die Abweichungen sind gering.

Frequenz des Standardreizes ist allerdings gering. Die vorliegenden Daten müssen daher nicht als Widerspruch zum Weberschen Gesetz betrachtet werden.

2.4 Praktikumsaufgabe

Führen Sie das Experiment mit einer Versuchsperson durch. Achten Sie darauf, daß die Lautstärke des Signaltons richtig eingestellt ist bzw. der Lautsprecher etwas abgedeckt ist, falls der Ton nicht einstellbar, aber zu laut ist. Der Signalton des Rechners ertönt kurz, wenn man eingibt

```
echo Strg-G
```

Die Bezeichnung `Strg-G` bedeutet, daß man zuerst die Taste mit der Beschriftung `Strg` drückt, sie niederhält und dann die Taste `G` drückt. Auf dem Bildschirm erscheint `Strg-G` als `^G`. Achten Sie ferner darauf, daß der Versuchsraum ruhig ist, die Versuchsperson nicht

2.4 Praktikumsaufgabe

Tabelle 2.1. Rechenschema zur Parameterschätzung. Der Standardreiz ist $s = 440$ Hz. Die Tabelle enthält jeweils eine Zeile für die Nummer j des Vergleichsreizes, die Differenz $x_j - s$ zwischen der Grundfrequenz des Vergleichsreizes und dem Standardreiz, die Anzahl n_j und die relativen Häufigkeiten p_j der „Ja"-Antworten, verschiedene Zwischengrößen und die nach der Minimum-Logit-Methode geschätzten Antwortwahrscheinlichkeiten $\hat{P}_j$. Die Anzahl N_j von Beobachtungen pro Vergleichsreiz ist für jeden Vergleichsreiz 30. Als Parameter der logistischen psychometrischen Funktion ergeben sich $\hat{a} = 0.815$ und $\hat{c} = -0.283$. Die vorletzte Zeile der Tabelle enthält die mit Hilfe der geschätzten Parameter vorhergesagten Häufigkeiten und die letzte Zeile die χ^2-Werte, die sich daraus ergeben. Die Prüfgröße ist die Summe daraus und hat den Wert $\chi^2 = 7.492$ bei 5 Freiheitsgraden.

j	1	2	3	4	5	6	7	$\sum$
$x_j - s$ [Hz]	-1.5	-1.0	-0.5	0.0	0.5	1.0	1.5	
n_j	3	10	17	14	20	27	28	
p_j	0.10	0.33	0.57	0.47	0.67	0.90	0.93	
y_j	-2.06	-0.67	0.26	-0.13	0.67	2.06	2.43	
w_j	0.09	0.22	0.25	0.25	0.22	0.09	0.06	
$N_j w_j$	2.70	6.67	7.37	7.47	6.67	2.70	1.87	35.433
$N_j w_j x_j$	-4.05	-6.67	-3.68	0.00	3.33	2.70	2.80	-5.567
$N_j w_j y_j$	-5.57	-4.46	1.91	-0.96	4.46	5.57	4.54	5.490
$N_j w_j x_j^2$	6.08	6.67	1.84	0.00	1.67	2.70	4.20	23.150
$N_j w_j x_j y_j$	8.35	4.46	-0.96	0.00	2.23	5.57	6.81	26.463
$\hat{P}_j$	0.18	0.29	0.43	0.59	0.72	0.83	0.90	
Y_j	-1.49	-0.88	-0.27	0.35	0.96	1.57	2.19	
$N_j \hat{P}_j$	5.51	8.80	13.02	17.58	21.70	24.85	26.97	
χ_j^2	1.40	0.23	2.15	1.76	0.48	1.08	0.39	

$$\overline{x} = \Sigma Nwx/\Sigma Nw = -0.157$$
$$\overline{y} = \Sigma Nwy/\Sigma Nw = 0.155$$
$$S_{x^2} = \Sigma Nwx^2 - \overline{x}\Sigma Nwx = 22.275$$
$$S_{xy} = \Sigma Nwxy - \overline{x}\Sigma Nwy = 27.326$$
$$\hat{a} = S_{x^2}/S_{xy} = 0.815$$
$$\hat{c} = \overline{x} - \hat{a}\overline{y} = -0.283$$
$$\chi^2_{440} = 7.492$$

durch Störgeräusche behindert wird und daß zwischen den Blöcken jeweils eine Pause von mindestens 3 min eingelegt wird.

Das Experiment wird durch das Kommando `pmfk` mit einem Versuchspersonenkode als Argument gestartet. Also

`pmfk rudi`

startet das Experiment mit `rudi` als Versuchspersonenkode. Das Datenprotokoll in der Ergebnisdatei `rudi.res` enthält für jeden Vergleichsreiz die Frequenz des Standard- und Vergleichsreizes, die Anzahl der Darbietungen und die Anzahl der „ja"-Antworten, wie sie in der Tabelle 2.1 in der Zeile n_j angegeben sind.

1. Berechnen Sie aus den Daten die Parameter der 3 logistischen Funktionen für die 3 Standardreize. Fassen Sie für die Berechnungen die Durchgänge zum gleichen Standard- und Vergleichsreiz aus den beiden Blöcken, in denen sie vorkommen, zusammen.

2. Stellen Sie wie in Abb. 2.1 jede der logistischen Funktionen in einer Graphik zusammen mit den empirischen relativen Häufigkeiten dar. Zeichnen Sie in die Graphiken auch die Parameter a_s und c_s der logistischen Funktionen ein. Überprüfen Sie anhand der Graphik die Plausibilität Ihrer Parameterwerte. Die logistische Funktion ist streng monoton steigend und die empirischen relativen Häufigkeiten müssen zufällig so um die Kurvenlinie streuen, daß das arithmetische Mittel der quadrierten Abweichungen möglichst gering ist.

3. Führen Sie den oben beschriebenen χ^2-Test der Hypothese, daß sich die Antwortwahrscheinlichkeiten durch logistische Funktionen beschreiben lassen, durch.

4. Fertigen Sie eine Graphik nach dem Vorbild von Abb. 2.2 an, in der die Weber-Brüche in Abhängigkeit von der Frequenz des Standardreizes dargestellt sind.

5. Schreiben Sie einen Kurzbericht in dem in wenigen Sätzen die Fragestellung, die Methoden und die Ergebnisse dargestellt sind. Sprechen Sie darin auch die Ergebnisse der Überprüfung des Weberschen Gesetzes an.

2.5 Weiterführende Experimente

2.5.1 Die Herstellungsmethode zur Bestimmung des Punktes der subjektiven Gleichheit

Da bei der Konstanzmethode die Vergleichsreize vor dem Experiment festliegen und zur Parameterschätzung eine wiederholte Darbietung notwendig ist, kann der Zeitaufwand für die Bestimmung der psychometrischen Funktion mit dieser Methode recht groß werden. Dies gilt vor allem dann, wenn sie für verschiedene Standardreize bestimmt werden soll. Ist man nicht an der vollständigen psychometrischen Funktion, sondern nur am Punkt der subjektiven Gleichheit interessiert, wird daher häufig ein anderes Verfahren benutzt, bei dem die Versuchsperson die Reizwerte selbst herstellt, die *Herstellungsmethode*. In unserem Experiment würde das so aussehen, daß der Versuchsperson der Standardreiz s vorgegeben wird und sie dann die Möglichkeit hat, einen 2. Ton x mit Hilfe eines Reglers so einzustellen, daß er die gleiche Tonhöhe hat wie der Ton s. Bei visuellen Aufgaben sind s und x häufig gleichzeitig zu sehen (vgl. Kap. 3). Bei auditiven Aufgaben wird der Standardreiz in der Regel vor dem variablen Reiz dargeboten, kann aber meist beliebig oft abgerufen werden. Die Einstellungen für einen Standardreiz werden in der Regel mehrmals durchgeführt, so daß man über die Streuung der eingestellten Werte auch den ebenmerklichen Unterschied abschätzen kann. Wir werden das Herstellungsverfahren in Kapitel 3 benutzen, um den Täuschungsbetrag bei einer geometrisch-optischen Täuschung zu bestimmen.

2.5.2 Adaptive Verfahren

Sowohl die Herstellungs- als auch die Konstanzmethode werden heute zum Auffinden des Punktes der subjektiven Gleichheit nur noch selten angewandt. Die Herstellungsmethode hat mehrere Nachteile: Sie erzeugt sehr leicht sequentielle Verzerrungen, die Genauigkeit der Einstellungen hängt von der Motivation der Versuchsperson und von ihrem Anspruchsniveau ab, und die Darbietungszeit des Reizes ist mit ihr nur schwer zu kontrollieren. Gerade letzteres ist in der Wahrnehmungspsychologie ein gravierender Nachteil, da sich viele Effekte bei längerer Betrachtungsdauer verändern. Die Konstanzmethode hat den Nachteil, daß ein einzelner Durchgang verhältnismäßig wenig Information liefern kann, wenn der Bereich, in dem der Punkt der subjektiven Gleichheit liegt, unbekannt ist und daher die Vergleichsreize ungünstig liegen. Man benötigt zur Bestimmung eines einzigen Punktes der subjektiven Gleichheit mehr als 200 Durchgänge, vorausgesetzt der Wertebereich, in dem das Endergebnis liegt, ist bereits bekannt. Ist dies nicht der Fall, dann können erheblich mehr Beobachtungen notwendig sein, um einen einzigen Punkt der subjektiven Gleichheit zu bestimmen.

In der Psychophysik werden deshalb heute zur Bestimmung des Punktes der subjektiven Gleichheit oder anderer Punkte einer psychometrischen Funktion fast ausschließlich *adaptive* Verfahren benutzt. Man bietet dabei der Versuchsperson ein Reizpaar (s, x_t) an, wobei x_t für den Vergleichsreiz im Durchgang t und s für den Standardreiz steht, und läßt sie angeben, ob der Vergleichsreiz x_t oder der Standardreiz heller/länger/schwerer/... ist. „Gleich"-Urteile werden nicht zugelassen. Wählt die Versuchsperson s, dann wird der nächste Reiz $x_{t+1} = x_t + \sigma_t$ um den Betrag σ_t vergrößert. Wählt sie dagegen x_t, dann wird dieser um den Betrag σ_t verkleinert. Nach hinreichend vielen Durchgängen wird sich x_t etwa um den Punkt der subjektiven Gleichheit einpendeln. Dieses Verfahren kombiniert die Vorteile der Konstanzmethode (einfache Aufgabe der Versuchsperson, exakte Kontrolle über die Darbietungszeit) mit denen der Herstellungsmethode (Vorgabe von Reizen, die viel Information liefern).

Die am häufigsten benutzten adaptiven Verfahren gehen auf Levitt (1971) zurück. Levitt gibt auch ein adaptives Verfahren zur Bestimmung des Punktes $x_{0.707}$ der psychometrischen Funktion an. Es läßt sich nämlich zeigen, daß sich der Vergleichsreiz nicht bei $x_{0.5}$, sondern bei $x_{0.707}$ einpendelt, wenn er nur dann vermindert wird, wenn die Versuchsperson bei *zwei* Durchgängen mit „ja" antwortet, d.h. ihn in zwei aufeinander folgenden Durchgängen als heller/länger/schwerer/... als den Standardreiz bezeichnet. Bestimmt man nun in einem Experiment gleichzeitig den Punkt der subjektiven Gleichheit $x_{0.5}$ und den Punkt $x_{0.707}$, dann kann man daraus den ebenmerklichen Unterschied berechnen.

Das Experiment pmfa ist eine adaptive Version des Experiments pmfk für die gleichen 3 Standardreize. Da am Anfang eines adaptiven Verfahrens nicht bekannt ist, wie weit der Startwert x_0 vom Punkt

2.5 Weiterführende Experimente

der subjektiven Gleichheit entfernt ist, wird die Schrittgröße σ_t am Anfang groß gehalten. Im Laufe des Verfahrens kann die Schrittgröße verkleinert werden, so daß sich am Ende nur noch ein kleiner Unsicherheitsbereich ergibt. Die Änderung der Schrittgröße wird durch die Durchgangsnummer t bestimmt. Wir setzen $\sigma_t = \sigma_0/t$, wobei σ_0 die Anfangsschrittgröße ist. Um einem systematischen Fehler durch die Lage des Anfangswertes vorzubeugen, werden für jeden zu bestimmenden Parameter 2 verschiedene Anfangswerte x_0 gewählt, von denen einer sicher über dem Endwert, der andere sicher unter dem Endwert liegt. Dadurch ist am Anfang einer Sequenz die Aufgabe für die Versuchsperson leicht und sie kann sich besser auf diese einstellen.

Eine adaptive Darbietungsfolge wird beendet, wenn die Versuchsperson mindestens 10mal die Antwortrichtung geändert hat. Als Endwert für x benutzen wir das arithmetische Mittel der letzten 8 x-Werte, an denen die Antwortwechsel aufgetreten sind.

Die Datendatei des Experiments pmfa enthält in jeder Zeile folgende Werte: die Frequenz des Standardreizes, einen Indikator, ob es sich um einen $x_{0.5}$-Wert (2) oder einen $x_{0.707}$-Wert (3) handelt, einen Indikator, ob der Anfangswert der adaptiven Sequenz unter (1) oder über (2) dem erwarteten Endwert lag, einen Wiederholungszähler, da jeder Parameter in jeder Bedingung 2mal bestimmt wird, der Mittelwert und die Standardabweichung der letzten 8 Umkehrpunkte der adaptiven Sequenz. Eine Zeile aus der Ergebnisdatei könnte also folgendermaßen aussehen:

```
880.0 2 1 1 877.996 0.805
```

Sie gehört zum Standardreiz 880 Hz, gibt eine Schätzung des Punktes der subjektiven Gleichheit an (2), der Anfangswert lag unter dem erwarteten Endwert (1), und es handelt sich um die erste von 2 Sequenzen zu dieser Bedingung. Der Mittelwert der letzten 8 Umkehrpunkte ist 877.996 Hz und deren Standardabweichung ist 0.805 Hz. Bei der Auswertung dieser Daten ist zu berücksichtigen, daß hier *keine* spezielle Funktionsform für die psychometrische Funktion angenommen werden muß.

2.6 Literaturhinweise

Sehr gute und leicht verständliche Einführungen in die Methoden der Psychophysik geben Baird und Noma (1978) und Tack (1983). Eine Einordnung psychophysischer Methoden und Ergebnisse in die allgemeine Wahrnehmungspsychologie gibt Prinz (1990). Die statistischen Probleme bei der Schätzung psychometrischer Funktionen werden von Bock und Jones (1968) dargestellt. Diese Autoren benutzen als psychometrische Funktion die Verteilungsfunktion der Normalverteilung, wie das früher allgemein üblich war (Guilford, 1954). Die Vorteile der logistischen Funktion werden von Luce und Galanter (1963) dargestellt. Diese Arbeit ist die erste „moderne", mathematisch orientierte Darstellung der Psychophysik, wie sie von Falmagne (1985) weitergeführt wird.

2.7 Versuchsanweisung zur Unterscheidung von Tönen

In diesem Experiment wird untersucht, wie gut man Töne unterscheiden kann. In jedem Durchgang werden Ihnen 2 Töne dargeboten, die sich ganz geringfügig in der Tonhöhe unterscheiden. Den ersten der beiden Töne können Sie als Bezugspunkt benutzen, den zweiten sollen Sie beurteilen. Ihre Aufgabe ist anzugeben, ob der 2. der beiden Töne höher klingt als der erste. Wenn dies der Fall ist, dann drücken Sie bitte auf der Rechnertastatur die Taste mit dem Pfeil nach links, die „ja"-Taste. Klingt der 2. der beiden Töne *nicht* höher als der erste, dann drücken Sie bitte die Taste mit dem Pfeil nach rechts, die „nein"-Taste.

Sie müssen sich immer für eine der beiden Alternativen entscheiden. Im Zweifelsfall sollten Sie die Taste drücken, die Ihnen eher als richtig erscheint, auch wenn Sie sich nicht ganz sicher sind.

Da sich die beiden Töne immer sehr ähnlich sind, müssen Sie sehr genau auf die Tonhöhen achten. Um es für Sie nicht zu anstrengend werden zu lassen, machen wir jeweils nach etwa 10 min eine Pause von mindestens 3 min, wenn Sie wollen auch mehr. Das ganze Experiment besteht aus 6 Abschnitten dieser Art.

Die Tonpaare, die Sie bearbeiten müssen, stammen aus 3 Tonhöhenbereichen. In jedem Abschnitt werden allerdings nur Töne aus einem Bereich verwendet, so daß jeder Tonhöhenbereich 2mal vorkommt. Das ganze Experiment dauert zusammen mit den Pausen etwa 90 min.

Falls Sie noch Fragen haben, so stellen Sie sie bitte jetzt. Wenn nicht, dann können Sie das Experiment durch Drücken einer beliebigen Taste starten.

3 Wahrnehmungstäuschungen

Wahrnehmung dient der Orientierung in der Umwelt. Besondere Bedeutung kommt dabei dem Gesichtssinn zu, da seine adäquaten Reize, nämlich die beiden Netzhautbilder, besonders detaillierte Information auch über Objekte enthalten, die weit von der beobachtenden Person entfernt sein können. Wahrnehmung ist daher vor allem im Bereich des Gesichtssinns, aber auch in anderen Bereichen, wie etwa dem Gehör- oder dem Tastsinn, objektorientiert. Dies bedeutet, daß elementare Empfindungen nicht isoliert als Empfindungen, etwa als Farbe oder als Distanz, sondern immer als Objektmerkmale wahrgenommen werden. Die Farbe der Oberfläche eines Objekts wird nicht als reine Farbempfindung, sondern als Eigenschaft der Oberfläche wahrgenommen. Genauso erscheint die wahrgenommene Ausdehnung eines Gegenstandes nicht als Ausdehnungs- oder Längenempfindung, sondern als Objekteigenschaft. In diesem Sinn deuten wir unsere Wahrnehmungsobjekte realistisch. Wir schreiben den Objekten die von uns wahrgenommenen Eigenschaften als realistische Eigenschaften zu. Dieses Verhalten ist für die Orientierung in der Umwelt außerordentlich nützlich und kann geradezu als eine der Voraussetzungen für eine erfolgreiche Anpassung betrachtet werden.

Es gibt Fälle, in denen zwischen verschiedenen Mechanismen der Wahrnehmung Konflikte auftreten, die dann zu Fehlern in der Realitätstreue der Wahrnehmungsinhalte führen. Solche Fehler werden als „Täuschungen" bezeichnet. Ein Beispiel ist die Mondtäuschung: Der tiefstehende Mond am Horizont sieht erheblich größer aus als der hochstehende Mond am Zenit. Von Kaufman und Rock (1962) wurde gezeigt, daß dieser Effekt durch einen Konflikt zwischen den Eigenschaften der Entfernungswahrnehmung und dem Mechanismus der Größenkonstanz zustande kommt.

3.1 Die Horizontal-vertikal-Täuschung

Wahrnehmungstäuschungen des Gesichtssinns werden häufig mit einfachen geometrischen Figuren untersucht, wie sie in allen Büchern zur Wahrnehmungspsychologie enthalten sind. Meist handelt es sich dabei um Figuren, mit denen demonstriert wird, daß die wahrgenommene Länge oder Richtung von Strecken vom Kontext abhängt, in den diese Strecken eingebettet sind. Ein Beispiel zeigt Abbildung 3.1 nach Künnapas (1955). Alle Linien in der Abbildung sind gleich lang, erscheinen aber aufgrund des Kontextes und der Anordnung verschieden.

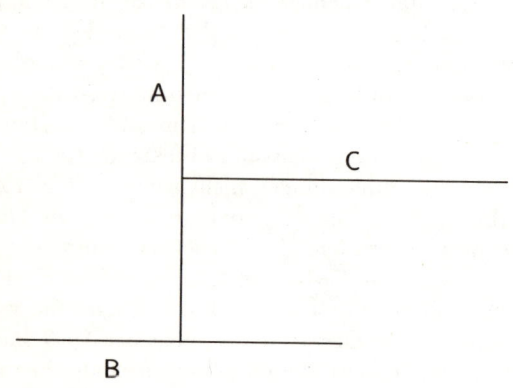

Abb. 3.1. Die horizontale Linie C erscheint länger als die vertikale und geteilte Linie A und diese wiederum länger als die horizontale und geteilte Linie B (nach Künnapas, 1955).

Die Horizontal-vertikal-Täuschung nach Fick (1851, zit. nach Künnapas, 1955) besteht in einer allgemeinen Überschätzung vertikaler Strecken im Vergleich zu horizontalen Strecken. Als Testfigur wird häufig ein umgekehrtes T benutzt, bei dem die Versuchsperson die Länge der horizontalen und der vertikalen Linie zu vergleichen hat.

Von Künnapas (1955) wird darauf hingewiesen, daß die T-Figur aus 2 Komponenten besteht, von denen beide unabhängig voneinander den Täuschungsbetrag beeinflussen. Die 1. Komponente ist die Überschätzung von vertikalen gegenüber horizontalen Strecken, die 1. ist die Überschätzung der teilenden Linie gegenüber der geteilten Linie, wie sie in Abb. 3.1 beim Vergleich der Strecken A und C zum Ausdruck kommt. Beim umgekehrten T wird die vertikale Linie aus 2 Gründen überschätzt: einerseits wegen der allgemeinen Überschätzung vertikaler Strecken, andererseits wegen ihrer Funktion als teilende Strecke. Masin und Vidotto (1983) konnten außerdem zeigen, daß die horizontale Linie in der T-Figur als kürzer wahrgenommen wird als eine alleinstehende horizontale Linie.

Die Hypothese eines kombinierten Täuschungseffektes aufgrund von Orientierung und Streckenteilung läßt sich durch Variation dieser beiden Merkmale prüfen. Dreht man die T-Figur um 90°, so bleibt der Teilungseffekt bestehen, der Richtungseffekt aber dreht sich um. Der Täuschungsbetrag müßte bei der gedrehten Figur erheblich kleiner sein als bei der nicht gedrehten, da die beiden Täuschungskomponenten in verschiedene Richtung wirken.

Neben dem Drehen der Figur zur Kontrolle des Horizontal-vertikal-Effekts kann auch der Teilungseffekt variiert werden. Dazu wird das Teilverhältnis der geteilten Strecke geändert, indem die Position variiert wird, an der die teilende Strecke die geteilte Strecke trifft.

3.1.1 Fragestellung

Die Fragestellung in diesem Experiment ist, wie der bei den beiden Strecken der T-Figur wahrgenommene Längenunterschied einerseits von der Orientierung der Figur und andererseits von dem Teilungsverhältnis abhängt, mit dem die eine Strecke die andere Strecke teilt.

Unabhängige Variablen sind die Orientierung mit den Rotationsstufen 0° und 90° und das Teilungsverhältnis mit den Ausprägungen 0.0, 0.25 und 0.5. Abhängige Variable ist die Längendifferenz zwischen der teilenden und der geteilten Strecke, bei der der Versuchsperson beide Strecken gleich lang erscheinen.

Unsere Hypothese ist, daß der Täuschungsbetrag dann am größten ist, wenn der Horizontal-vertikal-Effekt und der Teilungseffekt in der gleichen Richtung wirken. Unabhängig von der Richtung sollte der Täuschungsbetrag um so größer sein, je näher das Teilungsverhältnis bei 0.5 liegt.

3.2 Methoden

3.2.1 Versuchsaufbau

Die Figur wird mit hellen, weißen Linien in einer Dicke von etwa 0.5 mm vor mittelgrauem Hintergrund dargestellt. Der Bildschirm befindet sich in Augenhöhe etwa 60 cm vor den Augen der Versuchsperson. Um Reflexionen auf der Bildschirmoberfläche zu vermeiden, besteht die Raumbeleuchtung aus einer Lampe, die hinter dem Bildschirm angebracht ist. Als Reaktionstasten werden Funktionstasten der Rechnertastatur benutzt.

3.2.2 Versuchsablauf

In jeder Bedingung muß die Länge der teilenden Linie so eingestellt werden, daß sie genauso lang aussieht wie die geteilte Linie. Wir gehen davon aus, daß es für jede Länge y der geteilten Strecke eine Länge x der teilenden Strecke gibt, so daß bei der Darbietung von (x, y) die Versuchsperson unentschieden darüber ist, welche der beiden Strecken länger ist. Sie wird dann mit Wahrscheinlichkeit 0.5 die eine und mit Wahrscheinlichkeit 0.5 die andere Strecke als die längere wählen. Ein solches x wird „Punkt der subjektiven Gleichheit" genannt (vgl. Kap. 2).

Die einfachste Methode, um den Punkt der subjektiven Gleichheit zu finden, ist die *Herstellungsmethode*. Die Versuchsperson hat 2 Tasten zur Verfügung, mit einer kann sie die variable Strecke verlängern, mit der anderen verkürzen. Wir benützen dafür die Cursortasten. Drückt die Versuchsperson die Taste mit dem Pfeil nach rechts, dann wird die Länge der teilenden Strecke um einen Schritt vergrößert, drückt sie die Taste mit dem Pfeil nach links, dann wird die Strecke verkürzt. Die Versuchsperson verändert die teilende Strecke so lange, bis ihr beide Strecken als gleich lang erscheinen. Sie drückt dann die Taste mit der Aufschrift „Ende" und beendet damit eine Einstellung.

Die Länge der geteilten Strecke ist in allen Bedingungen 8 cm. Bei einer Entfernung von 60 cm erscheint diese unter einem Sehwinkel von 7.6°. Der Schnittpunkt von teilender und geteilter Strecke wird so festgelegt, daß die Teilungsverhältnisse 0.0, 0.25 und 0.5 entstehen.

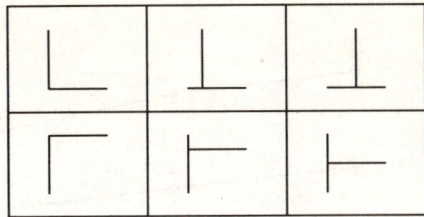

Abb. 3.2. Die verschiedenen Konfigurationen der T-Figur, die im Experiment verwendet werden.

Die Figur wird in 2 Orientierungen gezeigt: 0° und 90°. Abbildung 3.2 zeigt alle möglichen Figuren. Zu jeder dieser Figuren wird der Punkt der subjektiven Gleichheit 16mal bestimmt. Bei der Herstellungsmethode ist darauf zu achten, daß die Versuchsperson aus dem Anfangswert des variablen Reizes keinen Hinweis auf die Endeinstellung entnehmen kann. Zu Beginn jeder Darbietung wird die Länge der einzustellenden Strecke daher auf einen Wert gesetzt, der deutlich erkennbar vom Punkt der subjektiven Gleichheit abweicht. In der einen Hälfte der Durchgänge beginnen wir bei einem Wert, der deutlich unter und in der anderen Hälfte mit einem Wert der deutlich über dem Punkt der subjektiven Gleichheit liegt. Bei der Orientierung von 0° sind das die Werte 6 und 9 cm, bei 90° 7 und 10 cm. Die Reihenfolge der Anfangswerte ist zufällig. Die Figuren werden in der Mitte des Bildschirms gezeigt, allerdings nicht immer an genau der gleichen Position, sondern innerhalb eines Bereichs von ± 0.5 cm sowohl in der Horizontalen als auch in der Vertikalen variierend.

Bei 2 Orientierungen, 3 Teilungsverhältnissen und 2 Startwerten ergeben sich 12 Bedingungen. Bei 8 Durchgängen pro Bedingung sind dies 96 Durchgänge, die so auf 2 Blöcke aufgeteilt werden, daß jede Bedingung in jedem Block gleich oft und in zufälliger Reihenfolge vorkommt. Dem vorangestellt wird ein Übungsblock, in dem jede der 12 Bedingungen einmal bearbeitet wird. Die Versuchsperson hat also im ganzen Experiment 108 Einstellungen durchzuführen.

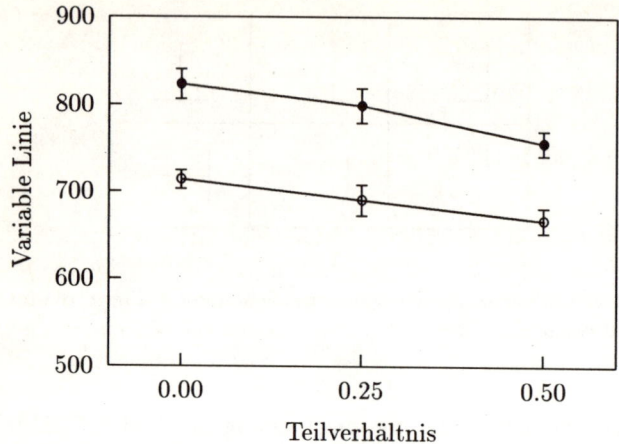

Abb. 3.3. Ergebnisse einer Versuchsperson. Dargestellt ist die mittlere Länge der variablen Linie und die Standardabweichung des Mittelwerts. Bei den offenen Punkten wurde die Figur in Normalposition (obere Reihe von Abb. 3.2) dargeboten, bei den ausgefüllten Punkten um 270° gedreht (untere Reihe von Abb. 3.2). Alle Längenangaben sind in Einheiten von 0.1 mm. Die Länge der Grundlinie war in allen Fällen 800 · 0.1 mm.

3.3 Praktikumsaufgabe

Führen Sie das Experiment an einer Versuchsperson durch. Das Experiment wird durch das Programm `hvhe` gesteuert. Zum Starten ist der Name des Programms und ein Kode für die Versuchsperson einzugeben: Die Eingabe

```
hvhe rudi
```

startet das Programm für die Versuchsperson `rudi`.

Das Datenprotokoll enthält für jede Einstellung den Rotationswinkel (in 1/10 Grad), das Teilungsverhältnis, einen Indikator für den Anfangswert der variablen Länge und den von der Versuchsperson eingestellten Wert. Der Indikator für den Anfangswert hat den Wert 1, wenn der Anfangswert sicher unter dem Punkt der subjek-

tiven Gleichheit liegt, und den Wert 2, wenn er sicher darüber liegt.
Eine Datendatei könnte also folgendermaßen aussehen:

    0 0.25 1 920
    0 0.50 2 982
    900 0.00 1 1034
    ...

1. Zuerst sollte geprüft werden, ob der Startwert einen Einfluß auf
die Einstellungen der Versuchsperson hat. Berechnen Sie dazu die
Mittelwerte aller Einstellungen für die beiden Anfangsbedingungen.
Wenn diese sich nicht bedeutsam unterscheiden, brauchen in den
folgenden Auswertungen die beiden Startbedingungen nicht mehr
separat betrachtet zu werden. Wir gehen im folgenden davon aus,
daß dies der Fall ist.

2. Stellen Sie die Ergebnisse für die beiden Rotationsbedingungen
in einer Graphik dar, in der wie in Abb. 3.3 auf der Abszisse das
Teilungsverhältnis und auf der Ordinate die mittleren Punkte der
subjektiven Gleichheit und ihre Standardabweichungen dargestellt
sind.

3. Formulieren Sie statistische Hypothesen und testen diese mit
Hilfe einer zweifachen Varianzanalyse für die beiden Faktoren „Rotation" (2 Stufen) und „Teilungsverhältnis" (3 Stufen).

4. Stellen Sie Fragestellung, Methoden und Ergebnisse in einer
kurzen Zusammenfassung dar.

3.4 Weiterführende Experimente

3.4.1 Ein adaptives Verfahren

Das Programm hvad führt eine adaptive Variante des oben beschriebenen Experiments durch. Alle Bedingungen sind mit dem Experiment hvhe identisch. Jede Bedingung wird allerdings nicht 8mal,
sondern nur 2mal bearbeitet. Wir haben also 2 Rotationsstufen, 3
Teilungsverhältnisse und 2 Anfangswerte. Jede Bedingung 2mal dargeboten ergibt 24 adaptive Sequenzen. Bei etwa 20 Durchgängen pro
Bedingung sind dies etwa 480 binäre Entscheidungen für die Versuchsperson. Diese werden wieder auf 2 Blöcke aufgeteilt. Um Verwechslungen von teilender und geteilter Strecke bei unterschiedlichen

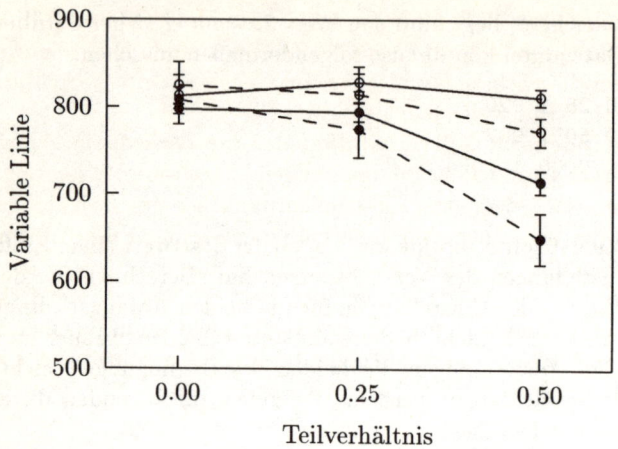

Abb. 3.4. Vergleich der Ergebnisse eines Herstellungsverfahrens mit dem adaptiven Verfahren bei einer Versuchsperson. Die mit einer gestrichelten Linie verbundenen Punkte stammen aus dem adaptiven Verfahren, die mit einer durchgezogenen Linie verbundenen Punkte aus einem Herstellungsverfahren. Bei den offenen Punkten wurde die Figur in Normalposition wie in der oberen Reihe von Abb. 3.2 dargeboten, bei den ausgefüllten Punkten um 270° gedreht, wie in der unteren Reihe von Abb. 3.2.

Rotationsstufen zu vermeiden, werden im ersten Block nur Figuren der Orientierung 0° und im zweiten Block nur Figuren der Orientierung 90° dargeboten. Alle Bedingungen innerhalb eines Blocks werden zufällig gemischt. Dies gilt auch für die einzelnen Durchgänge zu den Bedingungen. Damit ist aus der Reihenfolge der Durchgänge nicht erkennbar, zu welcher adaptiven Sequenz ein Durchgang gehört. Der Datenerhebung vorangestellt wird ein Übungsblock von 2 Bedingungen mit dem Teilungsverhältnis 0.33, der Rotation 0° und 2 verschiedenen Anfangswerten.

Jede Figur ist maximal 2 s sichtbar. Wenn die Versuchsperson schneller reagiert, wird das Bild sofort abgeschaltet. Die Versuchsperson muß angeben, welche der beiden Strecken ihr als länger erscheint. Als Eingabetasten werden die Cursortasten benutzt. Die Pfeile nach oben und unten stehen für die senkrechte, die Pfeile nach links und rechts für die waagrechte Strecke. Zwei Sekunden nach der Antwort erscheint die nächste Darbietung. Im Gegensatz zur Darbietungszeit ist die Reaktionszeit nicht beschränkt.

Das Datenprotokoll enthält für jede adaptive Sequenz genau einen Meßwert. Es handelt sich dabei um den Mittelwert der letzten 8 Umkehrpunkte der Sequenz. Ein Umkehrpunkt ist eine Reizausprägung, bei der die Versuchsperson innerhalb einer Sequenz die Antwortrichtung wechselt.

Verschiedene Verfahren bei der Bestimmung geometrisch-optischer Täuschungen führen in der Regel nicht zum gleichen Ergebnis. Dies zeigt Abb. 3.4. Mögliche Ursachen für solche Unterschiede wurden in Abschnitt 2.5.2 angesprochen.

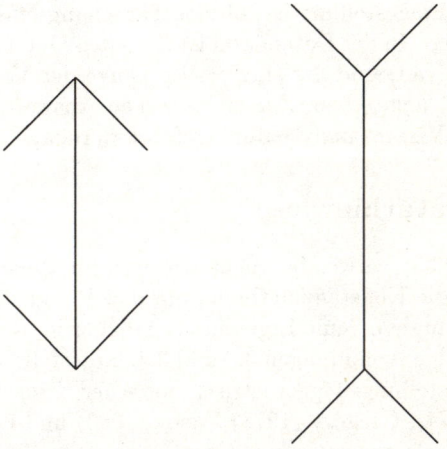

Abb. 3.5. Die Müller-Lyer-Figur. Im Experiment ml wird jeweils nur eine der beiden Teilfiguren gezeigt, die zweite Teilfigur ist im Experiment eine einfache Linie, die als Meßstrecke dient.

3.4.2 Die Müller-Lyer-Figur

Abbildung 3.5 zeigt die wohl bekannteste geometrisch-optische Täuschung, die Müller-Lyer-Figur. Sie demonstriert, daß eine Linie, an deren Enden sich spitze Winkel befinden, als kürzer wahrgenommen wird, als eine Linie mit stumpfen Winkeln an den Enden. Im Experiment ml wird untersucht, wie die wahrgenommene Länge von der Größe des Winkels an den Enden abhängt. Die Versuchsperson sieht jeweils eine Müller-Lyer-Figur und eine einfache Vergleichsstrecke. Ihre Aufgabe ist, die Länge der Vergleichsstrecke so einzustellen, daß sie genauso lang aussieht, wie die Mittellinie der Müller-Lyer-Figur. Die Pfeil-„Spitzen" an den Enden der Müller-Lyer-Figur bilden folgende Winkel: 0°, 30°, 60°, 90° und 120°. Die unabhängige Variable „Winkel der Pfeilspitzen" hat also 5 Stufen, wobei die erste Stufe eine Kontrollbedingung darstellt. Jede Ausprägung wird 12 mal dargeboten. Die Fragestellung ist, ob der Täuschungseffekt von diesem Winkel abhängt. In der Datendatei ist für jeden Durchgang der Winkel (in 1/10 Grad) und die eingestellte Länge der Vergleichsstrecke (in 1/10 mm) angegeben. Zur statistischen Auswertung kann eine einfaktorielle Varianzanalyse durchgeführt werden.

3.5 Literaturhinweise

Künnapas (1955) verwendet nicht wie wir ein Herstellungsverfahren, sondern die Konstanzmethode, um den Punkt der subjektiven Gleichheit zu finden. Seine Ergebnisse sind aber im wesentlichen mit denen, die in den Abbildungen 3.3 und 3.4 dargestellt sind, identisch.

Gute Darstellungen geometrisch-optischer Täuschungen geben Kaufman (1974), Gregory (1978) Frisby (1983) und Coren und Girgus (1978). Viele theoretischen Überlegungen zu Täuschungen betrachten diese isoliert, anstatt sie in allgemeine Wahrnehmungsmechanismen einzubetten. Eine Ausnahme davon bilden die Theorien von Watson (1978) für geometrisch-optische Figuren und von Irtel (1991) für das Fechnersche Paradoxon der binokularen Helligkeitsfusion. Eine allgemeine Einführung mit besonderem Gewicht auf die Orientierungsfunktion der Wahrnehmung gibt Prinz (1990). Er stellt weitere Forschungsmethoden zur Untersuchung von Wahrnehmungstäuschungen vor.

3.6 Versuchsanweisung für das Einstellen von Streckenlängen

In diesem Experiment wird die Wahrnehmung von Streckenlängen untersucht. In jedem Durchgang wird Ihnen eine Figur gezeigt, die aus 2 unterschiedlich langen, senkrecht zueinander stehenden Linien besteht:

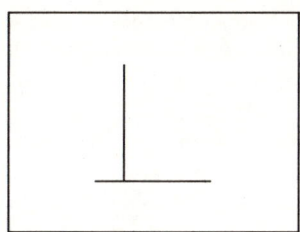

Eine der beiden Linien können Sie mit Hilfe der Cursortasten in der Länge verändern. Sie sollen diese Linie so einstellen, daß beide Strecken genau gleich lang sind.

Welche der beiden Linien variabel ist, können Sie durch Ausprobieren herausfinden. Zum Einstellen benutzen Sie bitte die Cursortasten der Tastatur. Die Taste mit dem Pfeil nach links verkürzt die Strecke, die mit dem Pfeil nach rechts verlängert die Strecke. Sie können eine Taste auch länger gedrückt halten, die Streckenlänge wird dann kontinuierlich verändert. Wenn Sie eine Einstellung gefunden haben, bei der beide Linien gleich lang aussehen, dann drücken Sie bitte die Taste mit der Aufschrift „Ende".

Das Experiment ist in 3 Abschnitte eingeteilt. Der erste ist ein kurzer Übungsblock mit 12 Einstellungen, danach folgen 2 längere Blöcke mit je 48 Einstellungen. Nach jedem Abschnitt wird Ihnen die Pause angezeigt. Sie können sie selbst durch einen Tastendruck beenden. Das ganze Experiment dauert etwa 40 min.

Falls Sie noch Fragen haben, so stellen Sie sie bitte jetzt. Wenn nicht, dann können Sie das Experiment durch Drücken einer beliebigen Taste starten.

3.7 Versuchsanweisung für die Beurteilung von Streckenlängen

In diesem Experiment wird die Wahrnehmung von Streckenlängen untersucht. In jedem Durchgang wird Ihnen eine Figur gezeigt, die aus 2 unterschiedlich langen, zueinander senkrecht stehenden Linien besteht:

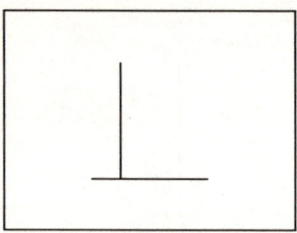

Ihre Aufgabe ist anzugeben, welche der beiden Linien die längere ist. Für Ihre Antwort benutzen Sie bitte die Pfeiltasten der Tastatur. Wenn Ihnen die vertikale Linie als die längere erscheint, dann drücken Sie bitte die Taste mit dem Pfeil nach oben, wenn Ihnen die horizontale Linie länger erscheint, den Pfeil nach rechts.

Sie haben zwar beliebig lange Zeit, sich zu entscheiden, sollten dies aber trotzdem zügig tun, da jede Figur nur 1 s zu sehen ist. Sie müssen sich in jedem Fall für eine der beiden Linien entscheiden. Wählen Sie also immer die Linie, die Ihnen als die längere erscheint.

Das Experiment ist in 3 Abschnitte eingeteilt. Der erste ist ein kurzer Übungsblock, der 2. und 3. Abschnitt sind länger, beide bestehen aus etwa 200 Durchgängen. Nach jedem Abschnitt wird Ihnen die Pause angezeigt. Sie können sie selbst durch einen Tastendruck beenden.

Falls Sie noch Fragen haben, so stellen Sie sie bitte jetzt. Wenn nicht, dann können Sie das Experiment durch Drücken einer beliebigen Taste starten.

4 Der Bewegungsnacheffekt

Visuelle Wahrnehmung ist ein Prozeß, der visuelle Information in elementare Komponenten zerlegt, die von weitgehend unabhängigen Strukturen verarbeitet werden. Die Ergebnisse dieser *modularen* Verarbeitung können dann wieder zu einem ganzheitlichen Eindruck zusammengefaßt werden. Im Tierversuch wurde der Nachweis der Modularisierung des visuellen Systems durch physiologische Untersuchungen, wie etwa die von Hubel & Wiesel (1968) erbracht. Die für Psychologen wichtigste Methode zum Nachweis einer modularen Informationsverarbeitung ist das Erzeugen von *Nacheffekten* durch selektive Adaptation. Solche Nacheffekte treten in der Regel dann auf, wenn ein Reiz über längere Zeit angeboten und dann weggenommen wird. Das vielleicht bekannteste Beispiel ist die verringerte Empfindlichkeit für Lichtreize nach einem längeren Aufenthalt in einer hellen Umgebung. Betritt man einen dunklen Raum, nachdem man sich längere Zeit im Hellen aufgehalten hat, werden schwache Lichter am Anfang nicht wahrgenommen. Erst nach einigen Minuten der Gewöhnung an die Dunkelheit können auch schwache Lichtreize erkannt werden.

Die meisten Nacheffekte sind *negative* Nacheffekte. Betrachtet man etwa einige Sekunden vom Inneren eines Zimmers aus ein Fensterkreuz und wendet dann den Blick auf eine weiße Wand, so erscheint ein Nachbild, in dem die Fensterflächen dunkel und das Fensterkreuz hell sind, also negativ zum ursprünglichen Reiz. Negative Nacheffekte werden durch Adaptation erklärt. Man nimmt an, daß das wahrnehmende System bei der Reizverarbeitung „ermüdet" und sich dadurch sein Nullpunkt verschiebt. Die von der nach Adaptation betrachteten Wand ausgehenden Lichtreize werden in den durch die hellen Fenster adaptierten Bereichen des Gesichtsfeldes auf einen höheren Nullpunkt bezogen als in den durch das dunkle Fensterkreuz adaptierten und erscheinen daher im Bereich der Fensterflächen weniger hell.

Aus der Tatsache, daß auf ein bestimmtes Attribut, wie etwa die Helligkeit, eines visuellen Reizes selektiv adaptiert werden kann, ohne daß gleichzeitig andere Reizattribute davon betroffen sind, wird geschlossen, daß das visuelle System ein für die Verarbeitung des adaptierten Attributes spezialisiertes Modul besitzt. In der visuellen Wahrnehmung wurde selektive Adaptation für Helligkeit, Farbe, Form, Orientierung, Größe und Bewegung gefunden.

4.1 Selektive Adaptation der Bewegungswahrnehmung

In diesem Kapitel betrachten wir den *Bewegungsnacheffekt*. Man kann diesen Effekt beispielsweise bei einer Zugfahrt erleben, wenn man während der Fahrt aus dem Fenster schaut und der Zug nach längerer Fahrt an einem Bahnhof anhält. Man hat dann den Eindruck, der Zug bewege sich rückwärts. Der visuelle Bewegungsnacheffekt wird mit der Existenz eines Detektorsystems erklärt, das auf Bewegung in eine bestimmte Richtung spezialisiert ist. Bei längerer Stimulation durch einen Bewegungsreiz in einer bestimmten Richtung ermüden die für diese Richtung empfindlichen Detektoren. Nach Wegfallen des Reizes überwiegt daher die Aktivität der für die Gegenrichtung empfindlichen Detektoren, und das System signalisiert eine Bewegung in die Gegenrichtung (Levine & Shefner, S. 368 ff).

Die Annahme der Existenz richtungsspezifischer Bewegungsdetektoren im visuellen System stützt sich nicht nur auf Adaptationseffekte. Auch andere Experimente, wie etwa das von Levinson und Sekuler (1975) stützen diese Hypothese. In diesem Experiment wurde zuerst der Kontrast bestimmt, den ein Sinusgitter[1] mindestens haben muß, um wahrgenommen zu werden, wenn es sich in eine bestimmte Richtung bewegt. Die Schwelle für das Entdecken einer Bewegung in eine bestimmte Richtung änderte sich nicht, wenn zum ersten Muster ein zweites addiert wurde, das sich in der Gegenrichtung bewegte.

---

[1] Als *Sinusgitter* wird ein Helligkeitsmuster bezeichnet, dessen Strahlungsintensität eine Sinusfunktion des Ortes ist.

4.1 Selektive Adaptation der Bewegungswahrnehmung

Man schließt daraus, daß ein Reiz für ein einzelnes *richtungsspezifisches* Detektorsystem überschwellig sein muß, um wahrgenommen zu werden. Reize, die ein auf eine andere Richtung spezialisiertes System ansprechen, beeinflussen die Schwelle nicht, so lange sie für das auf sie spezialisierte System unterschwellig sind. Diese Hypothese wird auch von neurophysiologischen Befunden gestützt. So fanden Hubel und Wiesel (1962) richtungsempfindliche Bewegungsdetektoren im visuellen Kortex von Katzen.

Bei der Untersuchung der Bewegungswahrnehmung ist zu berücksichtigen, daß die Bewegung eines Netzhautbildes einerseits durch Bewegung eines Objektes, andererseits aber auch durch Augen- oder Kopfbewegungen des Beobachters entstehen kann. Bei der Wahrnehmung bewegter Objekte ist das visuelle System in der Lage, gleichzeitige Augen- und Kopfbewegungen „herauszurechnen" (Gregory, 1978). Ergebnisse von Anstis und Gregory (1965) sprechen dafür, daß die Signale, die den Bewegungsnacheffekt steuern, aus der retinalen Reizverarbeitung stammen. Sie verglichen den Nacheffekt bei stationärer Fixation auf ein bewegtes Muster mit dem bei einem stationären Muster und Fixation eines sich bewegenden Punktes. In beiden Fällen ergab sich der gleiche Nacheffekt. Dies spricht für einen retinalen Ursprung des Effekts, denn relativ zum Fixationspunkt liegt in beiden Situationen der gleiche Bewegungsreiz vor. Wäre nicht das retinale, sondern das Signal *nach* der Verrechnung von Augenbewegungen für den Nacheffekt verantwortlich, dann dürfte dieser bei stationärem Muster und wandernder Fixation nicht auftreten.

Es gibt allerdings Hinweise, daß auch zentrale Prozesse am Bewegungsnacheffekt beteiligt sind. So fanden Mack et al. (1987) bei retinaler Bewegung während einer Augenfolgebewegung einen wesentlich geringeren Nacheffekt als bei stationärer Fixation und bewegtem Muster. Für eine zentrale Verarbeitung spricht weiterhin, daß Bewegungsnacheffekte auch von Scheinbewegungen erzeugt werden können (Anstis, 1990).

Hershenson (1989) untersuchte die Dauer des Bewegungsnacheffektes bei Adaptationszeiten zwischen 30 und 900 s. Als Gesamtdauer wurden je nach Beobachtungszeit Werte zwischen 15 und 60 s gefunden. Die Stärke des Nacheffektes nahm nicht gleichmäßig ab, sondern blieb unmittelbar nach der Adaptationsphase für eine gewisse Zeit konstant. Die Länge dieser Phase maximaler Nacheffektstärke hing von der Adaptationszeit ab, bei 900 s Adaptation betrug sie bis zu 15 s.

Der Anteil von wahrgenommener Radial- und Rotationsbewegung beim Nacheffekt nach Spiralbewegungen wurde von Hershenson (1987) untersucht. Er fand, daß beide Bewegungskomponenten auftraten und weitgehend unabhängig voneinander selektiv beeinflußt werden können. Radiale Bewegungsreize führen zum Eindruck einer Bewegung in die Tiefe. Die verschiedenen Komponenten des Nacheffekts wurden von Hershenson (1987) durch unterschiedliche Testreize isoliert. Für die radiale Komponente wurden Ringe, für die rotierende ein Kreuz und für Bewegung in der Tiefe ein im Raum schwebendes Drahtkreuz benutzt. Der Nacheffekt wurde von den Versuchspersonen relativ zum Testmuster beurteilt.

Die Geschwindigkeit der Bewegung des Nacheffektes ist proportional zur Geschwindigkeit der induzierenden Reize (Brigner, 1986). Calvert (1988) fand Unterschiede im Bewegungsnacheffekt zwischen linker und rechter Hälfte des Gesichtsfeldes. Der Nacheffekt in der rechten Hälfte war schneller und hielt länger an als der in der linken Hälfte des Gesichtsfeldes.

Von Mahmud (1987) wurde gezeigt, daß der Bewegungsnacheffekt möglicherweise aus 2 verschiedenen Komponenten besteht, einer kurz und einer lang andauernden. In diesem Experiment wurde 10 min auf eine sich drehende Spirale adaptiert. Danach wurde von allen Versuchspersonen ein negativer Nacheffekt berichtet. Fünf min nach dem Ende der ersten Adaptationsphase wurde für 1 min auf die sich in der Gegenrichtung drehende Spirale adaptiert. Danach mußten die Versuchspersonen im Abstand von 1 min jeweils die Existenz bzw. die Richtung des Nacheffektes angeben. Alle Versuchspersonen gaben unmittelbar nach der 2. Adaptationsphase einen Nacheffekt an, der negativ bezüglich der 2. Drehrichtung war. Im Verlauf wiederholter Tests im Zeitraum von 5 min nach der 2. Adaptationsphase drehte sich allerdings bei allen Versuchspersonen die Richtung des Nacheffektes um, so daß am Ende der Nacheffekt wieder negativ zur *ersten* Adaptationsphase war. Ähnliche Ergebnisse wurden bereits von Masland (1969) berichtet.

4.1.1 Fragestellung

Wenn der Bewegungsnacheffekt eine rein retinale Grundlage hat, wird man erwarten, daß bei monokularer Adaptation, etwa mit dem linken Auge, kein Nacheffekt auftritt, wenn man danach mit dem nichtadaptierten Auge, dem rechten also, beobachtet. Ist die Grundlage des Bewegungsnacheffekts dagegen eher in zentralen Verarbeitungsmechanismen zu suchen, dann wird man einen Transfer erwarten: Bei Adaptation mit dem linken Auge müßte auch bei anschließender Inspektion mit dem rechten Auge ein Nacheffekt auftreten.

Wir werden diese Fragestellung in Anlehnung an ein Experiment von Heller und Ziefle (1990) untersuchen. Wir verwenden dazu 2 verschiedene Bewegungsmuster: eine Radial- und eine Linearbewegung (Abb. 4.1). Das Muster ist ein *Sinusgitter*, ein Streifenmuster also, bei dem die Intensität in Form einer Sinusfunktion vom Ort abhängt. Dies ergibt helle und dunkle Streifen mit kontinuierlichen Übergängen. Bei der Linearbewegung werden horizontale Streifen benutzt, die sich nach oben oder unten bewegen. Der Bewegungsnacheffekt wird im Zusammenhang mit solchen Mustern auch als *Wasserfalltäuschung* bezeichnet. Zum Erzeugen von Radialbewegungen wurden früher meist sich drehende Spiralen benutzt. Wir verwenden ein radiales Sinusgitter, dessen Kreise sich nach außen oder innen bewegen können.

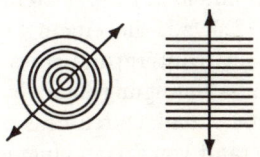

Abb. 4.1. Bewegungsmuster des Experiments zum Bewegungsnacheffekt. Die Radialbewegung besteht aus Ringen, die sich nach außen oder innen bewegen. Die Linearbewegung wird durch horizontale Streifen erzeugt, die sich nach oben oder unten bewegen. Aus drucktechnischen Gründen sind hier schwarz-weiß-Streifen dargestellt. Auf dem Bildschirm verläuft der Übergang von Hell zu Dunkel kontinuierlich nach dem Verlauf der Sinusfunktion.

Die Versuchsperson muß jeweils monokular an jedes Muster adaptieren und danach angeben, wie lange der Nacheffekt dauert. Der Test wird einmal mit dem adaptierten Auge und einmal mit dem nichtadaptierten Auge durchgeführt. Die Versuchsperson betrachtet dabei das Testmuster mit dem entsprechenden Auge und gibt ein Zeichen, wenn der Nacheffekt verschwunden ist.

Als individuellen Transfereffekt betrachten wir den Anteil der Nacheffektdauer bei kontralateralem Test, bezogen auf die Dauer bei ipsilateralem Test. Untersucht wird die Frage, ob der individuelle Transfereffekt beim radialen und beim linearen Bewegungsmuster gleich ist. Diese Frage ist deshalb von Interesse, weil die radiale Bewegung im Gegensatz zur linearen einen starken Tiefeneindruck hervorruft. Es ist daher denkbar, daß bei einer Bewegung in die Tiefe nicht nur monokulare, sondern auch binokulare, an der Verarbeitung von Tiefensignalen beteiligte Mechanismen adaptiert werden und diese dann zu einem stärkeren Transfer führen.

4.2 Methoden

4.2.1 Versuchsaufbau

Die Bewegungsmuster werden auf einem Bildschirm dargestellt. Der Betrachtungsabstand beträgt 60 cm. Das Reizfeld besteht aus einem quadratischen Hintergrundfeld mittlerer Helligkeit (40 cd/m^2) und einer Seitenlänge von 12.6 cm, die einem Sehwinkel von 12° entsprechen. Im Zentrum des Hintergrundfeldes befindet sich das Bewegungsmuster. Bei Radialbewegung handelt es sich um ein rundes Feld (vgl. Abb. 4.1) mit einem Durchmesser von 6.3 cm, was bei einem Beobachtungsabstand von 60 cm einem Sehwinkel von 6° entspricht. Bei der Linearbewegung ist das Reizfeld quadratisch mit einer Seitenlänge von 6.3 cm. Bei beiden Bewegungsformen besteht das Muster im vertikalen Querschnitt aus einem sinusförmigen Helligkeitsverlauf von 6 Perioden. Die Ortsfrequenz des Sinus beträgt also eine Periode pro Grad. Das Minimum der Sinusfuktion entspricht 0 cd/m^2, das Maximum 80 cd/m^2. Die Bewegungsgeschwindigkeit ist 3°/s. Im Zentrum des Musters befindet sich ein stationäres Fixationskreuz.

Nach der Adaptationsphase wird das Adaptationsmuster angehalten und durch ein Muster ersetzt, das die gleiche Periode und den gleichen Mittelwert, aber nur 1/4 der Amplitude des Musters aus der Bewegungsphase besitzt. Nach Keck, Palella und Pantle (1976) führt dies zu einem stärkeren Nacheffekt als eine gleichbleibende Amplitude. Es reicht auch aus, der Versuchsperson einen Bezug für die wahrgenommene Bewegung zu geben, und verhindert durch die geringere Amplitude, daß durch das Betrachten in der Testphase ein starkes stationäres Nachbild entsteht. Die Fixationsmarke bleibt in der Testphase sichtbar.

4.2.2 Versuchsablauf

In jedem Durchgang adaptiert die Versuchsperson jeweils 30 s an das Bewegungsmuster und betrachtet unmittelbar anschließend das Testmuster. Wenn sie keinen Nacheffekt mehr wahrnimmt, drückt sie eine beliebige Taste der Rechnertastatur. Zwischen der Reaktion und der folgenden Adaptationsphase wird eine Pause von mindestens 1 min eingelegt. Vor jedem Durchgang erscheint auf dem Bildschirm ein Hinweis, aus dem die Versuchsperson entnehmen kann, ob sie beim folgenden Durchgang nach der Adaptationsphase für die Testphase das Betrachtungsauge wechseln soll. Bei den Durchgängen, bei denen das Auge gewechselt werden muß, wird dies zusätzlich am Ende der Adaptationsphase durch ein akustisches Signal angedeutet. Während der Adaptationsphase wird immer mit dem gleichen Auge beobachtet.

Es werden 4 Bedingungen bearbeitet: je 2 Bewegungsarten (radial und linear) und 2 Beobachtungsbedingungen (mit und ohne Wechsel des Auges). Jede Bedingung wird 6mal erhoben, wobei die beiden möglichen Bewegungsrichtungen gleich oft vorkommen. Dies ergibt 24 Durchgänge in zufälliger Reihenfolge. Dem vorangestellt wird ein Übungsblock von 8 Durchgängen, in dem jede Bedingung mit jeder Bewegungsrichtung 1mal vorkommt.

4.3 Praktikumsaufgabe

4.3.1 Versuchsanweisung

Schreiben Sie eine Versuchsanweisung für das Experiment. Gehen Sie davon aus, daß die Versuchsperson den Sinn und Zweck des Experiments nicht kennt und darüber hinaus auch keine psychologischen Fachausdrücke, wie „Nacheffekt" oder „Testphase" kennt. Die Versuchsanweisung muß der Versuchsperson alles mitteilen, was zur Ausführung ihrer Aufgabe notwendig ist und zwar so, daß sie es ohne Fachkenntnisse verstehen und zumindest für die Dauer des Experiments behalten kann. Der Text muß also kurz und auf das Wesentliche beschränkt, aber vollständig sein. Als Test geben Sie den Text einer Person, die nicht am Praktikum teilnimmt, und bitten sie zu prüfen, ob er verständlich und vollständig ist. Folgende Punkte sollten in der Versuchsanweisung angesprochen werden:

1. Die Fragestellung der Untersuchung in allgemeinverständlichen Worten. Die Versuchsperson soll nicht veranlaßt werden, darüber nachzugrübeln, was denn der Sinn ihrer Aufgabe sei.

2. Beschreibung des Geschehens auf dem Bildschirm. Die Versuchsperson soll nicht überrascht werden, sondern wissen, was auf sie zukommt.

3. Genaue Verhaltensanweisung und Beschreibung der Aufgabe, insbesondere Hinweise auf die Beobachtungsmethode und das Wechseln der Augen.

4. Hilfestellung für ein Entscheidungskriterium, wann sie davon ausgehen soll, daß die wahrgenommene Bewegung verschwunden ist.

5. Grobe Abschätzung des zeitlichen Ablaufs, also die Anzahl der Durchgänge und die Gesamtdauer des Experiments.

4.3.2 Datenerhebung and Auswertung

Das Experiment wird durch das Kommando bene gestartet, mit einem Kode für die Versuchsperson als Argument. Die Datendatei enthält für jeden Durchgang folgende Informationen: Nummer des Durchgangs, Art des Musters (0 für linear und 2 für radial), Wechselbedingung (1 für Wechsel des Beobachtungsauges und 0 für Beibehalten) und die Nacheffektdauer in Sekunden.

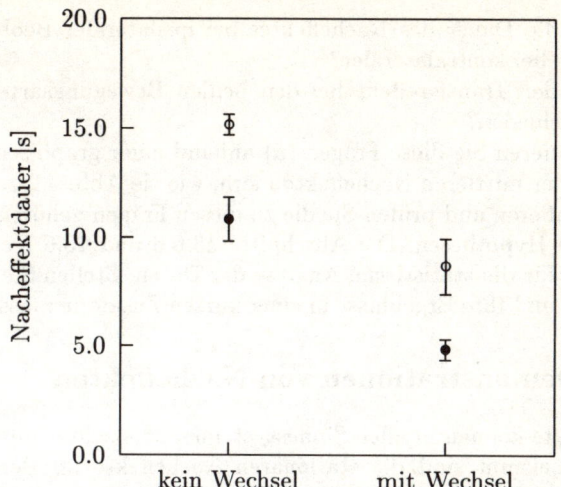

Abb. 4.2. Ergebnisse einer Versuchsperson bei der Bestimmung des Bewegungsnacheffekts. Die offenen Punkte geben Daten der Radialbewegung, die gefüllten Punkte Daten der Linearbewegung an. Bei den rechten Punkten wurde für die Testphase das Beobachtungsauge gewechselt, bei den linken Punkten nicht. Die Bereiche geben die Standardschätzfehler der Mittelwerte an. Die Adaptationsdauer war 30 s.

Als Daten erheben wir die Dauer des Nacheffekts bei radialen (R) und linearen (L) Bewegungsreizen und bei ipsilateraler (I) und kontralateraler (K) Beobachtung in der Testphase. Die entsprechenden Nacheffektdauern bezeichnen wir mit E_{RI}, E_{LI}, E_{RK} und E_{LK}. Versuchen Sie die folgende Ungleichung inhaltlich zu interpretieren:

$$\frac{E_{RK}}{E_{RI}} > \frac{E_{LK}}{E_{LI}}.$$

Prüfen Sie anhand Ihrer Daten folgende Fragen:
1. Ist die Dauer des Nacheffektes bei den beiden Bewegungsarten gleich oder verschieden?
2. Tritt auch bei kontralateraler Beobachtung in der Testphase ein Nacheffekt auf?

3. Ist die Dauer des Nacheffektes bei ipsilateraler Beobachtung länger als bei kontralateraler?

4. Ist der Transfereffekt bei den beiden Bewegungsarten gleich oder verschieden?

Diskutieren Sie diese Fragen (a) anhand einer graphischen Darstellung der mittleren Nacheffektdauern, wie sie Abb. 4.2 zeigt, und (b) formulieren und prüfen Sie die zu diesen Fragen gehörenden statistischen Hypothesen. Die Abschnitte 13.6.6 und 13.6.7 enthalten Beispiele für die statistische Analyse der Daten. Stellen Sie das Experiment und Ihre Ergebnisse in einer kurzen Zusammenfassung dar.

4.4 Demonstrationen von Nacheffekten

Nacheffekte können in allen Sinnessystemen beobachtet werden. Besonders bekannt sind die stationären Nacheffekte im Bereich des Sehsinnes, häufig auch *Nachbilder* genannt. Zur Demonstration von Nachbildern im Bereich des Farbensehens eignet sich das Programm cvd von Irtel (1992), das in dem zu diesem Praktikum gehörenden Softwarepaket enthalten ist. Die meisten der in Lehrbüchern zur visuellen Wahrnehmung, wie etwa Hurvich (1981), beschriebenen farbigen Nacheffekte können damit demonstriert werden. Ein besonders interessanter Nacheffekt wurde von McCollough (1965) entdeckt. Fixiert man längere Zeit abwechselnd ein Streifenmuster mit horizontalen, roten und vertikalen, grünen Streifen, dann erscheint ein schwarz-weißes Streifenmuster je nach Richtung der Streifen jeweils in der Gegenfarbe des Adaptationsmusters. Auch dieser Effekt kann mit cvd eindrucksvoll demonstriert werden.

4.5 Literaturhinweise

Zur Einführung in die Themen „Bewegungswahrnehmung" und „Adaptation" eignen sich die entsprechenden Kapitel in Goldstein (1989), Levine und Shefner (1990) und mit Einschränkungen auch Frisby (1983). Auch Anstis (1986) gibt einen Überblick über Nacheffekte beim Bewegungssehen. Speziell mit interokularem Transfer befassen sich die Arbeiten von Anstis und Moulden (1970) und Heller und Ziefle (1990). Als Klassiker auf diesem Gebiet ist Gregory (1978) zu betrachten. Er weist unter anderem darauf hin, daß die Interpretation eines Nacheffekts bei kontralateraler Inspektion nach Adaptation nicht zweifelsfrei auf einen zentralen Ursprung des Bewegungsnacheffekts hindeutet. Der Grund ist, daß das Schließen eines Auges nicht bedeutet, daß von der entsprechenden Netzhaut keine Bewegungssignale mehr abgegeben werden. Schließlich bleiben auch stationäre Nacheffekte bei geschlossenen Augen sichtbar.

5 Der visuell-sensorische Speicher

5.1 Ganz- und Teilbericht bei kurzzeitiger Darbietung

Was ist die Menge der in einem einzigen *Augenblick* aufnehmbaren Information? Diese Frage ist deshalb von besonderem Interesse, weil durch ständig auftretende Augenbewegungen die visuelle Informationsaufnahme einer Folge von diskreten „Augenblicken" ähnelt. Sie wurde von Sperling (1960) experimentell untersucht. Er zeigte den Versuchspersonen ein Feld von Buchstaben aus 1–3 Zeilen mit maximal 6 Buchstaben pro Zeile für die Dauer von 50 ms. Eine von Sperlings Buchstabenanordnungen ist in Abb. 5.1 dargestellt. Aufgabe der Versuchsperson war es, nach der Darbietung möglichst viele Buchstaben zu reproduzieren. Diese Methode wird *Ganzbericht* genannt, da die Versuchsperson alle Buchstaben berichten soll. Bei einer angebotenen Anzahl von 5–12 Buchstaben gelang es den Versuchspersonen, im Durchschnitt etwa 4.3 Buchstaben zu reproduzieren, unabhängig von der dargebotenen Anzahl. Die Reproduktionsleistung erwies sich als unabhängig von der Anordnung der Buchstaben (ein-, 2- oder 3zeilig) und unabhängig von der Darbietungsdauer, sofern diese im Bereich zwischen 15 und 500 ms lag.

Warum können Versuchspersonen bei einer kurzzeitigen Darbietung von beispielsweise 12 Zeichen nicht *alle* reproduzieren? Mindestens 2 Ursachen sind denkbar: Es könnte sein, daß wegen der kurzen Darbietungszeit nicht alle Zeichen wahrgenommen werden oder die Kapazität des Speichers, in dem die Zeichen zwischen Aufnahme und Reproduktion gespeichert werden, zu klein ist. Stellt das Gedächtnis eine Begrenzung für die Menge der reproduzierbaren In-

5 Der visuell-sensorische Speicher

```
T  D  R
S  R  N
F  Z  R
```

Abb. 5.1. Beispiel für eine Darbietung bei Experimenten zum ikonischen Gedächtnis. Das Bild zeigt eine von Sperling (1960) verwendete Buchstabenmatrix.

formation dar, darf von der Versuchsperson nicht verlangt werden, die vollständige Informationsmenge zu reproduzieren, sondern nur einen Teil, der die Gedächtniskapazität nicht überschreitet. Bei dem von Sperling entwickelten *Teilbericht* muß die Versuchsperson nur 1 von (mindestens) 2 angebotenen Zeilen reproduzieren. Welche Zeile berichtet werden soll, wird der Versuchsperson unmittelbar nach der Darbietung durch ein akustisches Signal mitgeteilt. Ein hoher Ton deutet an, daß die obere Zeile berichtet werden soll, ein mittlerer Ton steht für die mittlere (falls 3 Zeilen angeboten werden) und ein tiefer Ton steht für die untere Zeile. Der Ton setzt unmittelbar nach dem Ende der Buchstabendarbietung ein. Da die Versuchsperson vor dem Hinweissignal nicht weiß, welche der Zeilen reproduziert werden soll, stellt diese Methode eine Art Stichprobenentnahme aus der gesamten zur Verfügung stehenden Information dar, bei der die Kapazitätsbegrenzung des Reproduktionsvorganges ausgeschaltet ist.

Tatsächlich zeigen die Ergebnisse von Sperling (1960), daß bei dieser Methode erheblich mehr Buchstaben zur Reproduktion verfügbar sind, als beim Ganzbericht. Von 6 gezeigten Buchstaben waren durchschnittlich 5.6 verfügbar. Wurden beim Ganzbericht von 12 Buchstaben durchschnittlich 4.3 reproduziert, so ergab sich beim

5.1 Ganz- und Teilbericht bei kurzzeitiger Darbietung

Teilbericht eine mittlere Reproduktionsleistung von 9.1 Buchstaben. Man kann daraus schließen, daß unmittelbar nach der 50 ms dauernden Darbietung noch nahezu die vollständige Buchstabenmatrix zur Verfügung steht, um aus ihr die geforderte Zeile zu reproduzieren.

Wurde das akustische Hinweissignal nicht unmittelbar nach der visuellen Darbietung gegeben, sondern verzögert, so nahm in Sperlings Experiment die Anzahl der reproduzierten Buchstaben ab. Bei einer Verzögerung von 150 ms konnten im Durchschnitt 7.2 von 9 Buchstaben und bei 500 ms noch 6 von 9 berichtet werden. Bei einer Verzögerung von 1 s erreichte die Reproduktionsleistung beim Teilbericht das Niveau des Ganzberichts.

Sperling (1960, 1963) folgert aus seinen Ergebnissen, daß die kurzzeitige optische Darbietung einige Zeit in einem *visuellen Speicher* erhalten bleibt, auch wenn keine Reize mehr vorhanden sind. Von diesem visuellen Speicher muß die Information in das Kurzzeitgedächtnis übertragen werden, um reproduziert werden zu können. Die Persistenz des visuellen Speichers ist nur kurz: Nach etwa 1 s ist der Inhalt des visuellen Speichers zerfallen. Alles, was bis dahin nicht in das Kurzzeitgedächtnis übertragen ist, ist verloren und kann nicht reproduziert werden.

Die Ergebnisse der Ganzberichtsmethode deuten an, daß eine Versuchsperson nicht mehr als 4–5 Buchstaben im Kurzzeitgedächtnis speichern kann, bis die visuelle Information zerfällt. Wird die Versuchsperson durch den Ton veranlaßt, die Übertragung vom visuellen Speicher in das Kurzzeitgedächtnis mit bestimmten Buchstaben anzufangen, dann können diese vollständig übertragen werden, da eine Zeile weniger als 5 Buchstaben enthält.

Von Averbach und Sperling (1960) wurde gezeigt, wie die Information im visuellen Speicher gelöscht werden kann. In diesem Experiment wurde unmittelbar nach der Darbietung der Buchstabenmatrix statt des dunklen Hintergrunds ein helles Feld eingeblendet. Dieses Feld maskiert den Inhalt des visuellen Speichers. Bei dieser Methode kann die Versuchsperson ihre Reproduktionsleistung im Teilbericht nicht steigern. Ein ähnliches Ergebnis berichten Averbach und Coriell (1961). In ihrem Experiment wurde die Ganzberichtsmethode benutzt. Wurde einer der Buchstaben durch einen Ring umgeben, dann maskierte dieser Ring den Buchstaben, er konnte nicht mehr reproduziert werden, allerdings nur dann, wenn der Ring zwischen 50 und 200 ms nach dem Verschwinden der Buchstaben erschien. Bei gleichzeitigem Einschalten des Ringes wurde die Reproduktionswahrscheinlichkeit des Buchstabens im Ring dagegen stark erhöht. Dieser Effekt wird heute als „rückwirkende Maskierung" bezeichnet.

Die Übertragung der visuellen Information in das Kurzzeitgedächtnis kann auch beim Teilbericht nicht erst beginnen, wenn das Hinweissignal erscheint, denn dann müßte bei langen Verzögerungen die Reproduktionsleistung auf 0 sinken. Sie nähert sich aber dem Niveau der Ganzberichtsmethode an. Gegenfurtner und Sperling (1992) zeigen, daß dies auch dann gilt, wenn nur einige wenige Durchgänge mit langen Verzögerungszeiten zwischen Darbietung und Hinweissignal in eine Folge von vielen Durchgängen mit kurzen Verzögerungszeiten eingestreut werden, so daß sich die Versuchsperson nicht auf die langen Verzögerungszeiten einstellen kann.

Variiert man die Zeit zwischen dem Verschwinden der Buchstabenmatrix und dem Einschalten der Maske, dann kann man die Zeit abschätzen, die ein einzelner Buchstabe braucht, um vom visuellen Speicher in das Kurzzeitgedächtnis transferiert zu werden. Dies wurde von Sperling (1963) getan. Er gibt an, daß die Versuchspersonen zum Transfer des ersten Buchstaben etwa 40 ms und für jeden weiteren etwa 10 ms brauchen.

Die Information im visuellen Speicher ist noch nicht symbolisch kodiert, sondern bildhaft. Dies ergibt sich aus Experimenten von Sperling (1960) und von von Wright (1972). Von Sperling (1960) wurde bereits gezeigt, daß der Vorteil der Teilberichtsmethode nicht auftritt, wenn die Zielmenge, die von der Versuchsperson reproduziert werden soll, aus Ziffern und die Distraktoren aus Buchstaben bestehen. Im Experiment von von Wright (1972) wurden nur 2 Zeilen mit Buchstaben oder Ziffern benutzt, die entweder schwarz oder rot waren. Das akustische Hinweissignal gab 3 verschiedene Arten von Hinweisen. Einmal war entweder die obere oder die untere der beiden Zeilen zu berichten, einmal waren entweder die roten oder die schwarzen Zeichen zu berichten und einmal entweder die Buchstaben oder die Ziffern. Eine Verbesserung des Teilberichts gegenüber dem Ganzbericht ergab sich nur für die Fälle, in denen sich der Hinweisreiz auf die Zeile oder die Farbe bezog. Ein Hinweis auf die Symbolart führte nicht zu einer Verbesserung der Reproduktionsleistung.

5.1.1 Fragestellung

Wir werden versuchen, das Experiment 3 von Sperling (1960) zu reproduzieren. Die Fragestellung dieses Experiments ist folgende: Ist bei einer Beschränkung der Anzahl von zu reproduzierenden Zeichen auf weniger als 5 bei der Teilberichtsmethode die Wahrscheinlichkeit, ein Zeichen zu reproduzieren, größer als bei der Ganzberichtsmethode, bei der mehr als 5 Zeichen wiederzugeben sind. Der Versuchsperson werden 8 Zeichen verteilt auf 2 Zeilen mit je 4 Zeichen dargeboten. In einer Bedingung, dem Ganzbericht, soll sie nach der Darbietung alle Zeichen wiedergeben. Die Wahrscheinlichkeit, ein Zeichen richtig wiederzugeben, wird durch die relative Häufigkeit von reproduzierten Zeichen geschätzt.

In einer anderen Bedingung, dem Teilbericht, soll sie nur 1 der 2 Zeilen, also 4 Zeichen, wiedergeben. Welche Zeile sie wiedergeben soll, wird der Versuchsperson erst unmittelbar *nach* der Darbietung durch ein akustisches Signal mitgeteilt. Die Wahrscheinlichkeit, ein Zeichen richtig wiederzugeben, muß in diesem Fall durch die relative Häufigkeit richtiger Zeichen in der Stichprobe von 4 Zeichen geschätzt werden.

Unsere Hypothese ist, daß die Wahrscheinlichkeit, ein Zeichen richtig zu reproduzieren, bei der Teilberichtsmethode größer ist als bei der Ganzberichtsmethode.

5.2 Methoden

5.2.1 Versuchsaufbau

Die Zeichen werden auf einem Rechnerbildschirm dargestellt. Die Zeichenmatrix besteht aus 2 Zeilen und 4 Zeichen pro Zeile. Als Buchstaben werden nur groß geschriebene Konsonanten benutzt, damit keine bekannten Wörter entstehen können. Die Buchstaben sind 1.3 cm hoch und haben ihre natürliche Breite. Der horizontale Abstand der Mittellinien zweier nebeneinander stehender Buchstaben ist 2.0 cm. Der vertikale Abstand zwischen den Grundlinien ist 2.5 cm. Die Buchstaben sind einfach gestrichene Druckbuchstaben, wie sie in Abb. 5.1 dargestellt sind. Die Zeichen sind hell, der Hintergrund dunkel. Die Versuchsperson sitzt 60 cm vom Bildschirm entfernt, so daß sich dieser in Augenhöhe direkt vor ihr befindet. Die Buchstabenmatrix erscheint in der Breite unter einem Sehwinkel von 6.7° und in der Höhe unter einem Sehwinkel von 3.3°.

5.2.2 Versuchsablauf

Jeder einzelne Durchgang beginnt damit, daß auf dem Bildschirm ein Pluszeichen erscheint. Dies deutet der Versuchsperson an, daß sie die Darbietung auslösen kann. Drückt sie dann eine Taste, erscheint 500 ms nach dem Loslassen die Buchstabenmatrix. Die Darbietungszeit beträgt 60 ms. Beim Teilbericht ertönt 15 ms nach dem Verlöschen der Buchstabenmatrix ein Ton von 285 ms Dauer. Die Frequenz des Tones ist entweder 400 oder 1200 Hz. Beim hohen Ton soll die Versuchsperson die obere, beim tiefen Ton die untere Zeile wiedergeben.

Beim Ganzbericht erscheint eine 1/2 s nach den Buchstaben eine Schreibmarke auf dem Bildschirm, die für die Versuchsperson die Aufforderung bedeutet, jetzt die erkannten Zeichen einzugeben. Beim Teilbericht erscheint die Schreibmarke 200 ms nach dem Abschalten des Tones, also 500 ms nach dem Abschalten der Buchstabenmatrix.

Die Schreibmarke wird automatisch auf den Buchstabenpositionen bewegt. Tippt die Versuchsperson ein Zeichen ein, so erscheint es auf dem Bildschirm in genau der gleichen Darstellung wie bei der Reizdarbietung, und die Schreibmarke springt zur nächsten Position. Im Teilbericht werden nur die abgefragten Positionen angesprungen. Die Marke kann mit den Cursortasten bewegt werden, mit der Leertaste oder der Löschtaste wird ein eingetipptes Zeichen gelöscht. Die Eingabe wird mit der Returntaste abgeschlossen. Bevor dies getan werden kann, sind jedoch auf allen Positionen Zeichen einzugeben. Damit soll erreicht werden, daß die Versuchsperson auf allen Positionen die gleiche Wahrscheinlichkeit hat, das richtige Zeichen zu erraten.

Nach der Eingabe erscheint die gesamte Buchstabenmatrix ein 2. Mal, und unter den Buchstaben wird die Anzahl der korrekten Zeichen angegeben. Diese Rückmeldung ist 1.5 s sichtbar. 2 s nach dem Verlöschen der Rückmeldung erscheint das Pluszeichen für den nächsten Durchgang.

Vom Ganz- und Teilbericht werden jeweils 120 Durchgänge ausgeführt. Bei den Teilberichtsdurchgängen wird die obere und die untere Zeile gleich häufig abgefragt, die Reihenfolge ist zufällig. Die Datenerhebung ist in 2 Abschnitte, zwischen denen eine Pause von mindestens 30 min liegt, eingeteilt. Im 1. Abschnitt werden die Teilberichtsdaten erhoben. Die Versuchsperson führt bei beiden Methoden zuerst 40 Übungsdurchgänge und danach die 120 Datendurchgänge aus. Jede Versuchsperson hat also 320 Durchgänge zu bearbeiten. Zwischen Übungs- und Datendurchgängen wird eine Pause von etwa 3 min eingelegt.

5.3 Praktikumsaufgabe

Führen Sie das Experiment mit einer Versuchsperson durch. Fertigen Sie eine schriftliche Versuchsanweisung an, die Sie der Versuchsperson vorlegen können. Berücksichtigen Sie dabei die Hinweise auf Seite 60 und die Beispiele aus den vorausgehenden Kapiteln. Das Experimentalprogramm muß für jede Versuchsperson 2mal aufgerufen werden. Mit dem Aufruf

`teil vp`

wird der Teilbericht und mit dem Aufruf

`ganz vp`

der Ganzbericht gestartet. Zwischen den beiden Teilexperimenten lassen Sie eine Pause von mindestens 30 min. Das Datenprotokoll besteht aus der Liste von jeweils 120 Datendurchgängen. Für jeden Durchgang ist die Durchgangsnummer, die Berichtsart, die Nummer der wiederzugebenden Zeile (beim Ganzbericht immer 0) und die Anzahl der korrekten Antworten angegeben. Als Kode für die Berichtsart steht eine 1 für den Ganzbericht und eine 2 für den zeilenweisen Teilbericht.

1. Schätzen Sie für beide Berichtsarten die Wahrscheinlichkeit dafür, daß ein Zeichen korrekt reproduziert wird. Berücksichtigen Sie dabei, daß beim Teilbericht nur eine Stichprobe von 4 Buchstaben genommen wurde.

2. Prüfen Sie die Hypothese, daß die Wiedergabewahrscheinlichkeit beim Teilbericht größer ist als beim Ganzbericht. Zur Prüfung kann der in Abschnitt 13.6.1 beschriebene Test auf Gleichheit zweier

Anteile benutzt werden. Dieser Abschnitt enthält auch ein Auswertungsbeispiel zum Vergleich von Ganz- und Teilbericht.

3. Fassen Sie das Experiment in wenigen Sätzen zusammen und begründen Sie darin, warum ein Teilberichtsvorteil auf die Existenz eines visuell-sensorischen Speichers hinweist.

5.4 Weiterführende Experimente

5.4.1 Demonstration der Funktion des visuell-sensorischen Speichers

Es ist bekannt, daß sich aufgrund von Augenbewegungen die Bilder auf der Netzhaut ständig ändern. Das visuelle System ist in der Lage, diese Änderungen zu kompensieren, und vermittelt uns ein stabiles Bild der Umwelt. Ein wesentlicher Punkt ist dabei, daß *während* einer sprunghaften Augenbewegung, einer sogenannten *Sakkade*, die visuelle Informationsaufnahme stark reduziert ist (Hallet, 1986). Trotzdem haben wir während einer bis zu 100 ms dauernden Sakkade nicht den Eindruck einer Lücke in der Informationsaufnahme. Der Grund ist, daß während dieser Zeit der Inhalt des visuell-sensorischen Speichers „wahrgenommen" wird. Dies kann mit einer Demonstration aus dem Programm cvd gezeigt werden. Man ruft dazu das Programm cvd auf, wählt die Demonstration mit der Bezeichnung „Flimmerphotometrie I: Streifen" und zeigt auf den Menüpunkt „Spez". Das Programm zeigt dann ein Feld, in dem im Wechsel rote und grüne Streifen gezeigt werden. Fixiert man auf die Mitte des Feldes, kann man die einzelnen Streifen nicht erkennen, da sie sehr schnell gewechselt werden. Man nimmt dann ein weitgehend homogenes, gelbes Feld wahr, da die im zeitlichen Wechsel angebotenen Farben Rot und Grün zu Gelb verschmelzen. Blickt man allerdings von einer Ecke des Feldes zu einer anderen Ecke, führt also eine Augenbewegung aus, so hat man kurzzeitig den Eindruck, ein statisches Streifenmuster zu sehen. Man „sieht" jedoch während der Bewegungsphase der Augen das letzte im visuell-sensorischen Speicher abgelegte Bild.

5.4.2 Unterschiedliche Selektionskriterien

Es wurde bereits oben erwähnt, daß die Information im visuell-sensorischen Speicher noch nicht semantisch kodiert ist. Die wichtigsten Belege dafür sind Untersuchungen von Sperling (1960, Exp. 6) und von von Wright (1972). Dabei wurden Teilberichtsaufgaben benutzt, bei denen die Versuchsperson nicht wie oben bei teil jeweils 1 Zeile wiedergeben mußte, sondern die Aufteilung der Darbietungsmenge auch nach anderen Kriterien erfolgte. Eine Aufteilung nach einem semantischen Merkmal ist die nach Ziffern oder Buchstaben. Es werden 2 Zeilen von Zeichen dargeboten. Dabei sind je 4 Ziffern und 4 Buchstaben zufällig auf die 8 Positionen verteilt. Der Hinweiston sagt der Versuchsperson, ob sie die Ziffern (hoher Ton) oder die Buchstaben (tiefer Ton) wiedergeben soll. Im Unterschied zu teil muß die Versuchsperson hier nicht alle Positionen ausfüllen. Dieses Experiment wird durch das Programm tbziff gesteuert. Das Programm tbfarbe unterscheidet sich von tbziff nur dadurch, daß wie bei von Wright (1972) als Selektionsmerkmal die Farbe der Zeichen benutzt wird. Es werden 4 rote und 4 grüne Buchstaben angeboten, der Hinweiston sagt der Versuchsperson ob sie die roten (hoher Ton) oder die grünen (tiefer Ton) Zeichen wiedergeben soll. Das Teilberichtsexperiment tbzeile ist mit teil identisch, erzeugt aber ein Datenformat, das mit dem von tbziff und tbfarbe identisch ist. Die Experimente tbzeile, tbfarbe und tbziff können benutzt werden, um zu untersuchen, welche Selektionsmerkmale im visuell-sensorischen Speicher benutzt werden können und welchen Teilberichtsvorteil diese ergeben. Bei tbziff handelt es sich um ein semantisches, bei tbzeile und tbfarbe um ein visuelles Selektionsmerkmal.

5.4.3 Zeitverlauf des Teilberichtsvorteils

Das wichtigste Indiz für die Existenz des visuell-sensorischen Speichers ist der Teilberichtsvorteil, also die im Vergleich zum Ganzbericht bessere Wiedergabeleistung beim Teilbericht. Da diese bessere Wiedergabeleistung aus einer Stichprobe der Darbietung erschlossen wird und die absolute Menge von Zeichen, die beim Teilbericht wiedergegeben wird, nicht größer ist als beim Ganzbericht, gibt es eine alternative Erklärung für den Teilberichtsvorteil. Es wäre möglich, daß im Teil- und im Ganzberichtsexperiment die gleiche Informationsmenge gespeichert wird, etwa im Kurzzeitgedächtnis, und daß der Informationsverlust nicht durch den Zerfall von Spuren im visuell-sensorischen Speicher auftritt, sondern durch Interferenzen bei der Wiedergabe. Dies würde bedeuten, daß in unserem Experiment beim Eintippen der ersten 3–4 Zeichen der Antwort die restlichen Zeichen „vergessen" werden. Um diese Alternativerklärung zu widerlegen, wurde von Sperling (1960, Exp. 4) ein Teilberichtsexperiment durchgeführt, bei dem der Hinweisreiz mit variabler Verzögerungszeit nach dem Verlöschen der Darbietung ertönte. Ein ähnliches Experiment ist `tbzeit`. Es ist mit `teil` und `tbzeile` identisch, bis auf die Tatsache, daß statt einer konstanten Verzögerungszeit von 15 ms Verzögerungszeiten von 15, 100, 250 und 500 ms benutzt werden. Die Zeiten sind randomisiert, von jeder Zeit werden 40 Durchgänge bearbeitet, verteilt auf 2 Blöcke mit je 80 Durchgängen. Dazu kommen wieder 40 Übungsdurchgänge. In der Datendatei ist statt der Berichtsart die Verzögerungszeit eingetragen. Die Interferenzhypothese ist widerlegt, wenn der Teilberichtsvorteil mit zunehmender Verzögerungszeit des Hinweissignals gleichmäßig abnimmt. Da der Hinweisreiz ja *vor* der Wiedergabe gegeben wird, kann die Interferenzhypothese eine solche Abnahme nicht erklären, während sie leicht aus dem Zerfall der Information im visuell-sensorischen Speicher abgeleitet werden kann.

5.5 Literaturhinweise

Lesen Sie die Arbeit von Sperling (1960). Sie können sich dabei auf die Darstellung der Experimente 1, 2, 3, 4, 6 und die Diskussion beschränken. Falls diese Arbeit nicht verfügbar ist, lesen Sie das Kapitel „Iconic Memory" in der Monographie von Neisser (1967) oder das entsprechende Kapitel in Spoehr und Lehmkuhle (1982). Beide Bücher geben einen guten Überblick über weiterführende Arbeiten zur visuellen sensorischen Speicherung. Einige weitere experimentelle Arbeiten wurden bereits in der Einleitung erwähnt.

6 Das Erkennen von Buchstaben

Das Erkennen von Buchstaben ist für die meisten Menschen eine stark überlernte Fähigkeit, die mühelos und automatisch abläuft. Will man den Erkennungsprozeß experimentell untersuchen, müssen daher besondere Bedingungen geschaffen werden, die geeignet sind, die strukturellen Eigenschaften des Erkennungsprozesses aufzudecken. Häufig werden dafür Bedingungen benutzt, die den Erkennungsprozeß so stark erschweren, daß es möglich wird, den Einfluß bestimmter Reizparameter auf die Erkennungsleistung zu untersuchen. Das Erschweren des Erkennens erfolgt durch eine Verminderung des Verhältnisses von Signal zu Rauschen in der dargebotenen Information. Dies kann durch Störungen im Signal, also etwa durch undeutliche Buchstaben oder durch geringen Kontrast oder durch eine Verringerung der Signaldauer, also durch ein Verkürzen der Darbietungszeit, geschehen.

6.1 Der Wortüberlegenheitseffekt

Eines der interessantesten Ergebnisse von Untersuchungen zur Leistung beim Erkennen von Buchstaben und Wörtern ist, daß dafür nicht ausschließlich die visuellen Merkmale der Buchstaben verantwortlich sind, sondern daß auch nicht-visuelle Merkmale eine wichtige Rolle spielen. Als Beleg für diese Aussage kann der *Wortüberlegenheitseffekt* gelten: Die Darbietungszeit, die mindestens benötigt wird, um einen einzelnen Buchstaben zu erkennen, ist bei alleiniger Darbietung eines Buchstabens länger als bei Darbietung innerhalb eines Wortes. Auch bei gleichzeitiger Darbietung mehrerer Buchstaben ist die zum Erkennen notwendige Darbietungszeit kürzer, wenn die Buchstaben ein Wort bilden, verglichen mit dem Fall, daß sie kein Wort bilden. Die Zeichenfolge „OWRT" muß länger als die Zeichenfolge „WORT" dargeboten werden, damit alle Buchstaben richtig identifiziert werden. In Übereinstimmung damit fanden Erdmann und Dodge (zitiert nach Massaro, 1989) bereits Ende des vorigen Jahrhunderts, daß Versuchspersonen Wörter identifizieren konnten, die in so großer Entfernung dargeboten wurden, daß die einzelnen Buchstaben nicht mehr erkennbar waren.[1]

Von Howes und Solomon (1951) wurde die Schwelle für die notwendige Darbietungszeit von Wörtern in Abhängigkeit von der Häufigkeit untersucht, mit der die Wörter in der Sprache der Versuchspersonen vorkamen. Sie fanden, daß die Darbietungsschwellen in etwa proportional zum negativen Logarithmus der Worthäufigkeit waren: Je häufiger ein Wort ist, desto weniger Zeit wird benötigt, um es zu identifizieren. Von Miller, Bruner und Postman (1954) wurde dieser Befund auf Zeichenfolgen ausgedehnt, die unterschiedliche Wortähnlichkeiten besitzen. Die Wortähnlichkeit wurde durch das Vorkommen von Teilfolgen unterschiedlicher Länge kontrolliert, wobei die Teilfolgen entsprechend ihrer Häufigkeit in der Sprache ausgewählt wurden. Eine in der deutschen Sprache seltene Teilfolge der Länge 3 wäre etwa „KRT", wohingegen „RET" zwar kein Wort der deutschen Sprache ist, aber doch häufig als Teil eines Wortes vorkommt, wie etwa in „tRETen".

Das Reizmaterial von Miller et al. bestand aus Folgen von 8 Buchstaben mit unterschiedlichem Grad von Sprachähnlichkeit. Folgen der Sprachähnlichkeit 0 wurden durch zufällige Auswahl 8 einzelner Buchstaben aus dem Alphabet erzeugt. Für die Sprachähnlichkeitsstufe 1 erfolgte die Auswahl der 8 Buchstaben auch einzeln, aber mit der Wahrscheinlichkeit, mit der die einzelnen Buchstaben in geschriebenem Text vorkommen. Zeichenfolgen der Sprachähnlichkeitsstufe n mit $n > 1$ werden folgendermaßen bestimmt: Man konstruiert eine Zeichenfolge der Sprachähnlichkeitsstufe $n - 1$ und wählt aus allen Wörtern eines Textes, die diese Zeichenfolge enthalten, zufällig eines aus. Das in diesem Wort den $n-1$ Zeichen folgende Zeichen ergänzt die Folge zu n Zeichen. Beispiele der Sprachähn-

---

[1] Der Wortüberlegenheitseffekt dürfte nicht unwesentlich zur Verbreitung der Ganzwort-Leselernmethode beigetragen haben (Massaro, 1989).

lichkeitsstufen 0, 1, 2 und 4 für das Deutsche sind „WFUJELGT", „EWAIONVW", „RERTMENK" und „OLGENSOL". Miller et al. fanden, daß für jede der verwendeten Darbietungszeiten von 10 bis 500 ms die Buchstaben um so besser wiedergegeben wurden, je höher die Sprachähnlichkeit der Folge war, in der sie enthalten waren. Je höher die Sprachähnlichkeit einer Buchstabenfolge ist, desto geringer ist der Informationsgehalt jedes einzelnen Buchstabens. Anders ausgedrückt bedeutet dies, daß es mit zunehmender Sprachähnlichkeit immer leichter wird, einen Buchstaben zu erraten, wenn einige andere schon bekannt sind. Berücksichtigt man den unterschiedlichen Informationsgehalt der einzelnen Buchstaben im Experiment von Miller et al. dann findet man, daß die tatsächlich übertragene Information für alle Sprachähnlichkeitsstufen etwa gleich groß war. Darbietungsparameter wie die Darbietungszeit oder die Helligkeit beeinflussen die übertragene Informationsmenge, die Sprachähnlichkeit dagegen nicht.

Diese Ergebnisse legen eine Erklärung des Wortüberlegenheitseffekts nahe, die nicht auf einen Wahrnehmungsvorteil, sondern auf die Interpretation der aufgenommenen Information abzielt. Hat die Versuchsperson im Experiment von Miller et al. einige der Zeichen richtig erkannt, dann kann sie weitere Zeichen leichter richtig raten, wenn die Sprachähnlichkeit groß ist. Ob diese Hypothese richtig ist, wurde von Reicher (1969) und Wheeler (1970) überprüft. Ihre Versuchsanordnung ist so konstruiert, daß die Wortähnlichkeit die Ratewahrscheinlichkeit nicht beeinflussen kann. Der Versuchsperson wird kurzzeitig eine Folge von Buchstaben dargeboten. Nach dem Verlöschen der Buchstaben wird nur eine Position abgefragt. Die Versuchsperson muß dabei nicht aus allen Buchstaben des Alphabets wählen, sondern es werden ihr nur 2 Buchstaben zur Auswahl angeboten, wobei beide in der dargebotenen Zeichenfolge zu einem gebräuchlichen Wort führen. Es könnte also etwa das Wort „HUND" dargeboten und die 2. Position getestet werden. Zur Auswahl könnten dann „U" oder „A" gestellt werden, da beide die restlichen 3 Buchstaben, die der Versuchsperson ebenfalls gezeigt werden, zu einem Wort ergänzen. Die Wahrscheinlichkeit, richtig zu raten, ist 0.5, auch wenn die Zeichenfolge kein gebräuchliches Wort darstellt. Sowohl Reicher (1969) als auch Wheeler (1970) fanden einen deutlichen Wortüberlegenheitseffekt. Einzelne Buchstaben wurden besser erkannt, wenn sie in Wörter eingebettet waren als wenn sie alleine dargeboten wurden oder in bedeutungslose Buchstabenfolgen eingebettet waren.

6.1.1 Fragestellung

Wir werden versuchen, die Ergebnisse von Reicher (1969) mit deutschen Wörtern zu replizieren. Die Fragestellung des Experiments ist, ob die Erkennbarkeit einzelner Buchstaben von der Sinnträchtigkeit der Buchstabenfolgen abhängt, in die sie eingebettet sind. Der Versuchsperson wird kurzzeitig eine Folge von Buchstaben dargeboten. Eine Position ist markiert, und die Versuchsperson muß angeben, welcher von 2 zur Auswahl stehenden Buchstaben an der markierten Position stand. Die zu erkennenden Buchstaben werden entweder einzeln gezeigt, sind in eine sinnlose Folge von Buchstaben oder in ein sinnvolles Wort eingebettet. Die Wörter sind so gewählt, daß beide Buchstaben, die als Alternativen zur Auswahl vorgegeben werden, ein sinnvolles Wort ergeben, wenn sie an der zu prüfenden Position in die Kontextfolge eingefügt werden. Um mögliche Positionseffekte zu kontrollieren, wird jede Position getestet, die mindestens von je 1 Buchstaben umgeben ist. Wir verwenden Zeichenfolgen mit 6 Buchstaben, so daß 4 Positionen zu testen sind. Die Randpositionen werden nicht benutzt, da sie aus optischen Gründen bevorteilt sein könnten. Als Haupteffekt wird erwartet, daß Buchstaben, die in sinnvolle Wörter eingebettet sind, häufiger richtig identifiziert werden als solche, die einzeln gezeigt werden oder in Zufallsfolgen eingebettet sind.

6.2 Methoden

6.2.1 Versuchsaufbau

Die Buchstaben werden mit heller Schrift vor dunklem Hintergrund in der Mitte des Bildschirms dargestellt. Es werden entweder 6 Großbuchstaben oder ein einzelner Großbuchstabe gezeigt. Der Abstand der Buchstaben ist 1.2 cm, so daß eine Zeichenkette 7 cm breit ist und bei einem Beobachtungsabstand von 60 cm unter einem Sehwinkel von 6.7° erscheint. Umlaute kommen nicht vor, da diese aus dem normalen Buchstabenfeld hinausragen. Jeder zu testende Buchstabe kommt in 3 Kontextbedingungen vor: als Einzelbuchstabe, in einer Zufallsfolge und in einem sinnvollen Wort. Die Position des Buchstaben bei der Darbietung ist in allen 3 Bedingungen identisch. Die Wörter und Testbuchstaben werden folgendermaßen bestimmt: Es werden Wortpaare gesucht, bei denen jedes Wort aus 6 Zeichen besteht, keinen Umlaut enthält und bei denen die beiden Wörter eines Paares sich nur an den Positionen 2–5 unterscheiden. Ein Beispiel ist das Paar „MUTTER" und „MUSTER". Von jedem dieser Paare wird eines der beiden Wörter nach Zufall ausgewählt und dargeboten. Als Antwortalternativen werden die beiden Zeichen gegeben, die jeweils an der Stelle stehen, an der sich die beiden Wörter unterscheiden, also hier „T" und „S". Die zugehörige Zufallsfolge entsteht dadurch, daß alle Buchstaben des Wortes, außer dem, der abgetestet wird, durch eine Zufallsauswahl von Buchstaben ersetzt werden. Jeder Buchstabe des Alphabets hat an jeder zu besetzenden Position die gleiche Wahrscheinlichkeit gewählt zu werden, es sind also auch Wiederholungen möglich. Bei den Einzelbuchstaben werden nur die Testbuchstaben gezeigt, die restlichen Positionen des Wortes werden mit Leerzeichen besetzt.

6.2.2 Versuchsablauf

Jeder Durchgang beginnt damit, daß ein Fixationskreuz in der Mitte des Bildschirms erscheint, genau an der Stelle, an der später die Buchstaben gezeigt werden. Wenn die Versuchsperson bereit ist, dann kann sie durch einen Druck auf die Leertaste die Darbietung starten. 500 ms, nachdem sie die Leertaste losgelassen hat, beginnt die oben beschriebene Darbietung. Die Buchstaben werden 30 ms gezeigt und dann von einer Maske überdeckt. Die Maske besteht aus mehreren, übereinander geschriebenen Buchstaben und verhindert, daß die Zeichen im visuell-sensorischen Speicher behalten werden können. Gleichzeitig mit der Maske erscheint die Positionsmarkierung, ein heller Punkt über dem entsprechenden Buchstaben. Maske und Punkt bleiben 1 s sichtbar. Danach erscheint an der Testposition ein Strich und in der Mitte des Bildschirms, knapp über der Buchstabenzeile, werden die beiden Buchstaben gezeigt, die zur Auswahl stehen. Die Alternativen sind immer in alphabetischer Reihenfolge angegeben. Die Versuchsperson gibt ihre Antwort, indem sie die entsprechende Taste auf der Tastatur des Rechners drückt. Hat die Versuchsperson ihre Antwort eingegeben, dann erscheint für 1500 ms noch einmal die Zeichenfolge zusammen mit einer Meldung, ob die Antwort richtig war oder nicht. Nach einer Pause von 2 s beginnt dann der nächste Durchgang. Von jeder Kontextbedingung werden 60 Durchgänge bearbeitet, je 15 an den Positionen 2–5. Das ergibt 180 Durchgänge. Dem werden nur 12 Übungsdurchgänge, je einer für jede Bedingung und Position vorangestellt, da die Versuchspersonen bereits im unten beschriebenen Vorversuch Gelegenheit haben, sich mit der Aufgabe vertraut zu machen.

6.3 Praktikumsaufgabe

6.3.1 Vorversuch

In diesem Experiment kann ein Effekt der unabhängigen Variablen nur dann gefunden werden, wenn der Aufbau „sensibel" genug ist. Dies bedeutet konkret, daß der Schwierigkeitsgrad der Aufgabe für die Versuchsperson richtig eingestellt sein muß. Ist die Aufgabe zu schwer, dann sind aufgrund der Ratemöglichkeit in der Hälfte der Durchgänge richtige Antworten zu erwarten. Ist die Aufgabe zu leicht, dann findet man nur richtige Antworten. Die Schwierigkeit muß so eingestellt sein, daß in allen Bedingungen die Wahrscheinlichkeiten für eine richtige Antwort zwischen 0.5 und 1.0 liegt. Daher muß bei jeder Versuchsperson in einem Vorversuch geprüft werden, ob die Lösungswahrscheinlichkeiten diese Bedingung erfüllen. Die Kontrolle der Schwierigkeit erfolgt am einfachsten durch die Kontrasteinstellung des Monitors. Der Kontrastregler muß so eingestellt werden, daß die Versuchsperson in der Wort-Bedingung gerade noch nicht fehlerfrei arbeitet, also eine Lösungswahrscheinlichkeit von etwa 0.9 erreicht und in der Einzelbuchstabenbedingung mehr als die Hälfte richtig identifiziert. Um nicht alle Kontextbedingungen testen zu müssen, werden im Vorversuch Pseudowörter benutzt. Dies sind Buchstabenfolgen, die zwar wortähnlich klingen, aber keine echten Wörter sind, etwa das Wort „FURTAN". Auch hier wird darauf geachtet, daß beide Antwortalternativen ein gut aussprechbares Pseudowort ergeben.

Der Vorversuch wird durch das Kommando `vorwort` mit nachfolgendem Versuchspersonenkode gestartet:

`vorwort rudi`

Dieses Kommando führt 20 Durchgänge aus und gibt dann die relative Häufigkeit richtiger Antworten aus. Wenn diese über 0.9 ist, muß die Kontrasteinstellung reduziert werden. Wenn sie unter 0.7 ist, dann muß der Kontrast erhöht werden. Der Vorversuch muß so lange wiederholt werden, bis keine Veränderungen an der Monitoreinstellung mehr vorgenommen werden müssen. Es sind allerdings höchsten 5 Durchführungen von `vorwort` mit unterschiedlichem Material vorbereitet.

Vor der Durchführung der Vorversuche fertigen Sie eine schriftliche Versuchsanweisung an, die sowohl für die Vor- als auch für die Hauptversuche geeignet ist.

6.3.2 Datenerhebung und Auswertung

Die Datenerhebung wird durch das Programm `wort` mit einem Versuchspersonenkode als Argument gestartet:

`wort rudi`

startet das Experiment mit `rudi` als Versuchspersonenkode. Die Datendatei enthält für jeden Durchgang eine Zeile, in der die Nummer des Durchgangs, ein Kode für die Art des Kontextes, die Testposition und die Antwort der Versuchsperson enthalten ist. Der Kontext ist mit 1 für die Einzeldarbietung, 2 für eine Zufallsfolge von Buchstaben und 3 für ein sinnvolles Wort kodiert. Die Antwort der Versuchsperson ist 1, wenn der richtige und 0, wenn der falsche Buchstabe gewählt wurde.

1. Berechnen Sie die relativen Häufigkeiten richtiger Antworten für die 3 Kontextbedingungen und für jede Abfrageposition getrennt.

2. Stellen Sie diese relativen Häufigkeiten in Abhängigkeit von der Abfrageposition in einer Tabelle nach dem Vorbild von Tabelle 13.1 und graphisch dar.

3. Prüfen Sie statistisch, ob unabhängig von der Abfrageposition die Wahrscheinlichkeit einer richtigen Antwort in den 3 Kontextbedingungen gleich ist.

4. Beschreiben Sie Fragestellung, Durchführung und Ergebnisse des Experiments in einer Zusammenfassung. Berichten Sie darin auch über die von Ihnen durchgeführten Vorversuche und schreiben in 2–3 Sätzen, welche Schlußfolgerungen aus Ihren Ergebnissen gezogen werden können.

6.4 Literaturhinweise

Eine kurze, aber gut lesbare Einführung in die Leseforschung gibt Massaro (1989). Er stellt auch theoretische Erklärungen des Ergebnisses von Reicher (1969) dar. Ein neueres Modell des Erkennensprozesses stammt von McClelland und Rumelhart (1981) und Rumelhart und McClelland (1982). Sie nehmen an, daß das Erkennen auf mehreren Ebenen parallel abläuft. Als Ebenen werden Buchstabenmerkmale („features"), Buchstaben und Wörter angenommen. Interaktionen zwischen den Ebenen führen zu Effekten wie dem Wort- oder dem Objektüberlegenheitseffekt. Letzterer besteht darin, daß Linien, die in geschlossene Muster eingebettet sind, leichter zu entdecken sind als kontextfreie Linien (Weisstein & Harris, 1974). Daten, die mit Hilfe des Modells simuliert werden, sind mit den empirischen Beobachtungen weitgehend verträglich. Auch Herrmann (1990) gibt einen Überblick über Forschungen zum Sprachverstehen. Er bezieht Untersuchungen zur Sprachproduktion mit ein.

7 Stroop-Interferenz

In einem Stroop-Experiment besteht die Aufgabe der Versuchsperson darin, Reize durch das Benennen eines ihrer Attribute zu klassifizieren. Die Reize müssen mindestens 2 Attribute besitzen. Bei Wörtern etwa, kann dies die Bedeutung eines Wortes und die Art und Weise, wie das Wort geschrieben ist, sein. Besteht bei den beiden Ausprägungen der relevanten Attribute eines Reizes ein gewisses Ausmaß an Inkongruenz, dann kann diese die Klassifizierung des Reizes behindern. Von Stroop (1935) wurde dieser Effekt zuerst für die Attribute „Farbe" und „Bedeutung" von Wörtern nachgewiesen.

Die Aufgabe der Versuchsperson im klassischen Stroop-Experiment ist, die Farbe zu benennen, in der ein Wort gedruckt ist. Eine *kongruente Bedingung* liegt dann vor, wenn das Wort, dessen Farbe genannt werden soll, selbst den Namen dieser Farbe angibt, also etwa „ROT" in der Farbe Rot gedruckt ist und die Versuchsperson daher mit „rot" antworten muß. Eine *inkongruente Bedingung* liegt dagegen dann vor, wenn die Bedeutung des Wortes nicht mit der zu benennenden Farbe, in der es geschrieben ist, übereinstimmt oder gar mit ihr unverträglich ist. Ist also der in rot gedruckt Reiz das Wort „GRÜN", dann hat die Versuchsperson zwar auch mit „rot" zu antworten, da sie ja die Schriftfarbe angeben soll, der Inhalt des gedruckten Wortes stimmt aber nicht mit dieser Antwort überein. Die Folge einer solchen Inkongruenz ist, daß die Versuchsperson mehr Zeit benötigt, um die Farbe des Wortes zu benennen, als im kongruenten Fall. Die Reaktionsverzögerung ist dann am stärksten, wenn die Wortbedeutung, wie im obigen Beispiel, zur gleichen semantischen Kategorie gehört, wie die von der Versuchsperson verlangte Antwort.

7.1 Der Stroop-Effekt

Besteht zwischen der semantischen Kategorie des Wortes und der zu benennenden Eigenschaft keine Ähnlichkeit, dann wird die Bedingung *neutral* genannt. Eine neutrale Bedingung wird häufig dadurch realisiert, daß man statt Wörter sinnlose Buchstabenfolgen oder andere Zeichenfolgen benutzt und deren Farbe benennen läßt. Als *Stroop-Effekt* bezeichnet man den Unterschied in der Reaktionszeit zwischen einer inkongruenten und einer neutralen Bedingung. Das vollständige Datenmuster eines typischen Stroop-Experiments ist durch folgende wesentliche Merkmale gekennzeichnet:

1. Die Reaktionszeit beim Benennen der Farbe eines Wortes ist in einer inkongruenten Bedingung erheblich länger als in einer kongruenten oder einer neutralen Bedingung.

2. Die Reaktionszeit in der kongruenten Bedingung ist kürzer als in der neutralen Bedingung, der Unterschied ist jedoch geringer als der zwischen der inkongruenten und der neutralen Bedingung.

3. Der Unterschied in der Reaktionszeit zwischen der inkongruenten und der neutralen Bedingung wächst mit der Ähnlichkeit der semantischen Kategorie der Wortbedeutung zur semantischen Kategorie der verlangten Antwort. Dies bedeutet, daß der Stroop-Effekt zwar dann am größten ist, wenn inkongruente Farbwörter als Reize benutzt werden, daß er aber auch dann auftritt, wenn Wörter benutzt werden, die stark mit bestimmten Farben assoziiert werden. Ein Stroop-Effekt tritt also auch dann auf, wenn etwa das Wort „GRAS" in rot geschrieben als Reiz benutzt wird. Man spricht in diesem Fall von einem Effekt, der auf den *semantischen Gradienten* zurückzuführen ist, also auf die Ähnlichkeit der semantischen Kategorie von Reizwort und Reaktion.

4. Ein Stroop-Effekt tritt nicht auf, wenn die Aufgabe umgedreht wird, die Versuchsperson also die Bedeutung des Wortes und nicht die Farbe benennen soll. Dieses einfache Vorlesen eines farbig geschriebenen Wortes wird durch eine inkongruente Farbe nicht beeinträchtigt.

5. Darüber hinaus kann generell das Vorlesen eines Wortes schneller ausgeführt werden als das Benennen der Farbe.

Der Stroop-Effekt beschränkt sich nicht auf Farbwörter als Reizmaterial. Interferenzeffekte ähnlicher Art wurden auch bei anderem Reizmaterial gefunden, das die Randbedingung erfüllt, daß es 2 möglicherweise inkongruente Attribute besitzt:

- Ziffernfolgen, bei denen die Anzahl der Ziffern zu nennen ist („2 2 2");
- Ortsangaben, deren Position zu benennen ist („LINKS" am rechten Rand eines Blattes);
- Wörter, die in Bilder eingebettet sind, deren Inhalt anzugeben ist, etwa „PFERD" im Bild einer Maus.

Ein wesentliches Element aller theoretischen Erklärungen des Stroop-Effektes ist das Konzept einer automatisierten Aufmerksamkeitsreaktion. Es besteht in einer reizgesteuerten, automatischen Aufmerksamkeitszuwendung, die zur Aktivierung der für den auslösenden Reiz geeigneten Verarbeitungsmechanismen führt. Es wird angenommen, daß das Lesen einer Buchstabenfolge, die ein Wort bildet, eine derart automatisierte Reaktion darstellt. Wesentliche Merkmale automatisierter Prozesse sind die hohe Geschwindigkeit und die geringe Beeinträchtigung, die sie durch parallel ablaufende Verarbeitungsprozesse erfahren. Im Gegensatz dazu sind willentlich gesteuerte Informationsverarbeitungsprozesse leicht zu beeinträchtigen und belasten die Person stark. Es wird angenommen, daß das Benennen einer Farbe keine automatisierte Reaktion ist und daher durch die automatisierte Reaktion auf das Farbwort leicht gestört werden kann. Einen umfassenden und aktuellen Überblick über Untersuchungen zum Stroop-Effekt gibt MacLeod (1991).

Für unsere Replikation des Stroop-Effektes benutzen wir eine einfach zu registrierende, manuelle Reaktion, bei der die Versuchsperson auf eine von 2 Reaktionstasten drücken muß. Der Stroop-Effekt tritt in der Regel nur dann auf, wenn als Reaktion das Wort, das die Reizfarbe beschreibt, aktiviert wird. Es muß daher auch bei einer manuellen Reaktion erreicht werden, daß die Versuchsperson das den Reiz benennende Farbwort aktiviert. Dies ist nicht der Fall, wenn einfach jeder Reizfarbe eine Taste zugeordnet wird, die beim Darbieten des Wortes in der entsprechenden Farbe gedrückt werden muß. Von der Versuchsperson wird dann keinerlei semantische Aktivität verlangt, sie kann eine einfache operante Reaktion erlernen.

7 Stroop-Interferenz

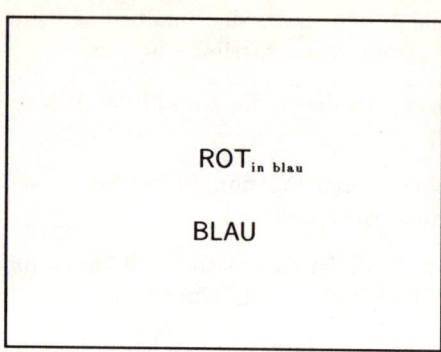

Abb. 7.1. Beispiel einer Darbietung im Stroop-Experiment. Das obere Wort ist farbig geschrieben. Die Aufgabe der Versuchsperson ist es anzugeben, ob das untere Wort die Farbe des oberen angibt oder nicht.

Die Aktivierung der semantischen Verarbeitung erreichen wir dadurch, daß, wie in Abb. 7.1 dargestellt, unter dem Reizwort ein 2. Wort dargeboten wird, von dem die Versuchsperson „sagen" muß, ob es die Farbe benennt, in der das obere Testwort geschrieben ist. Falls ja, soll sie die „Ja"-Taste, falls nein, die „Nein"-Taste drücken. Das untere Vergleichswort dient also dem Zweck, bei der Versuchsperson eine Aktivierung der semantischen Reizverarbeitung zu erzwingen. Es ist immer farbneutral, also weiß geschrieben.

Eine vergleichbare Versuchsanordnung wurde auch von Treisman und Fearnley (1969) und Morton und Chambers (1973) verwendet. Dabei zeigte sich, daß der Stroop-Effekt stark vermindert werden kann, wenn die Versuchsperson zuerst das untere Farbwort und erst danach das farbige Testwort beachtet, da dann der interferierende Einfluß der Bedeutung des Testwortes durch die bevorzugte Verarbeitung des Vergleichswortes vermindert wird. Wir werden diese Strategie dadurch verhindern, daß das Vergleichswort etwas später gezeigt wird als das Testwort. Der Zeitunterschied wird so gewählt, daß er gerade ausreicht, um die Aufmerksamkeit der Versuchsperson auf das zuerst erscheinende Testwort zu lenken.

7.1.1 Fragestellung

Unsere Fragestellung ist, wie die Reaktionszeit auf einen aus Buchstaben bestehenden Farbreiz von der Bedeutung der Buchstabenfolge bzw. des Wortes abhängt. Unabhängige Variable ist der Kongruenzgrad in den 3 Ausprägungen „kongruent", „inkongruent" und „neutral". Abhängige Variable ist die Reaktionszeit. Unsere Hypothese ist, daß bei inkongruenten Kombinationen die mittleren Reaktionszeiten länger sind als bei neutralen Kombinationen und daß bei kongruenten Kombinationen die mittleren Reaktionszeiten kürzer sind als bei neutralen.

7.2 Methoden

7.2.1 Versuchsaufbau

Die farbigen Testwörter und die Vergleichswörter werden auf einem Farbmonitor dargeboten. Das Testwort, dessen Farbe zu beurteilen ist, erscheint im oberen Teil des Bildschirms, das immer weiß geschriebene Vergleichswort im unteren Teil. Es werden nur Großbuchstaben verwendet, die Buchstabenhöhe beträgt 2 cm, zwischen dem Testwort und dem Farbwort darunter ist eine Lücke von 1 cm. Als Farben werden Rot, Gelb, Grün und Blau verwendet. Der Bildschirm befindet sich in Augenhöhe, der Abstand von der Bildröhre zu den Augen der Versuchsperson beträgt 60 cm. Die Reaktionstasten liegen so vor ihr auf dem Tisch, daß sie bequem den Mittel- und Zeigefinger ihrer Führungshand auf die beiden Maustasten legen kann.

7.2.2 Versuchsablauf

Jeder Durchgang beginnt mit einer Pause von 1 s. Danach erscheint in der Mitte des Bildschirms ein kleines Kreuz, das für die Versuchsperson die Aufforderung darstellt, eine Darbietung auszulösen. Die Darbietung beginnt, wenn die Versuchsperson eine der beiden Reaktionstasten gedrückt und wieder losgelassen hat. 500 ms nach dem Loslassen der Taste erscheint das Testwort und 100 ms danach das Vergleichswort. Die Versuchsperson hat anzugeben, ob das untere Wort die Farbe benennt, in der das obere Wort geschrieben ist. Ihre

Antwort gibt sie durch Drücken einer der beiden Maustasten, wobei die linke Taste für „ja" und die rechte Taste für „nein" steht.

Es werden 4 Farben benutzt, jede Farbe kommt in 3 Bedingungen vor, nämlich in neutralem, kongruentem und inkongruentem Kontext. Jede dieser Bedingungen wird so vorgegeben, daß die Versuchsperson einmal mit „ja" und einmal mit „nein" antworten muß. Jede dieser 24 Bedingungen wird 9mal erhoben, dadurch kann in jeder Bedingung jedes der Farbwörter sowohl an der oberen als auch an der unteren Position als Distraktor auftreten. In der neutralen Bedingung werden als Kontextwörter Zufallsfolgen von 4 Konsonanten dargeboten. Insgesamt erhalten wir 216 Durchgänge. Vor der Datenerhebung werden 48 Übungsdurchgänge bearbeitet, jede Versuchsbedingung mit jeder Farbe, jeder Kongruenzbedingung und jeder Reaktion also 2mal.

7.3 Praktikumsaufgabe

Zur Durchführung des Experiments erheben Sie Daten von einer Versuchsperson. Das Experiment wird mit dem Befehl **stroop** gestartet und benötigt einen Versuchspersonenkode als Argument. Im Datenprotokoll ist für jeden Durchgang die Durchgangsnummer, der Kongruenzgrad, ein Fehlerkode, der zeigt, ob die Entscheidung der Versuchsperson richtig oder falsch war, und die Reaktionszeit angegeben. Der Kongruenzgrad ist durch Ziffern kodiert: „0" steht für neutral, „1" steht für kongruent und „2" steht für inkongruent. Die Zeiten sind in ms angegeben. Der Fehlerkode ist „0" für eine richtige und „1" für eine falsche Antwort. Durchgänge, in denen die Versuchsperson vor dem Erscheinen des unteren Wortes oder nicht innerhalb von 3 s nach Erscheinen des Farbwortes reagiert, sind durch einen Zahlenwert von 98 bzw. 99 als Fehlerkode und eine Reaktionszeit von 0 markiert. Diese Durchgänge werden vom Experimentierprogramm im Laufe des Experiments wiederholt.

1. Berechnen Sie die mittleren Reaktionszeiten für die 3 Kongruenzbedingungen und stellen diese mit den Standardschätzfehlern der Mittelwerte wie in Abb. 7.2 graphisch dar.
2. Prüfen Sie statistisch, ob der Faktor mit den Stufen „kongruent", „inkongruent" und „neutral" einen Einfluß auf die Reaktions-

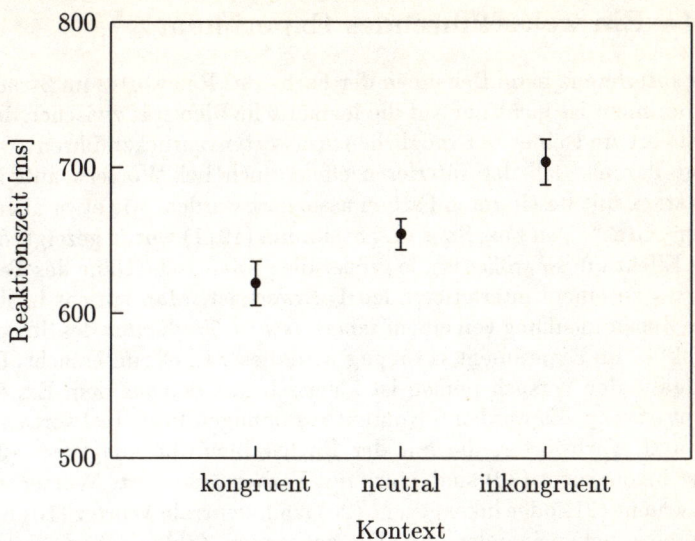

Abb. 7.2. Mittlere Reaktionszeiten einer Versuchsperson bei der Stroop-Aufgabe. Die Bereiche zeigen die Standardabweichungen der Mittelwerte. Als *Stroop-Effekt* wird der Unterschied in den Reaktionszeiten zwischen inkongruenter und neutraler und zwischen kongruenter und neutraler Bedingung betrachtet.

zeiten hat. Beispiele für die statistische Prüfung dieser Fragen werden in den Abschnitten 13.6.4 und 13.6.5 gegeben.

3. Prüfen Sie, ob eine eventuell vorhandene Reaktionszeitverminderung in der kongruenten Bedingung statistisch in der gleichen Weise bedeutsam ist, wie die Reaktionszeitverlängerung in der inkongruenten Bedingung.

4. Fassen Sie Fragestellung, Methoden und Ergebnisse in einem Kurzbericht zusammen.

7.4 Ein weiterführendes Experiment

Die Interferenz beim Benennen der Farbe des Reizwortes im Stroop-Experiment ist nicht nur auf die lexikalische Identität zwischen dem Testwort und einer der möglichen Antworten zurückzuführen. Dies folgt daraus, daß der Interferenzeffekt auch bei Wörtern auftritt, die stark mit bestimmten Farben assoziiert werden, wie etwa „Blut" oder „Gras". Von Fox, Shor und Steinman (1971) wurde gezeigt, daß der Effekt um so größer ist, je größer die semantische Nähe des Testwortes zu einem interferierenden Farbwort ist. Man spricht in diesem Zusammenhang von einem *semantischen Gradienten* des Stroop-Effektes. Im Experiment `stroopsg` wird dieser Effekt untersucht. Die Aufgabe der Versuchsperson ist identisch mit der aus dem Experiment `stroop`. Es werden 6 Kontextbedingungen bzw. Testwortarten benutzt: Farbwörter, die mit der Buchstabenfarbe kongruent (31) oder inkongruent (30) sind, stark mit Farben assoziierte Wörter, die kongruent (21) oder inkongruent (20) sind, neutrale Wörter (10) und 4 Kreuze nebeneinander (00). Die genannten Zahlen geben die Kodierung in der Datendatei an, deren Format mit dem von `stroop` identisch ist. Von jeder der 6 Bedingungen werden 32 Durchgänge bearbeitet.

7.5 Literaturhinweise

Die hier benutzte Versuchsanordnung wurde in Anlehnung an Treisman und Fearnley (1969) entwickelt. In dieser Arbeit und in der von Morton and Chambers (1973) wird Stroop-Interferenz als Problem der Selektivität der Aufmerksamkeit behandelt. Lesen Sie den Artikel von Morton und Chambers (1973). Versuchen Sie vor allem, die Versuchsanordnung und die verschiedenen Interferenzbedingungen genau zu verstehen. Fox, Shor und Steinman (1971) beschreiben den semantischen Gradienten des Stroop-Effekts. Ein Modell der Informationsverarbeitung im Stroop-Experiment wird von Morton (1969) vorgestellt. Von Glaser und Glaser (1982) wird untersucht, ob der Interferenzeffekt durch die unterschiedlichen Verarbeitungsgeschwindigkeiten von Wörtern und Farben erklärt werden kann. Ein neueres Modell, das den Stroop-Effekt auf den unterschiedlichen

Grad der Automatisierung des Wortlesens und des Farbenbenennens zurückführt, wird von Cohen, Dunbar und McClelland (1990) vorgestellt. MacLeod (1991) gibt einen Überblick über neuere Arbeiten zum Stroop-Effekt.

7.6 Versuchsanweisung zum schnellen Benennen von Farben

Ihre Aufgabe in diesem Experiment besteht darin, die Farbe von Wörtern zu beurteilen, wobei die Wörter selbst Farbnamen sein können. Sie brauchen die Bedeutung der Wörter aber nicht zu beachten, da es bei Ihrer Aufgabe nur auf die *Farbe* ankommt, in der die Buchstaben geschrieben sind. Diese Farbe sollen Sie beurteilen.

Unter jedem der farbigen Wörter wird ein Farbname erscheinen. Ihre Aufgabe besteht darin, anzugeben, ob der Name die Farbe der Zeichen des oberen Wortes angibt. Trifft dies zu, dann drücken sie bitte so schnell wie möglich die linke Reaktionstaste, die „Ja"-Taste. Gibt das untere Wort nicht die Farbe an, in der das obere Wort geschrieben ist, drücken sie die „Nein"-Taste. Sie sollen immer möglichst schnell entscheiden, aber auf keinen Fall einen Fehler machen!

Wie Sie sehen, brauchen Sie auf die Bedeutung der oberen Zeichenfolge nicht zu achten, da es nur auf deren Farbe ankommt. Bei

$ROT_{in\ blau}$

BLAU

gibt das untere Wort die Farbe an, in der das obere Wort geschrieben ist, und Sie haben daher die linke Reaktionstaste zu drücken. Bei

$ROT_{in\ rot}$

BLAU

ist dagegen die rechte Taste zu drücken, da das untere Wort nicht die Farbe des oberen Wortes angibt. Nach jeder Reaktion zeigt Ihnen der Rechner kurz Ihre Reaktionszeit in Millisekunden an.

Vor jedem Durchgang erscheint auf dem Bildschirm ein Kreuz und Sie können dann die Darbietung anfordern, indem sie irgendeine der beiden Reaktionstasten drücken. Das ganze Experiment besteht aus 240 Darbietungen und dauert etwa 30 min.

Falls Sie noch Fragen haben, stellen Sie sie bitte jetzt, andernfalls beginnen wir mit dem Experiment.

8 Kurzzeitiges Speichern von Information

Für zahlreiche Tätigkeiten im Alltag ist es notwendig, Information für kurze Zeit zu speichern. Man denke etwa an das Addieren mehrstelliger Zahlen, wo nach jeder Stelle das Zwischenergebnis bis zur nächsten Stelle behalten werden muß. Auch das Verstehen von Sprache setzt häufig voraus, daß Satzteile, deren Bedeutungen noch nicht vollständig erschlossen sind, für kurze Zeit wörtlich behalten werden. Die Menge der Information, die ohne weitere Verarbeitung behalten werden kann, ist allerdings begrenzt. Eine 7– oder 8stellige Telefonnummer, die man im Telefonbuch nachgesehen hat, kann man eventuell gerade noch aus dem Gedächtnis wählen, bei mehr Stellen muß man in der Regel mindestens 2mal hinsehen.

8.1 Kurz- und Langzeitgedächtnis

Der Beschränkung der Informationsmenge, die unmittelbar kurzzeitig gespeichert werden kann, steht die scheinbar unbegrenzte Möglichkeit für langfristige Speicherung gegenüber. Es scheint, als ob die langfristige Speicherung einer besonderen Verarbeitung bedarf und kurzfristig gespeicherte Information wieder verloren geht, wenn sie dieser Verarbeitung nicht unterzogen wird. Zur Erklärung unterschiedlicher Effekte beim kurz- und langfristigen Behalten von Information wird angenommen, daß dies in 2 unterschiedlichen Speichern geschieht, dem Kurz- und dem Langzeitgedächtnis.

Nach Baddeley (1976) waren folgende Befunde für die Annahme eines speziellen Kurzzeitgedächtnisses ausschlaggebend:

1. Aufgaben mit 2 Komponenten: Es gibt mehrere Gedächtnisaufgaben, deren Daten aus 2 unabhängigen Komponenten zu beste-

hen scheinen, einer relativ stabilen Langzeitkomponente und einer weniger stabilen Kurzzeitkomponente. Die typische Kurzzeitkomponente ist der Endvorteil bei seriellen Listen, der unabhängig vom Anfangsvorteil verändert (Glanzer, 1972; Murdock, 1962) oder gar zum Verschwinden gebracht werden kann (Brown, 1958; Peterson & Peterson, 1959).

2. Neurophysiologische Hinweise: Es sind einige pathologische Einzelfälle dokumentiert, bei denen eine Störung der langfristigen Speicherung vorliegt, obwohl gleichzeitig die unmittelbare Gedächtnisspanne normal ist.

3. Unterschiede in der Kodierung: Experimente zur Gedächtnisspanne weisen darauf hin, daß die Kodierung im Kurzzeitgedächtnis phonetisch ist. Items werden häufig mit phonetisch ähnlichen verwechselt, und Listen phonetisch ähnlicher Items sind schwerer wiederzugeben als phonetisch weniger ähnliche Items. Aufgaben, die eine langfristige Speicherung erfordern, zeigen dagegen sehr viel häufiger Effekte, die auf eine semantische Kodierung hindeuten.

Zur Erklärung dieser Ergebnisse wurden Modelle entwickelt, die getrennte Speicher für das Kurz- und das Langzeitgedächtnis annehmen. Das bekannteste Modell stammt von Atkinson und Shiffrin (1968). Es stellt eine Weiterentwicklung eines Modells von Broadbent (1958) dar und unterscheidet innerhalb des Kurzzeitgedächtnisses noch zwischen einem System paralleler, modalitätsspezifischer, sensorischer Speicher und einem einheitlichen Kurzzeitspeicher beschränkter Kapazität. Der Kurzzeitspeicher stellt eine Art Arbeitsspeicher dar, in dem Information umkodiert und ins Langzeitgedächtnis transferiert werden kann. Wesentliche Bedingung für den Transfer ins Kurzzeitgedächtnis ist das stumme Wiederholen der Information im Kurzzeitspeicher.

Das Kurz- und das Langzeitgedächtnis unterscheiden sich nach Atkinson und Shiffrin (1968) in verschiedenen Merkmalen:

1. Die Kapazität des Kurzzeitgedächtnisses ist gering, die des Langzeitgedächtnisses dagegen nahezu unbegrenzt.

2. Information im Kurzzeitgedächtnis wird durch neu aufgenommene Information gelöscht, während Information im Langzeitgedächtnis nicht gelöscht, sondern nur unzugänglich wird.

3. Um Information längere Zeit im Kurzzeitgedächtnis zu halten, muß sie wiederholt werden, etwa in Form eines inneren Aufsagens. Geschieht dies nicht, zerfällt die Information bereits nach kurzer Zeit.
4. Die Kodierung der Information im Kurzzeitgedächtnis ist reizähnlich, meist akustisch, während die Kodierung im Langzeitgedächtnis im wesentlichen semantisch ist.

Das Kurzzeitgedächtnis wird auch als *Arbeitsgedächtnis* bezeichnet (Baddeley, 1976). Es dient zur Speicherung und Bearbeitung gerade aufgenommener Information und korrespondiert daher zu dem, was wir als den aktuellen Inhalt unseres Bewußtseins erleben.

Die Frage nach der Kapazität des Kurzzeitgedächtnisses hat die Experimentalpsychologie bereits in ihren Anfängen beschäftigt. Von Wundt (1904) wurde sie als *Gedächtnisspanne* bezeichnet. Ein wesentliches Problem bei der Messung der Gedächtnisspanne ist eine Einheit zu finden, die für alle möglichen Gedächtniselemente gleichermaßen geeignet ist.

Benutzt man etwa als Lernmaterial einzelne Konsonanten, dann ergibt sich eine Gedächtnisspanne von etwa 6 Konsonanten. Benutzt man dagegen Wörter, dann liegt die Gedächtnisspanne bei etwa 5 Wörtern (Crannel & Parrish, 1957). Da 5 Wörter mehr Information beinhalten als 7 Konsonanten, zeigt sich damit, daß die Informationsmenge, die im Kurzzeitgedächtnis gespeichert werden kann, sehr stark materialabhängig ist. Von Miller (1956) wurde daher das Konzept des *chunking* eingeführt. Ein *chunk* ist eine Einheit der Information, die sich aus dem Kontext des Reizmaterials ergibt. Sind bei einer Lernaufgabe Konsonanten zu behalten, dann ist ein Konsonant eine Einheit. Sind dagegen Wörter zu behalten, dann sind diese als Einheiten aufzufassen. Die Speichereinheiten sind gewissermaßen diejenigen Einheiten, in denen das Reizmaterial im Langzeitgedächtnis gespeichert ist.

8.1.1 Fragestellungen

Wir werden in diesem Kapitel 3 Experimente durchführen. Im ersten Experiment wird die Gedächtnisspanne für Ziffern, Buchstaben und Wörter bestimmt, im zweiten wird der Anfangs- und Endvorteil demonstriert und im dritten Experiment wird gezeigt, daß der Endvorteil durch eine Aufgabe, die das Wiederholen des Lernmaterials verhindert, zunichte gemacht werden kann.

8.2 Gedächtnisspanne

In der Einführung zu diesem Kapitel wurde darauf hingewiesen, daß die Bestimmung der Kapazität des Kurzzeitgedächtnisses wesentlich von der Einheit abhängt, die dafür verwendet wird, und daß für kontextabhängige Einheiten („chunks") die Kapazität bezogen auf den jeweiligen Kontext etwa gleich groß ist. So soll eine Versuchsperson aus einer Liste von Konsonanten etwa 6–7 im Kurzzeitgedächtnis speichern können und aus einer Liste von Wörtern in etwa die gleiche Anzahl (Miller; 1956). Wir können dies mit Hilfe der Experimente gsb, gsw und gsz überprüfen. Sie sind teilweise Replikationen einer Arbeit von Crannel und Parrish (1957) und zur Bestimmung der Gedächtnisspanne für Buchstaben, Wörter und Ziffern geeignet.

8.2.1 Methoden

Der Versuchsperson wird in jedem Durchgang auf einem Bildschirm eine Folge von Items dargeboten. Nach dem letzten Item ertönt ein Signalton, und die Versuchsperson muß die Items laut aufsagen. Ein Durchgang wird als fehlerfrei gewertet, wenn die Items genau in der dargebotenen Reihenfolge wiedergegeben werden. Die Itemlisten sind im Anhang B abgedruckt. Der Versuchsleiter kontrolliert während der Antwort der Versuchsperson anhand der Tabellen im Anhang B die Itemfolge und drückt bei einer fehlerfreien Antwort die Taste mit dem Pfeil nach links, ansonsten die Taste mit dem Pfeil nach rechts. Die Experimente beginnen mit Listen der Länge 4. Nach jeweils 4 Durchgängen werden die Listen um ein Item länger. Das Experiment wird abgebrochen, wenn die Versuchsperson keine Liste einer bestimmten Länge richtig beantwortet hat.

Bei gsb werden Zufallsfolgen von 4–10 Konsonanten und bei gsw von 4–9 Wörter in beiden Fällen ohne Wiederholungen, dargeboten (vgl. Anhang B). Im Experiment gsz werden als Items die Ziffern 0–9 verwendet, und es stehen Listen der Länge 4–10 zur Verfügung. Die Listen sind eingeschränkte Zufallsfolgen der Ziffern 0–9, wobei Wiederholungen von Ziffern vorkommen können, allerdings nicht an aufeinander folgenden Positionen.

Jedes Item ist 800 ms sichtbar, und zwischen 2 aufeinander folgenden Items ist eine Pause von 200 ms. Die Präsentationsrate ist also 1 Item pro Sekunde. 5 s nach der Eingabe des Versuchsleiters beginnt die nächste Präsentation mit einem Kreuz als Hinweismarke in der Mitte des Bildschirms. Das Kreuz ist 500 ms sichtbar, und 1 s nach dem Verschwinden des Kreuzes erscheint die erste Ziffer.

8.2.2 Datenerhebung und Auswertung

Alle 3 Experimente werden mit ihrem jeweiligen Namen (gsb, gsw, gsz) und einem Versuchspersonenkode als Argument gestartet. Es empfiehlt sich, einen Versuchspersonenkode aus nur 3 Zeichen zu benutzen und den jeweiligen Kennbuchstaben des Experiments anzuhängen. Damit kann am Namen der Datendatei der Typ der Lernliste erkannt werden. Also etwa

gsz annz

startet das Experiment gsz für Versuchsperson **ann**. Die Versuchsperson selbst hat keine Eingaben zu machen, der Rechner dient nur zur zeitlich genau kontrollierten Vorgabe der Ziffernfolgen. Der Versuchsleiter bedient die Tastatur. Nach dem Signalton sagt die Versuchsperson die Liste der Items auf, und der Versuchsleiter kontrolliert anhand der entsprechenden Liste aus Anhang B, ob die Antwort der Versuchsperson vollständig korrekt ist oder nicht, und drückt dann die entsprechende Taste.

Für jeden Durchgang wird im Datenprotokoll die Nummer des Durchgangs, die Anzahl der Items in der Lernliste und ein Fehlerkode ausgegeben. Der Fehlerkode ist 1, wenn die Antwort fehlerhaft war, und 0, wenn sie korrekt war. Zur Auswertung der Daten jedes Experiments wird eine Tabelle angefertigt, in der für jede Listenlänge die Anzahl der Fehler eingetragen wird. Diese Daten werden dann in eine Graphik eingetragen, die auf der Abszisse die Listenlänge und auf der Ordinate die relative Häufigkeit eines Fehlers angibt. Als Gedächtnisspanne wird diejenige Listenlänge betrachtet, bei der die Wahrscheinlichkeit eines Fehlers 0.5 ist. Betrachtet man die Graphik als psychometrische Funktion, dann entspricht die Gedächtnisspanne dem Punkt $x_{0.5}$, also dem „Punkt der subjektiven Gleichheit". Man könnte also die Minimum-Logit-Methode aus Kap. 2 benutzen, um die Gedächtnisspanne abzuschätzen. Im vorliegenden Fall kann man auch eine vereinfachte „graphische" Methode benutzen: Man zeichnet per Hand eine glatte Kurve durch die empirischen Punkte, so daß vor allem im mittleren Bereich die Beträge der Abweichungen von den Datenpunkten möglichst klein sind, und liest mit Hilfe der so gezeichneten Kurve den Wert von $x_{0.5}$ ab. Abbildung 8.1 zeigt ein Beispiel dieses Vorgehens.

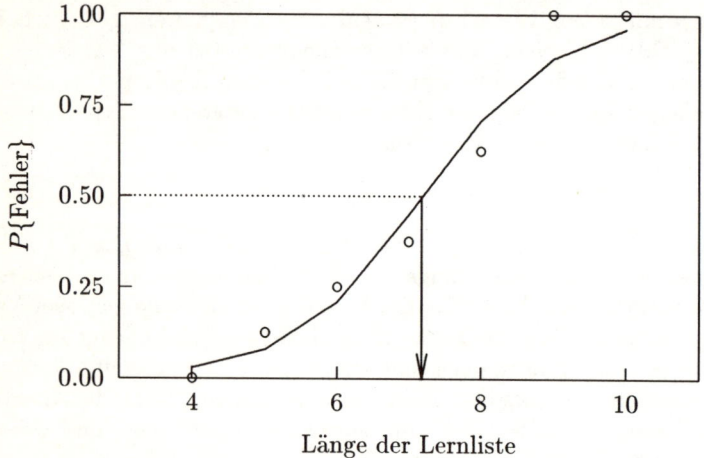

Abb. 8.1. Graphische Bestimmung der Gedächtnisspanne. Die Punkte sind die empirischen Fehlerhäufigkeiten, die Linie ist eine mittlere psychometrische Funktion. Wo diese den Wert 0.5 hat, wird die Gedächtnisspanne abgelesen. In diesem Fall erhalten wir einen Wert von etwa 7.2. Die Daten stammen aus einem Experiment, bei dem jede Listenlänge 8mal vorgegeben wurde.

8.2.3 Praktikumsaufgabe

Fertigen Sie eine Versuchsanweisung an und führen das Experiment in der oben beschriebenen Weise mit einer Versuchsperson durch, der die Lernlisten aus dem Anhang B unbekannt sind. Nach jedem Teilexperiment legen Sie eine Pause von etwa 5 min ein. Wenn nur

Daten von einer Versuchsperson erhoben werden, dann führen Sie die Experimente in der Reihenfolge gsb, gsz, gsw durch. Werden Daten von mehreren Versuchspersonen erhoben, dann randomisieren Sie die Reihenfolge.

Bestimmen Sie mit Hilfe der graphischen Methode die Gedächtnisspannen für Buchstaben, Wörter und Ziffern und fassen Sie das Experiment in einem Kurzbericht zusammen. Diskutieren Sie Ihr Ergebnis in bezug auf die Hypothese von Miller (1956), daß die Gedächtnisspannen bei etwa 7 Einheiten des jeweiligen Materials liegen.

8.3 Serielle Positionseffekte

In Experimenten zum Kurzzeitgedächtnis wird der Versuchsperson häufig eine Liste von Lernitems sequentiell dargeboten und ihre Aufgabe ist, die Items nach einer kurzen Pause von wenigen Sekunden frei wiederzugeben. Dabei zeigt sich, daß die ersten 2-3 und die letzten 3-4 Items der Liste besser wiedergegeben werden können als die mittleren Items, vorausgesetzt, die Liste ist lang genug, hat also mehr als etwa 10 Items (Murdock, 1962).

Der Wiedergabevorteil für die Items am Anfang der Liste wird *Anfangsvorteil* (engl.: „primacy effect"), der für die Items am Ende der Liste *Endvorteil* (engl.: „recency effect") genannt. Die Trennung von Kurz- und Langzeitgedächtnis wurde als Erklärung für diese Effekte vorgeschlagen (Atkinson & Shiffrin, 1968). Der Anfangsvorteil entsteht demnach durch die Tatsache, daß die ersten Items der Lernliste in einen „leeren" Kurzzeitspeicher gelangen und von dort durch ungehinderte Verarbeitung ins Langzeitgedächtnis transferiert werden können. Bei der Wiedergabe werden sie dann aus dem Langzeitgedächtnis berichtet. Der Endvorteil entsteht nach dieser Theorie dadurch, daß sich die letzten Items der Liste bei der Reproduktion noch im Kurzzeitgedächtnis befinden und von dort wiedergegeben werden können, da sie nach Abschluß der Listendarbietung durch Wiederholen im Kurzzeitgedächtnis gehalten werden können. Wenn diese Erklärung richtig ist, dann sollte sich die Geschwindigkeit, mit der die Items der Liste dargeboten werden, vor allem auf den Anfangsvorteil auswirken, da bei langsamer Präsentation für jedes Item mehr Zeit zum inneren Wiederholen zur Verfügung steht. Der Endvorteil sollte davon nicht betroffen sein und wenn, dann sollte er bei langsamer Präsentation eher geringer sein, da der Präsentationszeitpunkt der Items im Durchschnitt weiter zurückliegt.

8.3.1 Methoden

In diesem Experiment wird untersucht, wie die Wahrscheinlichkeit, ein Wort aus einer längeren Liste wiederzugeben, von der Position des Wortes auf der Liste und der Geschwindigkeit, mit der die Liste präsentiert wird, abhängt. Den Versuchspersonen werden sequentiell Listen von Wörtern gezeigt. Jede Liste enthält 18 Wörter. Nach Darbietung der Liste ertönt ein akustisches Signal, und die Versuchsperson muß die Wörter der Liste wiedergeben. Die Reihenfolge der Wörter und die Zeit für die Wiedergabe sind frei. Für dieses Experiment werden Daten von mehr als einer Versuchsperson benötigt. Jede Versuchsperson bearbeitet 3 Wortlisten mit einer Darbietungsdauer von 2 s pro Wort und 3 Listen mit einer Darbietungsdauer von 4 s pro Wort. Die Anzahl der Versuchspersonen muß geradzahlig sein, denn eine Gruppe von Personen beginnt mit der schnellen Präsentationsrate, die andere Gruppe mit der langsamen. Empfohlen wird eine Mindestzahl von 3 Personen pro Gruppe. Die Wörter sind im Anhang B auf Seite 209 abgedruckt. Es handelt sich um Wörter, die alle einen sehr hohen Bekanntheitsgrad haben und in der Umgangssprache häufig vorkommen.

8.3.2 Datenerhebung und Auswertung

Der Rechner wird bei diesem Experiment nur zur Darbietung der Wörter benutzt. Die Daten werden direkt in die Tabellen auf Seite 209 ff. eingetragen. Der Versuchsleiter legt der Versuchsperson die Versuchsanweisung vor und startet das Experiment mit dem Kommando **serpos**. Ein Versuchspersonenkode braucht nicht angegeben zu werden, da der Rechner keine individuelle Datendatei erzeugt. Es muß allerdings angegeben werden, ob zuerst die kurze oder zuerst die lange Darbietungsdauer benutzt werden soll. Das Programm **serpos** bietet zuerst die kurze Darbietungsdauer an, wenn es mit dem Argument **1** aufgerufen wird:

`serpos 1`

Wird dagegen das Argument 2 angegeben, dann wird bei den ersten 3 Listen die längere Darbietungsdauer benutzt:

`serpos 2`

Bei Versuchspersonen der ersten Gruppe, die mit den kurzen Darbietungsdauern beginnt, ist also 1, bei denen der zweiten Gruppe 2 als Argument anzugeben.

Ist eine Liste dargeboten, ertönt der Signalton und die Versuchsperson beginnt mit der Wiedergabe. Der Versuchsleiter markiert gleichzeitig in der entsprechenden Tabelle auf den Seiten 209 ff. in der entsprechenden Spalte jedes Wort, das wiedergegeben wird. Wird ein Wort genannt, das nicht in der Liste steht, dann wird in der Tabelle die Durchgangsnummer markiert, um der Versuchsperson keinen Hinweis auf den Fehler zu geben. Entscheidet die Versuchsperson, daß sie keine weiteren Wörter mehr wiedergeben kann und bereit ist für die nächste Liste, dann drückt der Versuchsleiter die Taste mit dem Pfeil nach links auf der Tastatur des Rechners, und die nächste Liste erscheint. Die Datenauswertung erfolgt für alle Versuchspersonen gemeinsam. Es ist darauf zu achten, daß jeweils die Daten von Durchgängen gleicher Darbietungszeiten über verschiedene Personen addiert werden.

8.3.3 Praktikumsaufgabe

Fertigen Sie eine Versuchsanweisung an und führen das Experiment mit mindestens 3 Personen in jeder Gruppe, also insgesamt mit mindestens 6 Versuchspersonen durch. Die Wortlisten dürfen den Versuchspersonen nicht bekannt sein. Die Versuchspersonen sollten auch nicht am Experiment `gsw` teilgenommen haben, da dort die gleichen Wörter benutzt werden. Erheben Sie die Daten in der oben beschriebenen Weise und berechnen für jede der beiden Darbietungsbedingungen für jede Position die relative Häufigkeit, mit denen ein an dieser Position präsentiertes Wort richtig wiedergegeben wird. Stellen Sie das Ergebnis graphisch dar. Tragen Sie die relativen Häugigkeiten auf der Ordinate und die serielle Position auf der Abszisse an. Verwenden Sie verschiedene Symbole für die beiden Bedingungen und verbinden die zusammengehörenden Punkte durch eine Linie. Fassen Sie Fragestellung, Methoden und Ergebnisse in einem Kurzbericht zusammen. Diskutieren Sie dabei in einigen Sätzen Ihre Ergebnisse im Hinblick auf die Frage, ob der Anfangs- und Endvorteil von der Präsentationsrate in der gleichen Weise betroffen ist oder nicht. Vergleichen Sie Ihre Ergebnisse mit denen von Murdock (1962).

8.4 Vergessen im Kurzzeitgedächtnis

8.4.1 Methoden

In diesem Experiment wird untersucht, wie lange kurz vorher aufgenommene Information gespeichert wird, wenn die Verarbeitung durch eine Ablenkaufgabe verhindert wird. Das Experiment ist eine Replikation der Untersuchung von Peterson und Peterson (1959). Der Versuchsperson wird in jedem Durchgang eine Folge von 3 Konsonanten gezeigt. Die Darbietungsrate ist 1 Konsonant/s. Unmittelbar nach dem 3. Buchstaben erscheint auf dem Bildschirm eine 3stellige Zahl, und die Versuchsperson muß diese Zahl laut vorlesen und dann in 3er Schritten rückwärts zählen. Der Takt, in dem sie zählen soll, wird ihr durch ein akustisches Signal vorgegeben, das in Abständen von 1.5 s ertönt. Nach einer bestimmten Zeit ertönt ein zweites akustisches Signal, und auf dem Bildschirm erscheint eine Schreibmarke. Dies ist das Zeichen für die Versuchsperson, die 3 vorher dargebotenen Konsonanten laut aufzusagen und sie dann auf der Tastatur des Rechners einzugeben.

Unabhängige Variable des Experiments ist das Zeitintervall zwischen dem Ende der Darbietung der Buchstaben und dem Beginn der Wiedergabe. Es werden die Intervalle 3, 6 und 12 s benutzt. Jedes Zeitintervall wird 20mal getestet. Um die Versuchsperson mit den Zeitintervallen und dem Zählen vertraut zu machen, werden vor Beginn der Datenerhebung 3 Übungsdurchgänge bearbeitet. Um Interferenzen mit dem Lernmaterial zu vermeiden, werden in den Übungsdurchgängen statt der Buchstaben nur Sterne gezeigt.

Die Reihenfolge der Zeitintervalle ist randomisiert. Dies gilt allerdings nicht für die ersten 3 Durchgänge der Datenerhebung. Bei den ersten 3 Durchgängen wird immer die Reihenfolge 12, 6 und 3 s verwendet. Der Grund dafür ist, daß damit beim Vorliegen von Daten mehrerer Personen geprüft werden kann, ob der Zerfall der Information am Anfang des Experiments in der gleichen Weise abläuft wie in einer späteren Phase. Wir werden auf diese Frage später zurückkommen.

8.4.2 Datenerhebung und Auswertung

Das Experiment wird mit dem Kommando **petpet** mit einem Versuchspersonenkode als Argument gestartet. Die Datendatei enthält für jeden Testdurchgang folgende Information: die Durchgangsnummer, die Dauer des Behaltensintervalls, die dargebotenen Buchstaben und die von der Versuchsperson eingegebenen Buchstaben. Zur Auswertung wird eine Tabelle erstellt, die für jedes der 3 Behaltensintervalle die Anzahl der Buchstabenfolgen angibt, von denen alle Buchstaben wiedergegeben wurden. Die Reihenfolge bei der Wiedergabe spielt keine Rolle.

8.4.3 Praktikumsaufgabe

Fertigen Sie eine Versuchsanweisung an und führen Sie das Experiment mit einer Versuchsperson durch. Achten Sie darauf, daß die Versuchsperson die Instruktion genau einhält. Insbesondere das laute Vorlesen der Zahl nach der Listendarbietung und das Rückwärtszählen im vorgeschriebenen Takt muß genau eingehalten werden.

Berechnen Sie aus den Daten für die 3 Behaltensintervalle die relative Häufigkeit, mit der eine Lernliste korrekt wiedergegeben wird, und stellen Sie das Ergebnis in einer Graphik dar. Fassen Sie Methoden und Ergebnisse in einem Kurzbericht zusammen. Diskutieren Sie dabei in einigen Sätzen die oben angedeutete Behauptung, daß der Endvorteil beim seriellen Lernen dadurch zustande kommt, daß die letzten Items einer Liste aus einem speziellen Kurzzeitgedächtnis wiedergegeben werden.

Falls Ihnen Daten von mehreren Versuchspersonen zur Verfügung stehen, dann berechnen Sie mit Hilfe der Daten aller Versuchspersonen eine mittlere Ergebniskurve. Benutzen Sie dafür aber nicht die Daten der ersten 3 Durchgänge. Berechnen Sie mit den Daten der ersten 3 Durchgänge separat die relative Häufigkeit einer korrekten Wiedergabe für die 3 Behaltensintervalle und zeichnen diese

Punkte in die Ergebnisgraphik ein. Diskutieren Sie den Unterschied zwischen den Ergebnissen bei den ersten 3 Durchgängen und den späteren Durchgängen im Hinblick auf das Argument von Keppel und Underwood (1962), daß das Absinken der Wiedergabeleistung bei späteren Durchgängen auf proaktive Interferenz durch die vorausgehenden Durchgänge zurückzuführen ist.

8.5 Literaturhinweise

Einführungen in Strukturmodelle des Gedächtnisses sind in allen Büchern zur Kognitionspsychologie oder zur experimentellen Psychologie enthalten (Baddeley, 1976; Massaro, 1989). Zur Einführung besonders gut geeignet ist die Darstellung von Kluwe (1990). Er beschreibt auch die Originalarbeiten der in diesem Kapitel durchgeführten Experimente. Eine besonders gründliche Übersicht über die Forschungsmethoden in der Gedächtnispsychologie geben die verschiedenen Beiträge in dem von Puff (1982) herausgegebenen Sammelband. Besonders empfehlenswert sind die Artikel von Miller (1956) und Atkinson und Shiffrin (1968). Ihr Einfluß auf die Theorienentwicklung in der Psychologie war so groß, daß man sie als echte Pflichtlektüre betrachten muß. Einen allgemeinen Überblick über die Psychologie des Gedächtnisses mit vielen Bezügen zu praktischen Problemen im Alltag gibt Baddeley (1990).

9 Suche im Kurzzeitgedächtnis: Das Sternberg-Paradigma

9.1 Informationsabruf aus dem Kurzzeitgedächtnis

Die klassische Methode, das Kurzzeitgedächtnis zu untersuchen, besteht darin, Information anzubieten, eine Pause abzuwarten und dann die Information wiedergeben zu lassen. Untersucht werden die Reihenfolge, die Menge der wiedergegebenen Information und auftretende Fehler.

Im *Sternberg-Paradigma* steht statt der Reproduktionsgüte die Reaktionszeit im Vordergrund. Die Aufgabe der Versuchsperson ist nicht die Reproduktion aller Items, sondern die Entscheidung, ob ein Testitem in der Menge der vorher dargebotenen Lernitems enthalten war oder nicht. Es handelt sich hierbei also um ein Wiedererkennensparadigma. Ein Durchgang beginnt damit, daß der Versuchsperson sequentiell eine Liste von Items dargeboten wird, die Darbietungsrate beträgt etwa ein Item pro Sekunde. Die Anzahl der Lernitems liegt zwischen 1 und 6, ist also so klein, daß sicher alle Items im Kurzzeitgedächtnis gespeichert werden können.

Nach der Darbietung der Lernliste wird eine Pause eingefügt, während der die Versuchsperson nur auf das Testitem wartet. Wenn nach etwa 3 s das Testitem erscheint, muß die Versuchsperson so schnell wie möglich entscheiden, ob es in der Lernliste enthalten war oder nicht. Die Reaktion erfolgt durch einen Tastendruck, und gemessen wird die Reaktionszeit, beginnend mit der Darbietung des Testitems. Die kurzen Lernlisten und die Instruktion sorgen dafür, daß die Versuchsperson weitgehend fehlerfrei arbeitet.

Untersucht wurde von Sternberg (1966), wie die Reaktionszeit von der Länge der Lernliste abhängt und wie sich dieser Zusammenhang für „positive" Durchgänge, also solche, in denen das Testitem in der Lernliste enthalten ist, von „negativen" Durchgängen, bei denen das Testitem nicht in der Lernliste enthalten ist, unterscheidet. Sternberg fand einen linearen Zusammenhang zwischen der Länge der Lernliste und der Reaktionszeit für Listen mit 1 bis 6 Items.

Ein linearer Zusammenhang zwischen Reaktionszeit und Listenlänge bedeutet, daß der Zuwachs pro Item konstant ist. Dieser Zuwachs pro Item betrug in Sternbergs Daten etwa 40 ms. Für jedes zusätzliche Item in der Lernliste betrug der Zuwachs an Entscheidungszeit also etwa 40 ms. Dieses Ergebnis legt nahe, daß die Liste der Items sequentiell abgesucht und jedes Item einzeln geprüft wird, ob es mit dem Testitem identisch ist oder nicht.

Überraschend an dem Ergebnis von Sternberg war, daß der Zuwachs von 40 ms für positive und negative Durchgänge gefunden wurde. Bei negativen Durchgängen kann bei einer sequentiellen Suche die Entscheidung immer erst nach dem letzten Test getroffen werden, bei positiven Durchgängen dagegen bereits dann, wenn das Testitem gefunden wurde. Da die Position des Testitems in der Lernliste randomisiert wird, sind bei positiven Durchgängen im Durchschnitt nur halb so viele Items zu prüfen wie bei negativen. Bei konstanter Prüfzeit pro Item dürfte der Zuwachs pro Item für die mittlere Reaktionszeit daher bei positiven Durchgängen nur halb so groß sein wie bei negativen. Dies ist aber nicht der Fall, der Zuwachs ist in beiden Fällen gleich groß. Sternberg schloß daraus, daß auch bei positiven Durchgängen die Liste vollständig durchsucht und die Entscheidung erst am Ende der Liste getroffen wird. Diese Vorgehensweise wird *erschöpfende* Suche genannt.

9.1.1 Fragestellung

Unser Experiment stellt eine Replikation des Experiments von Sternberg (1966) dar. In jedem Durchgang wird der Versuchsperson eine Liste von 1 bis 6 Ziffern sequentiell dargeboten. Nach einer kurzen Pause wird ein Testitem gezeigt, und die Versuchsperson muß dann entscheiden, ob das Testitem in der vorher gezeigten Liste enthalten war oder nicht. Gemessen wird die Zeit zwischen der Darbietung des Testitems und der Reaktion der Versuchsperson. Die Fragestellung

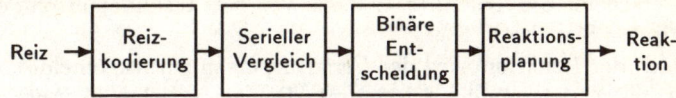

Abb. 9.1. Im Modell von Sternberg (1975) für das Wiedererkennen eines Testreizes sind 4 Verarbeitungsstufen vorgesehen: 1. Die perzeptuelle Kodierung des Testreizes, 2. der serielle Vergleich des kodierten Reizes mit dem Inhalt des Kurzzeitspeichers, 3. die binäre Entscheidung und 4. die Übersetzung der Entscheidung in die motorische Reaktion. Jede der 4 Stufen kann experimentell durch unabhängige Variablen beeinflußt werden: Durch die Lesbarkeit des Reizes (1), die Länge der Lernliste (2), die Reaktionsrichtung (3) und die relative Häufigkeit eines bestimmten Reaktionstyps (4).

ist, ob der Zuwachs der mittleren Reaktionszeit pro Testitem konstant und für positive und negative Durchgänge gleich ist. Ist der Zuwachs der mittleren Reaktionszeit pro Testitem konstant, dann muß die Reaktionszeit linear mit der Länge der Lernliste ansteigen.

9.2 Methoden

9.2.1 Versuchsaufbau

Die Ziffern werden auf einem Bildschirm dargeboten. Sie sind 2 cm hoch und erscheinen in der Mitte des Bildschirms. Dieser befindet sich in Augenhöhe etwa 60 cm vor der Versuchsperson. Als Reaktionstasten werden die Rechnertasten mit dem Pfeil nach links für „ja" und dem Pfeil nach rechts für „nein" benutzt.

9.2.2 Versuchsablauf

Jeder Durchgang beginnt damit, daß in der Mitte des Bildschirms ein Kreuz erscheint. Dieses Kreuz deutet der Versuchsperson an, daß sie durch Tastendruck die Darbietung starten kann. 500 ms nach dem Loslassen der Taste erscheint die Lernliste auf dem Bildschirm. Jede Ziffer ist 1 s sichtbar, und zwischen 2 aufeinander folgenden Ziffern ist eine Pause von 200 ms. Nach der letzten Ziffer wird 3 s gewartet, dann erscheint die Testziffer. 200 ms vor der Testziffer ertönt ein akustisches Signal.

Nach der Reaktion wird der Versuchsperson zurückgemeldet, ob die Antwort richtig oder falsch war. Bei einer richtigen Antwort erscheint die benötigte Reaktionszeit, bei einer falschen Antwort das Wort „Falsch!". Die Rückmeldung ist 1 s sichtbar. Der nächste Durchgang beginnt 2 s nach dem Verlöschen der Rückmeldung.

Es werden Lernlisten der Länge 1–6 benutzt. Die Ziffern einer Liste werden zufällig aus den Ziffern von 0–9 gezogen. Das Testitem wird in der Hälfte der Durchgänge aus der Lernliste und in der anderen Hälfte aus deren Komplement gezogen. Stammt das Testitem aus der Lernliste, so ist seine Position zufällig auf die möglichen Positionen verteilt. Jede der 6 Listenlängen wird genau 48mal dargeboten, jeweils die Hälfte in positiven und negativen Durchgängen. Dies ergibt 288 Durchgänge. Zusätzlich werden 24 Übungsdurchgänge angeboten. Nach dem Übungsblock und nach der Hälfte der Durchgänge der Datenerhebung wird eine Pause eingefügt. Sie wird auf dem Bildschirm durch die Meldung „Pause" angezeigt und kann von der Versuchsperson durch einen Tastendruck beendet werden.

9.3 Praktikumsaufgabe

Fertigen Sie eine Versuchsanweisung an. Weisen Sie die Versuchsperson explizit darauf hin, daß sie keine falschen Antworten geben darf, aber trotzdem so schnell wie möglich antworten soll. Führen Sie das Experiment mit einer Versuchsperson durch. Es wird mit dem Kommando **stern** und einem Versuchspersonenkode als Argument gestartet. Das Datenprotokoll enthält für jeden Durchgang einen Indikator, der andeutet, ob es sich um einen positiven (1) oder einen negativen (0) Durchgang handelt, die Länge der Lernliste, einen Indikator, ob die Reaktion richtig (0) oder falsch (1) war, und die Reaktionszeit.

1. Berechnen Sie für beide Durchgangsarten lineare Regressionsfunktionen, die die mittlere Reaktionszeit in Abhängigkeit von der Länge der Lernliste vorhersagen. Abschnitt 13.6.9 enthält ein Berechnungsbeispiel.

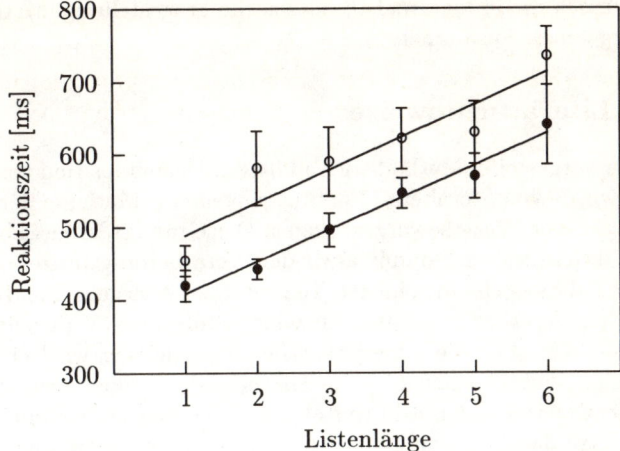

Abb. 9.2. Ergebnisse eines Sternberg-Experiments. Die gefüllten Punkte stellen die positiven, die offenen die negativen Durchgänge dar. Die Bereichslinien zeigen die Standardschätzfehler für die mittleren Reaktionszeiten bei der jeweiligen Listenlänge. Der Anstieg der Regressionsgeraden für die positiven Durchgänge ist 44 ms/Item, der für negative Durchgänge ist 45 ms/Item, die Achsenabschnitte der beiden Geraden sind 365 ms und 444 ms. Jeder dargestellte Punkt beruht auf 24 Einzelmessungen

2. Stellen Sie wie in Abb. 9.2 die beiden Regressionslinien in einer gemeinsamen Graphik dar. Zeichnen Sie in die Graphik für jede Listenlänge auch die empirischen Mittelwerte der Reaktionszeiten und deren Standardschätzfehler ein.
3. Geben Sie den mittleren Reaktionszeitzuwachs pro Item an.
4. Die Hypothese, daß der Reaktionszeitzuwachs pro Item für positive und negative Durchgänge gleich ist, kann durch einen statistischen Vergleich des Anstiegs der beiden Regressionslinien geprüft werden. Zu diesem Zweck eignet sich ein Test der Nullhypothese, daß der Anstieg zweier Regressionsgeraden gleich ist. Einen statistischen Test dafür gibt Bosch (1987, S.182) an. Abschnitt 13.6.9 enthält ein Berechnungsbeispiel.

5. Fassen Sie in maximal 10 Sätzen die Fragestellung, Methoden und Ergebnisse zusammen.

9.4 Literaturhinweise

Die hier vorgestellte Methode der additiven Dekomposition von Teilzeiten wurde von Sternberg (1969) als allgemeine Methode der Analyse kognitiver Prozesse vorgeschlagen. Der Grundgedanke dabei ist, die Reaktionszeit und damit auch den Verarbeitungsprozeß wie in Abb. 9.1 dargestellt in additive Teilzeiten zu zerlegen. Die Teilzeiten sollen Verarbeitungszeiten einzelner Stufen des Verarbeitungsprozesses sein. Für die experimentelle Untersuchung wird eine unabhängige Variable gewählt, die nur eine der Stufen beeinflussen soll. Der Nachweis der Additivität der Teilzeiten wird dadurch erbracht, daß das Einfügen gleichartiger Komponenten zu einem konstanten Zuwachs in der Reaktionszeit führt. In unserem Beispiel ist dies das Hinzufügen von Items zur Lernliste. Nach Sternbergs Modell benötigt jedes zusätzliche Item einen zusätzlichen Vergleich mit dem Testitem, der ein konstantes Zeitintervall verbraucht. Wichtig ist allerdings, daß dieses Zeitintervall von Reizeigenschaften, die den Vergleichsprozeß nicht beeinträchtigen sollten, unabhängig ist. So berichtet Sternberg (1975), daß die Erkennbarkeit des Testreizes keinen Einfluß auf die Vergleichszeit hat. Ein konstantes Zeitinkrement beim Hinzufügen gleichartiger Verarbeitungsschritte und Unabhängigkeit des Zeitinkrements von anderen Reizeigenschaften dienen bei Sternbergs Methode als Nachweis der Existenz einer bestimmten Verarbeitungsstufe. Einführende Darstellungen der additiven Dekomposition von Teilzeiten geben Snodgrass et al. (1985), Massaro (1989) oder Prinz (1990). Eine kritische Darstellung früherer Experimente zur Suche im Kurzzeitgedächtnis und neuere Untersuchungen auf der Grundlage eines „Geschwindigkeits-Genauigkeits-Paradigmas" geben McElree und Dosher (1989).

10 Einfaches Paarlernen: Graduell oder diskret?

10.1 Paarlernen

Viele Lernaufgaben bestehen darin, auf einen einfachen Reiz mit einer einfachen Reaktion zu antworten. Man denke etwa an das Lernen von Vokabeln einer Fremdsprache, wo jedes Wort der einen mit dem bedeutungsgleichen Wort der anderen Sprache verknüpft werden muß. Einfache Lernvorgänge dieser Art werden in der experimentellen Lernpsychologie als „Paarlernen" bezeichnet, da bei jedem Lernitem zwischen den Elementen eines Paares von Reiz und Reaktion eine Verknüpfung erzeugt wird.

Beim Lernen der Zuordnung von verbalen Begriffen im Alltag spielen der Bekanntheitsgrad der Begriffe und eventuell bereits bekannte Beziehungen zwischen den Paarelementen eine große Rolle. Deshalb werden bei experimentellen Untersuchungen in der Regel Begriffe benutzt, die entweder einen geringen Bekanntheitsgrad haben oder deren Bekanntheitsgrad für alle in Frage kommenden Versuchspersonen als weitgehend gleich angenommen werden kann. Damit sollen die Unterschiede im Vorwissen der Versuchspersonen so weit wie möglich reduziert werden, denn in einem Lernexperiment ist in der Regel der Lernvorgang selbst und nicht die interindividuellen Unterschiede in der Vorerfahrung der Gegenstand der experimentellen Analyse.

In Experimenten zum Paarlernen werden als Lernmaterial häufig sogenannte „Trigramme" benutzt. Dies sind „Wörter", die aus der Folge Konsonant-Vokal-Konsonant bestehen, wie „HUT", „TAK" oder „BOM". Die Trigramme werden mit Ziffern verknüpft: „HUT-2", „TAK-1", „BOM-2". Die Aufgabe der Versuchsperson besteht darin, die einem bestimmten Trigramm zugeordnete Ziffer zu lernen, also auf die Darbietung des Trigramms mit der korrekten Ziffer zu antworten. Bei der Auswahl der Trigramme wird versucht solche zu finden, die „sinnarm" sind, also möglichst wenig Assoziationen mit dem Vorwissen der Versuchsperson erzeugen.

Ein Lernexperiment besteht immer aus einer Sequenz von Lern- und Testphasen. In der Lernphase kann sich die Versuchsperson mit dem Material vertraut machen, in der Testphase wird geprüft, welche Items bereits gelernt wurden. Die Lern- und Testphasen können in zeitlich getrennten Blöcken oder während eines einzigen Durchgangs für jedes Item einzeln stattfinden. In unserem Experiment besteht ein Durchgang für jedes Item aus einer Test- und einer sofort anschließenden Lernphase. In der Testphase wird das Trigramm gezeigt, und die Versuchsperson soll die zugehörige Ziffer angeben. Die Lernphase besteht aus der Rückmeldung auf die Antwort der Versuchsperson und der Darbietung der korrekten Kombination von Trigramm und Ziffer. Man nennt dieses Vorgehen *Antizipationsmethode*, da in jedem Durchgang die Reaktion bereits *vor* der Lernphase verlangt wird. Im ersten Durchgang ist die Versuchsperson daher gezwungen, aus der ihr bekannten Menge möglicher Antworten eine zu raten. Das Lernexperiment ist eine Folge solcher Durchgänge für mehrere Items. Die Reihenfolge der Items ist zufällig. Bevor ein Item wiederholt wird, werden jedoch alle anderen Items einmal dargeboten. Die Darbietung wird solange fortgesetzt, bis alle Items 2mal hintereinander fehlerfrei beantwortet wurden.

Unsere experimentelle Fragestellung bezieht sich auf die für das Lernen verantwortliche Natur der Verknüpfung zwischen Reiz und Reaktion. Man kann hierzu (mindestens) 2 grundsätzlich verschiedene Mechanismen annehmen: Die Assoziationsstärke zwischen dem Reiz und der Reaktion kann mit den wiederholten Darbietungen kontinuierlich zunehmen, oder sie kann binär wirken, so daß es nur 2 mögliche Ausprägungen der Assoziationsstärke gibt, nämlich keine Assoziation zwischen Reiz und Reaktion oder eine vollständige Assoziation, die immer zur richtigen Antwort führt. Ein Lernmodell, dessen Grundlage die letztere Vorstellung über die Assoziationsstärke beim Paarlernen ist, wurde von Bower (1961) auf der Grundlage der *Reiz-Stichproben-Theorie* von Estes (1950) entwickelt.

10.2 Ein einfaches Lernmodell

Das Modell von Bower (1961) ist mathematisch formuliert und erlaubt detaillierte Vorhersagen über die Daten eines Paarlernexperiments. Wir werden im folgenden eine verbale Formulierung des Modells betrachten und einige der daraus abgeleiteten Vorhersagen experimentell überprüfen. Das Modell Bowers wird wegen der Annahme binärer Assoziationsstärken auch „Alles-oder-Nichts"-Modell (abgekürzt: AON-Modell) genannt. Ihm liegen folgende Annahmen zugrunde:

A1. Der Wissensstand einer Versuchsperson bezüglich eines zu lernenden Items läßt sich durch 2 Zustände beschreiben: Entweder hat die Versuchsperson keinerlei Kenntnis über das Item, so daß sie korrekte Antworten nur durch Raten erzielt (G-Zustand für „guessing"), oder die Versuchsperson hat das Item vollständig gelernt (L-Zustand für „learned").

A2. Am Anfang des Experiments ist die Versuchsperson bezüglich aller Items im G-Zustand.

A3.1. Immer dann, wenn in einem Durchgang der Versuchsperson zu einem Item die korrekte Reaktion gezeigt wird, hat sie bezüglich des abgefragten Items die Möglichkeit, vom G-Zustand in den L-Zustand zu wechseln, und hat dann das Item gelernt. Die Wahrscheinlichkeit für einen solchen Wechsel ist konstant, sie hängt weder von der Nummer des Durchgangs noch von den bisherigen Darbietungen des Items ab.

A3.2. Befindet sich die Versuchsperson bezüglich eines Items im L-Zustand, dann bleibt sie dort für die gesamte weitere Dauer des Experiments. Es wird damit angenommen, daß zumindest während des Experiments, kein Vergessen stattfindet.

A4.1. Wird die Versuchsperson nach einem Item gefragt, bezüglich dessen sie im G-Zustand ist, dann gibt sie eine Antwort, die zufällig, und zwar mit gleicher Wahrscheinlichkeit für jede einzelne Alternative, aus der Menge der verfügbaren Antwortalternativen ausgewählt ist.

A4.2. Wird die Versuchsperson nach einem Item gefragt, bezüglich dessen sie im L-Zustand ist, dann gibt sie immer die korrekte Antwort.

Die Reaktion der Versuchsperson in einem Testdurchgang besteht darin, daß sie nach der Darbietung eines Trigramms diejenige Ziffer nennt, von der sie meint, daß sie mit dem Trigramm verknüpft wurde. Da die Versuchsperson in unserem Experiment weiß, daß nur die Ziffern 1 und 2 als mögliche Antworten in Frage kommen, ist aufgrund der Annahme A4.1 die Wahrscheinlichkeit für die Antwort „1" und für die Antwort „2" jeweils 0.5, falls die Versuchsperson sich im G-Zustand befindet. Wegen Annahme A4.2 gibt die Versuchsperson im L-Zustand mit einer Wahrscheinlichkeit von 1.0 die korrekte Antwort.

Ein wesentliches Problem bei der Analyse eines Modells, wie es das AON-Modell von Bower (1961) darstellt, besteht darin, den Zustand zu identifizieren, in dem sich die Versuchsperson in einem bestimmten Durchgang befindet. Die Zustände selbst sind ja nicht beobachtbar, denn als empirisches Datum stehen nur die Antworten zur Verfügung. Gibt eine Versuchsperson eine korrekte Antwort, dann kann dies heißen, daß sie sich im G-Zustand befindet und richtig geraten hat, oder sie kann sich im L-Zustand befinden, in dem sie immer richtig antwortet.

Anders ist es allerdings, wenn die Versuchsperson eine falsche Antwort gibt. Nach Annahme A4.2 kann dies im L-Zustand nicht vorkommen, so daß bei einer falschen Antwort sicher ist, daß sich die Versuchsperson im G-Zustand befindet. Aus Annahme A3.2 folgt darüber hinaus, daß die Versuchsperson bei einer falschen Antwort in einem bestimmten Durchgang auch in den vorausgehenden Durchgängen im G-Zustand gewesen sein muß. Korrekte Antworten in vorausgehenden Durchgängen können dann nur durch das Erraten der korrekten Antwort zustande gekommen sein. Für die empirische Überprüfung des AON-Modells spielt daher die Folge der Durchgänge vor dem letzten Fehler bei jedem Item eine besondere Rolle. Ist das Modell korrekt, dann muß in dieser Folge von Durchgängen die Wahrscheinlichkeit einer korrekten Antwort konstant sein und in unserem Fall bei 2 Antwortalternativen den Wert 0.5 haben.

Würde man im Gegensatz zum AON-Modell einen stetigen Zuwachs der Assoziationsstärke annehmen, dann sollte die Wahrscheinlichkeit für eine korrekte Antwort mit jedem Durchgang zunehmen. Ein graduelles Modell würde also vorhersagen, daß in der Durchgangsfolge vor dem letzten Fehler die Wahrscheinlichkeit einer korrekten Antwort nicht konstant ist, sondern wächst.

Im Experiment muß die Versuchsperson mehrere Items lernen. Bei jedem Durchgang hat sie bei jedem Item nach Annahme A3.1 des AON-Modells die Möglichkeit, das Item zu lernen. Die Wahrscheinlichkeit dafür ist konstant, sie wird mit α bezeichnet. Der Übergang von G-Zustand in den L-Zustand ist ein zufälliges Ereignis, dessen Auftretenswahrscheinlichkeit in jedem Durchgang den Wert α hat, vorausgesetzt, die Versuchsperson befindet sich im G-Zustand. Eine Konsequenz davon ist, daß die Länge der Durchgangsfolgen vor dem letzten Fehler ebenfalls zufällig ist, also nicht bei allen Items gleich sein muß.

Wie kann man nun prüfen, ob die Wahrscheinlichkeit einer korrekten Antwort in der Durchgangsfolge vor dem letzten Fehler konstant ist, wie es das AON-Modell fordert, oder ob diese Wahrscheinlichkeit zunimmt, wie das bei einem stetigen Lernfortschritt der Fall wäre? Die statistische Prüfung der Hypothese des AON-Modells ist verhältnismäßig einfach: Man teilt bei jedem Item die Durchgangsfolge vor dem letzten Fehler in 2 Hälften, den Anfangs- und den Endabschnitt der Folge. Innerhalb jeder der beiden Hälften kann man mit Hilfe der relativen Häufigkeit richtiger Antworten die Wahrscheinlichkeit einer korrekten Antwort abschätzen. Gibt es einen graduellen Lernfortschritt, dann wird die geschätzte Antwortwahrscheinlichkeit in der 2. Hälfte der Durchgangsfolgen größer sein als in der ersten. Ist das AON-Modell korrekt, müssen die Wahrscheinlichkeiten in beiden Hälften gleich sein und den Wert 0.5 haben. Dies kann mit Hilfe eines einfachen χ^2-Tests überprüft werden. Man nennt dieses Verfahren, bei dem einzelne Abschnitte einer Funktion zusammengefaßt werden, „Vincentisierung".

Die Übergangswahrscheinlichkeit α vom G- in den L-Zustand ist der einzige freie Parameter des AON-Modells. Er gibt die individuelle Lernrate an und ist ein personenspezifischer Parameter. Je größer der Parameter α ist, desto eher wird ein Item gelernt und desto kürzer werden die Durchgangsfolgen sein, die Fehler enthalten. Von Bower (1961) wurde abgeleitet, daß der Parameter α mit Hilfe der Gesamtzahl falscher Antworten geschätzt werden kann. Ist $\overline{T}$ das arithmetische Mittel der Fehler bei einem Item, dann ist

$$\hat{\alpha} = \frac{0.5}{\overline{T}}. \tag{10.1}$$

eine Schätzfunktion für α. Ist der Lernparameter α bekannt, dann kann auch die vom AON-Modell vorhergesagte mittlere Lernkurve berechnet werden. Als *mittlere Lernkurve* wird die Funktion $F(t)$ bezeichnet, die für jeden Durchgang t die Wahrscheinlichkeit einer falschen Antwort angibt. Aus den Annahmen des AON-Modells folgt nach Bower (1961) folgende Formel für die mittlere Lernkurve:

$$F(t) = 0.5 \, (1-\alpha)^{t-1}. \tag{10.2}$$

Abbildung 10.1 zeigt eine mittlere Lernkurve dieser Form mit dem Parameterwert $\alpha = 0.186$. Zu beachten ist bei der mittleren Lernkurve in Abb. 10.1, daß sie eine stetig abnehmende Fehlerwahrscheinlichkeit zeigt. Da die Lernkurve über mehrere Items, bei denen der Lernzeitpunkt in verschiedenen Durchgängen eintritt, gemittelt ist, zeigt sie eine stetige Abnahme der Fehlerwahrscheinlichkeit, auch wenn bei jedem einzelnen Item der Lernübergang sprunghaft ist.

Die vom AON-Modell mit Hilfe des Parameters α vorhergesagte mittlere Lernkurve kann mit der mittleren empirischen Lernkurve verglichen werden. Die mittlere empirische Lernkurve kann durch die relativen Häufigkeiten von Fehlern bei allen Items und jeder einzelnen Durchgangsnummer t berechnet werden. Die statistische Prüfung auf Übereinstimmung der empirischen mit der vorhergesagten Kurve ist mit Hilfe eines χ^2-Anpassungstests für Verteilungsfunktionen möglich.

10.2.1 Fragestellung

Wir werden in unserem Experiment die Frage nach der diskreten oder graduellen Ausbildung von Verknüpfungen prüfen, indem wir die Vorhersagen des AON-Modells an einfachen Paarlerndaten testen. Wir werden Daten von einer Versuchsperson erheben, die meh-

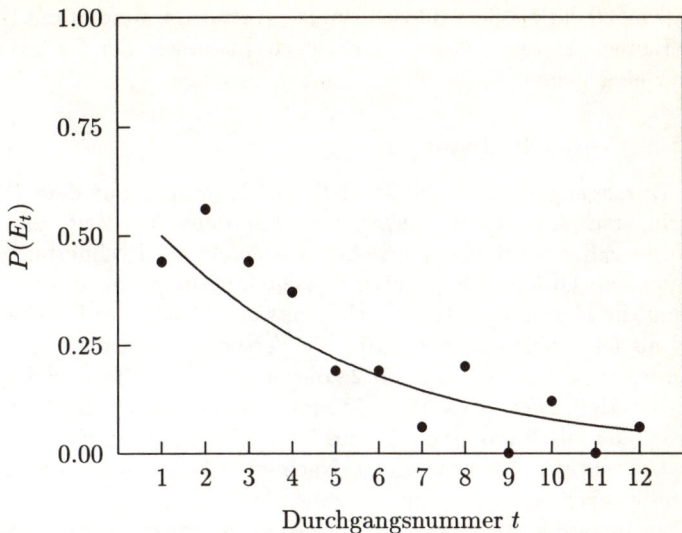

Abb. 10.1. Die Punkte zeigen die relativen Fehlerhäufigkeiten in den einzelnen Durchgängen aus den Daten des Beispiels. Die durchgezogene Kurve ist die vom AON-Modell vorhergesagte mittlere Lernkurve mit einem Lernparameter $\alpha = 0.186$.

rere Items lernt. Unsere Hypothese ist, daß sich die oben beschriebenen, statistischen Parameter mit Hilfe des AON-Modells vorhersagen lassen. Dies bedeutet, daß auf der Ebene einfacher Paarlernaufgaben die Verknüpfung zwischen Reiz und Reaktion als diskret angenommen werden kann.

10.3 Methoden

10.3.1 Versuchsaufbau

Die Lernitems werden auf einem Bildschirm in weißer Schrift vor dunklem Hintergrund gezeigt. Sie bestehen aus 20 bedeutungslosen Trigrammen der Form Konsonant-Vokal-Konsonant, von denen jedes entweder mit der Ziffer 1 oder der Ziffer 2 verknüpft wird. Die Schriftgröße ist 1 cm, und die Versuchsperson sitzt in einer Entfernung von 60 cm vor dem Bildschirm. Die Antworten werden mit Hilfe der Tasten „1" und „2" im numerischen Tastenfeld der Rechnertastatur eingegeben.

10.3.2 Versuchsablauf

Ein Durchgang beginnt damit, daß das Trigramm auf dem Bildschirm erscheint. Die Versuchsperson hat dann 5 s Zeit, die zugehörige Ziffer auf dem numerischen Tastenfeld der Rechnertastatur einzugeben. Gibt sie ihre Antwort nicht innerhalb von 5 s ab, erscheint die Meldung „Bitte schneller antworten" und der Durchgang wird als fehlerhaft gewertet. Gibt die Versuchsperson ihre Antwort ein, wird auf dem Bildschirm für 2 s die eingegebene Ziffer und darunter „Richtig!" oder „Falsch!" angezeigt, je nachdem, ob die Antwort richtig oder falsch war. Danach wird für 1 s das Trigramm zusammen mit der richtigen Ziffer angezeigt. Nach einer Pause von 2 s beginnt dann der nächste Durchgang.

Die Liste der 20 Items wird in jeweils neuer, zufälliger Reihenfolge so lange bearbeitet, bis alle Items 2mal hintereinander korrekt beantwortet werden. Zwischen den Listenwiederholungen ist keine Unterbrechung.

Vor der Liste der 20 Lernitems bearbeitet die Versuchsperson zu Übungszwecken eine Liste von 6 Items. Zwischen der Übungsphase und der eigentlichen Datenerhebung wird eine kurze Pause eingelegt, die die Versuchsperson selbst durch einen Tastendruck beenden kann.

10.4 Praktikumsaufgabe

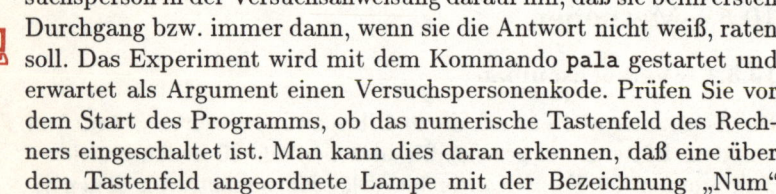

Erheben Sie Daten von einer Versuchsperson. Weisen Sie die Versuchsperson in der Versuchsanweisung darauf hin, daß sie beim ersten Durchgang bzw. immer dann, wenn sie die Antwort nicht weiß, raten soll. Das Experiment wird mit dem Kommando `pala` gestartet und erwartet als Argument einen Versuchspersonenkode. Prüfen Sie vor dem Start des Programms, ob das numerische Tastenfeld des Rechners eingeschaltet ist. Man kann dies daran erkennen, daß eine über dem Tastenfeld angeordnete Lampe mit der Bezeichnung „Num" leuchtet. Gegebenenfalls ist zum Einschalten des numerischen Tastenfeldes die Taste „Num" zu drücken.

1. Berechnen Sie die Fehlerzahlen T_i pro Item, die mittlere Fehlerzahl $\overline{T}$ nach Gleichung (10.3) und schätzen den Lernparameter $\hat{\alpha}$ nach Gleichung (10.4).

2. Berechnen Sie die empirischen Fehlerhäufigkeiten $\hat{F}(t)$ und die mittlere Lernkurve $F(t)$ mit dem gefundenen Parameterwert $\hat{\alpha}$ und führen einen χ^2-Anpassungstest durch.

3. Vincentisieren Sie die Reaktionsfolgen wie in Tabelle 10.2 für jedes Item und führen einen χ^2-Test auf Konstanz der Wahrscheinlichkeit einer korrekten Reaktion in den Durchgängen vor dem letzten Fehler durch.

4. Fassen Sie Ihre Ergebnisse in einem kurzen Text zusammen.

Zur Vereinfachung der statistischen Auswertungen enthält der folgende Abschnitt ein vollständiges Beispiel der Datenauswertung.

10.5 Auswertungsbeispiel

Tabelle 10.1 zeigt die Ergebnisse eines Experiments zum Paarlernen bei einer Versuchsperson und einer Liste von 16 Items. Die erste Spalte der Tabelle enthält die Items $i = 1, \ldots, 16$. Die Spalten 1 bis 12 entsprechen den Durchgangsnummern t. Für jeden Durchgang ist bei jedem Item eine 1 eingetragen, wenn das Item falsch beantwortet wurde, bei einer richtigen Antwort wurde 0 eingetragen. Der letzte Fehler trat bei dieser Versuchsperson beim zweiten Item im zwölften Durchgang ein. Danach wurde kein Fehler mehr beobachtet, so daß das Experiment nach 14 Durchgängen abgebrochen wurde. Die letzten beiden Durchgänge sind nicht in der Tabelle enthalten, da sie nur Nullen enthalten. Die letzte Spalte der Tabelle gibt für jedes Item i die Anzahl T_i der Fehler an. Die mittlere Fehlerzahl $\overline{T}$ kann sofort als Mittelwert der Fehlerzahlen T_i in der letzten Spalte berechnet werden. Es ergibt sich

$$\overline{T} = \frac{1}{16} \sum_{i=1}^{16} T_i = \frac{43}{16} = 2.69. \tag{10.3}$$

Hieraus erhält man sofort eine Schätzung des Lernparameters

$$\hat{\alpha} = 0.5/\overline{T} = \frac{0.5}{2.69} = 0.186. \tag{10.4}$$

10 Einfaches Paarlernen

Tabelle 10.1. Daten einer Versuchsperson. Fehler sind mit 1 und korrekte Antworten mit 0 kodiert. Die letzte Spalte gibt für jedes Item i die Anzahl T_i der Fehler an. Die Verteilung der T_i ist auch in Abb. 13.1 auf Seite 156 dargestellt. Die dritte Zeile von unten gibt die Anzahl der Fehler im jeweiligen Durchgang an. Aus diesen Zahlen kann durch Division mit der Anzahl der Items (16) die relative Fehlerhäufigkeit in jedem Durchgang berechnet werden. Deren Werte sind in der vorletzten Zeile eingetragen. Die letzte Zeile enthält die Werte der nach Formel (10.2) berechneten mittleren Lernkurve. Als Parameterwert wurde $\alpha = 0.186$ benutzt.

Item	Durchgang												T_i
	1	2	3	4	5	6	7	8	9	10	11	12	
BIV-1	0	1	1	0	0	0	0	0	0	0	0	0	2
CUZ-1	1	1	1	0	0	0	0	1	0	1	0	1	6
GIJ-2	0	0	0	0	1	0	0	0	0	0	0	0	1
GOW-1	0	1	0	1	0	0	0	1	0	0	0	0	3
JIL-2	1	0	1	0	0	0	0	0	0	0	0	0	2
KEV-2	0	1	1	1	0	0	0	0	0	0	0	0	3
LOX-1	0	0	0	0	0	0	0	0	0	0	0	0	0
NAV-2	1	1	0	1	0	1	0	0	0	0	0	0	4
POF-1	0	0	0	0	0	0	0	0	0	0	0	0	0
QUW-1	1	0	1	0	1	0	1	0	1	0	0	0	5
SOQ-2	0	0	1	1	1	1	1	0	0	1	0	0	6
TUX-2	0	1	0	0	0	0	0	0	0	0	0	0	1
WUW-1	1	1	0	1	0	0	0	0	0	0	0	0	3
XAD-2	1	0	0	0	1	0	0	1	0	0	0	0	3
YOJ-2	1	1	1	0	0	0	0	0	0	0	0	0	3
ZAT-1	0	1	0	0	0	0	0	0	0	0	0	0	1
Fehler	7	9	7	6	3	3	1	4	0	2	0	1	43
$\hat{F}(t)$	.44	.56	.44	.37	.19	.19	.06	.20	.00	.12	.00	.06	
$F(t)$	.50	.41	.33	.27	.22	.18	.15	.12	.10	.08	.06	.05	

Damit kann man mit Hilfe der Formel (10.2) die vom Modell vorhergesagte Lernkurve berechnen. Deren Werte sind in der letzten Zeile der Tabelle 10.1 und graphisch in Abb. 10.1 zusammen mit den empirischen Ergebnissen dargestellt. Mit Hilfe eines Anpassungstests kann statistisch geprüft werden, ob die mittlere empirische Lernkurve statistisch signifikant von der vorhergesagten mittleren Lernkurve abweicht.

10.5 Auswertungsbeispiel

Tabelle 10.2. Vincent-Daten der Durchgänge vor dem letzten Fehler. Um zu prüfen, ob die Wahrscheinlichkeit einer korrekten Antwort in den Daten aus Tabelle 10.1 über die Durchgänge hinweg konstant ist, werden die Antwortfolgen vor dem letzten Fehler für jedes Item in zwei Hälften geteilt. Dann kann statistisch geprüft werden, ob die Wahrscheinlichkeiten für die beiden Antwortarten in den beiden Hälften gleich ist, wie das vom AON-Modell vorhergesagt wird. Die Vorgehensweise ist im Text erläutert.

Item	1. Teilsequenz	Fehler	2. Teilsequenz	Fehler
BIV-1	0	0	1	1
CUZ-1	1 1 1 0 0	3	0 1 0 1 0	2
GIJ-2	0 0	0	0 0	0
GOW-1	0 1 0	1	0 0 0	0
JIL-2	1	1	0	0
KEV-2	0	0	1	1
LOX-1				
NAV-2	1 1	2	1 0	1
POF-1				
QUW-1	1 0 1	2	0 1 0	1
SOQ-2	0 0 1 1	2	1 1 0 0	2
TUX-2				
WUW-1	1	1	0	0
XAD-2	1 0 0	1	1 0 0	1
YOJ-2	1	1	1	1
ZAT-1				
Gesamtzahl	$N_1 = 27$		$N_2 = 27$	
korrekt:	$C_1 = 13$		$C_2 = 17$	
falsch:	$E_1 = 14$		$E_2 = 10$	

Tabelle 10.2 enthält von jedem Item nur noch die Datenpunkte vor dem letzten Fehler, wobei jede Folge für jedes Item bereits in 2 Hälften geteilt wurde. Bei einer ungeraden Anzahl von Durchgängen wurde der mittlere weggelassen. Spalte 2 enthält die ersten und Spalte 4 die zweiten Teilsequenzen. Die Spalten 3 und 5 enthalten für jedes Item die Fehlerzahlen und in den letzten Zeilen sind die

Summenwerte eingetragen. Die Häufigkeiten für die beiden Hälften werden mit Hilfe eines χ^2-Tests mit der Ratewahrscheinlichkeit 0.5 verglichen. Sei N_1 die Anzahl der Reaktionen, die in die erste Hälfte, und N_2 die Anzahl der Reaktionen, die in die 2. Hälfte eingeordnet wurde. C_1 und C_2 seien davon jeweils die Anzahl richtiger und E_1 bzw. E_2 die Anzahl falscher Reaktionen.

Die folgende Prüfgröße ist bei Gültigkeit der Nullhypothese, daß in beiden Hälften die Wahrscheinlichkeit einer korrekten Antwort gleich 0.5 ist, χ^2-verteilt mit 2 Freiheitsgraden:

$$\chi^2 = \frac{(C_1 - 0.5N_1)^2}{0.5N_1} + \frac{(E_1 - 0.5N_1)^2}{0.5N_1} + \frac{(C_2 - 0.5N_2)^2}{0.5N_2} + \frac{(E_2 - 0.5N_2)^2}{0.5N_2}.$$

Dieser Ausdruck läßt sich wegen $E_i = N_i - C_i$ vereinfachen. Wir erhalten dann

$$C_i - 0.5N_i = (N_i - E_i) - 0.5N_i = -(E_i - 0.5N_i),$$

so daß sich die Prüfgröße zu

$$\chi^2 = \frac{2(E_1 - 0.5N_1)^2}{0.5N_1} + \frac{2(E_2 - 0.5N_2)^2}{0.5N_2}$$
$$= \frac{(2E_1 - N_1)^2}{N_1} + \frac{(2E_2 - N_2)^2}{N_2}$$

vereinfacht. Für die Daten aus unserem Beispiel ergibt sich dann

$$\chi^2 = \frac{(2 \cdot 14 - 27)^2}{27} + \frac{(2 \cdot 10 - 27)^2}{27}$$
$$= 1.85.$$

Bei einem kritischen Wert von $\chi^2_{\alpha=0.1, df=2} = 4.605$ wird damit die Nullhypothese, daß die Wahrscheinlichkeit einer korrekten Antwort in den beiden Hälften der Durchgänge vor dem letzten Fehler gleich 0.5 ist, beibehalten.

10.6 Weiterführende Experimente

10.6.1 Separate Lern- und Testphasen

Das Experiment `palst` ist mit `pala` weitgehend identisch, es wird
allerdings nicht die Antizipationsmethode benutzt, sondern es gibt
separate Lern- und Testphasen für die vollständige Liste der Items.
Die Items werden also zuerst in einer Lernphase jeweils 2 s gezeigt.
Danach wird getestet, welche Items die Versuchsperson gelernt hat.
In der Testphase wird keine Rückmeldung gegeben. Die Reihenfolge
der Items in der Lern- und Testphase ist verschieden, da die Versuchsperson ja nicht die serielle Liste der Items, sondern die paarweisen Verknüpfungen lernen soll. Das Lernkriterium ist auch hier
eine 2malige, fehlerfreie Wiedergabe aller Testitems. Das Datenformat und die Auswertungsmethoden sind mit `pala` identisch.

10.6.2 Ersetzen ungelernter Items

Eine interessante Prüfung des AON-Modells ist mit Hilfe einer Methode möglich, die bereits vor Bower (1961) von Rock (1957) vorgestellt wurde. Sie basiert auf der Annahme des AON-Modells, daß bei
einer fehlerhaften Antwort für ein Itempaar noch keine Assoziation
zwischen Reiz und Reaktion besteht, auch wenn das entsprechende
Paar bereits mehrmals wiederholt wurde. Die nächste Darbietung
dieses Itempaares ist also so, als ob es zum ersten Mal gezeigt würde.
Rock (1957) führt ein Experiment mit 2 Gruppen von Versuchspersonen durch. Bei der einen Gruppe wird im wesentlichen genauso
vorgegangen wie im vorher beschriebenen Experiment `palst`. Bei
der anderen Gruppe von Personen wird immer dann, wenn eine Versuchsperson ein Item falsch beantwortet, dieses Item aus der Liste
genommen und für die folgenden Durchgänge durch ein neues Item
ersetzt. Wenn das AON-Modell korrekt ist, dann müßten beide Gruppen im Durchschnitt gleich viele Wiederholungen brauchen um eine
gleich lange Liste von Items zu lernen.

Um Items mit sehr hohem Bekanntheitsgrad, aber geringem Assoziationswert zu haben, verwendet Rock (1957) keine Trigramme,
sondern Einzel- und Doppelbuchstaben gepaart mit ein- oder zweistelligen Zahlen, wie etwa „D-37", „GG-5" oder „VV-21". Außer

„I" kommen alle Buchstaben einfach und doppelt vor, so daß genau 50 Items möglich sind. Die Lernliste besteht aus 12 Items. Die restlichen 38 Items werden zum Austauschen bereitgehalten. In der Lernphase ist jedes Paar 5 s sichtbar, und zwischen 2 aufeinander folgenden Paaren werden 3 s Pause eingelegt. In der Testphase hat die Versuchsperson 5 s Zeit, die Zahl einzugeben. Die Eingabe muß mit der RETURN-Taste abgeschlossen werden. Zwischen Test- und Lernphase wird eine Pause von 30 s eingelegt. Die Liste gilt als gelernt, wenn alle Items korrekt beantwortet werden. Zur Datenauswertung genügt es, die mittlere Anzahl von Durchgängen bis zum Erreichen des Kriteriums für die beiden Gruppen zu vergleichen. Das Experiment wird mit dem Kommando `palr` gestartet. Es benötigt 2 Argumente: den Kode der Versuchsperson und den Kode für die Zugehörigkeit zur Experimental- oder Kontrollgruppe. Falsch beantwortete Items werden nur bei der Experimentalgruppe ausgetauscht. Ihr Kode ist „1". Gehört die Versuchsperson `mona` zur Experimentalgruppe, so ist das Experiment mit dem Kommando

```
palr mona 1
```

zu starten. Bei Personen aus der Kontrollgruppe ist statt der „1" eine „2" anzugeben. Die Datendatei jeder Versuchsperson enthält in jeder Zeile folgende Informationen: einen Gruppenkode für Kontroll- (K) oder Experimentalgruppe (E), den Versuchspersonenkode, die Nummer der Lernlistendarbietung, eine Nummer von 1–12 zur Identifikation des Itempaares, das Itempaar und einen Antwortkode für richtige (0) und falsche (1) Antworten. Zur Auswertung mit Hilfe eines Statistikprogrammes können alle Ergebnisdateien zusammenkopiert werden, da jeder Eintrag vollständig identifizierbar ist.

10.7 Literaturhinweise

Das AON-Modell ist ein sehr einfaches Lernmodell und nur für sehr einfache Lernaufgaben geeignet. Die Daten des Experiments aus diesem Kapitel können auch mit Hilfe anderer Lernmodelle ausgewertet werden. Etwa dem *linearen Modell*, das bei jedem Durchgang ein Anwachsen der Lösungswahrscheinlichkeit annimmt oder dem *2-Stufen-Modell*, das zwischen dem irreversiblen Lernzustand und dem

Ratezustand einen Zwischenzustand annimmt, in dem man richtige Antworten mit mehr als der Ratewahrscheinlichkeit gibt und der wieder verlassen werden kann. Allerdings zeigt erst eine sorgfältige mathematische Analyse dieser Modelle auf, welche empirischen Daten zu ihrer Unterscheidung geeignet sind und welche nicht. So wurde bereits von Bower (1961) darauf hingewiesen, daß eine über mehrere Items gemittelte Lernkurve nicht geeignet ist, das AON-Modell und das lineare Modell voneinander zu unterscheiden.

Eine Einführung in mathematische Lernmodelle mit mehreren Anwendungs- und Rechenbeispielen ist in Kintsch (1982) enthalten. Dort wird auch die Auswertung der Daten eines Paarlernexperimentes an einem Beispiel in allen Details vorgestellt. Eine allgemeine Einführung in die Theorie der mathematischen Lernmodelle geben Tack (1976), Wickens (1982) und auf das wesentliche beschränkt Wender (1990). Das AON-Modell wurde zuerst von Bower (1961) vorgestellt, der auch selbst zahlreiche Statistiken zur Prüfung des Modells angibt. Von Kintsch und Morris (1965) wird das AON-Modell erfolgreich auf Paarlernen angewandt. Schönpflug und Vetter (1975) geben statistische Kennwerte von Trigrammen an, die für Paarlernexperimente geeignet sind.

11 Inzidentelles Lernen und Verarbeitungstiefe

11.1 Wodurch wird Information langfristig gespeichert?

In Kapitel 8 wurde bereits darauf hingewiesen, daß eine längerfristige Speicherung von Information eine besondere Verarbeitung voraussetzt und es stellt sich die Frage, ob Wiederholen allein ausreicht, um die Information auch längerfristig zu speichern. So wurde etwa von Rundus (1971) eine hohe Korrelation zwischen der Wiederholungs- und der Wiedergabehäufigkeit gefunden. Eine Korrelation allein ist allerdings kein Nachweis dafür, daß das Wiederholen die Ursache für die Wiedergabeleistung ist, da Korrelationen keine kausalen Aussagen erlauben. Es könnte etwa sein, daß eine hohe Wiederholungsrate gerade dann auftritt, wenn ein Wort bereits sicher gespeichert ist. Neben Untersuchungen, die einen positiven Effekt der Wiederholung auf das Behalten ergaben, gibt es auch solche, in denen das einfache Wiederholen keinen fördernden Einfluß auf Behalten zeigte. Craik und Watkins (1973) etwa fanden, daß die zum Wiederholen zur Verfügung stehende Zeit keinen Einfluß auf die Leistung bei der Wiedergabe hatte.

Von Bjork und Jongeward (1974; zitiert nach Bjork, 1975) wurde gezeigt, daß die Art des Wiederholens und der Kontext, in dem Wörter wiederholt werden, für die Effektivität von großer Bedeutung sind. Sie verwendeten 2 verschiedene Arten des Wiederholens. In einem Fall sollten die Versuchspersonen eine zu lernende Liste von Wörtern einfach aufsagen, im anderen Fall sollten die Versuchspersonen beim Wiederholen zwischen den Wörtern der Liste Assoziationen bilden. Beide Methoden waren für die unmittelbar nachfolgende Wiedergabe gleich wirksam, zu besseren Leistungen bei einer verzögerten Prüfung führte aber das assoziierende Wiederholen. Längerfristige Speicherung wird also durch assoziierendes oder verarbeitendes Wiederholen besser gefördert als durch einfaches Wiederholen.

Eine direkte Überprüfung, welche Arten der Informationsverarbeitung für die langfristige Speicherung von Information besonders vorteilhaft sind, wird mit Hilfe von Orientierungsaufgaben bei inzidentellem Lernen durchgeführt. Bei Experimenten zum inzidentellen Lernen wird der Versuchsperson nicht mitgeteilt, daß sie an einem Lernexperiment teilnimmt, bei dem am Ende geprüft wird, wieviele der bei einer Orientierungsaufgabe benutzten Items sie behalten hat. Die Versuchsperson muß in jedem Durchgang eine Aufgabe ausführen, innerhalb derer das Testitem enthalten ist. Diese Aufgabe kann etwa darin bestehen, daß die Frage „Ist das folgende Wort ein Adjektiv?" gestellt, dann ein Wort gezeigt und die Zeit gemessen wird, die die Versuchsperson bis zur Antwort benötigt. Der Versuchsperson erscheint das Experiment als Reaktionszeituntersuchung, in deren Verlauf Wörter auf bestimmte Eigenschaften hin beurteilt werden müssen. Am Ende des Experiments wird dann in freier Reproduktion oder in einem Wiedererkennenstest geprüft, welche der Wörter die Versuchsperson längerfristig behalten hat. Dabei zeigt sich, daß die Behaltensleistung sehr stark von der Art der Orientierungsaufgabe abhängt.

Untersuchungen der beschriebenen Art nehmen weniger auf die strukturelle Organisation des Gedächtnisses, als auf die prozessualen Aspekte bei der Informationsspeicherung Bezug. Diese Sichtweise geht auf Craik und Lockhart (1972) zurück. Von diesen Autoren werden Unterschiede in der Behaltensdauer nicht wie bei Atkinson und Shiffrin (1968) auf Speicherung in unterschiedlichen Gedächtnisstrukturen zurückgeführt, sondern auf Unterschiede in der Verarbeitungsqualität bei der Informationsaufnahme. Es wird angenommen, daß die Informationsspeicherung um so besser ist, je „tiefer" die Verarbeitung ist. Für das Kurz- und Langzeitgedächtnis werden keine eigenen Speicher angenommen. Das Kurzzeitgedächtnis wird als eine Art Aufmerksamkeitsprozeß betrachtet, der einzelne Gedächtniselemente besonders hervorhebt, sie bewußt macht. Einfaches Wiederholen reicht nach Craik und Lockhart (1972) nicht aus, um die Speicherqualität zu verbessern. Um dies zu erreichen, muß ein

Item semantisch verarbeitet werden. Dazu sind semantische Bezüge zu bereits bestehenden Gedächtnisinhalten herzustellen. Es ist für das Herstellen dieser Bezüge auch unerheblich, ob eine Lernabsicht besteht oder nicht, da diese allein keine fördernde Wirkung hat.

11.1.1 Fragestellung

Wir führen ein Experiment durch, das an das von Craik und Tulving (1975) angelehnt ist. Die Versuchsperson muß verschiedene Orientierungsaufgaben mit Wörtern ausführen, und unsere Fragestellung ist, ob die unterschiedlichen Orientierungsaufgaben zu unterschiedlichen Leistungen bei einer anschließenden Wiedererkennensaufgabe führen. Der Versuchsperson wird mitgeteilt, daß bei dem Experiment untersucht wird, wie schnell bestimmte Fragen zu einzelnen Wörtern beantwortet werden können. In jedem Durchgang wird auf dem Bildschirm zuerst eine Frage und danach ein Wort gezeigt. Die Fragen können immer mit „ja" oder „nein" beantwortet werden. Es werden 3 Arten von Fragen gestellt, mit denen unterschiedliche Verarbeitungsprozesse induziert werden sollen. Der erste Typ von Fragen ist „Ist das folgende Wort groß geschrieben?" Die zweite Fragengruppe ist „Paßt das folgende Wort in das Schema KVKKV?" Diese Frage ist mit „ja" zu beantworten, wenn das Wort aus der in dem Schema angegebenen Folge von Konsonanten und Vokalen besteht. Ein Beispiel für die dritte Gruppe von Fragen schließlich ist „Paßt das folgende Wort in den Satz 'Der ___ des Jungen ist rot?'" Um die erste Fragengruppe zu beantworten, muß die Versuchsperson nur auf den Anfangsbuchstaben achten. Man wird daher annehmen, daß diese Fragen nur zu einer schwachen Gedächtnisspur führen. Die zweite Gruppe von Fragen ist schwieriger zu beantworten als die erste, sie wird daher längere Entscheidungszeiten zur Folge haben. Aber auch sie setzt keine semantische Verarbeitung voraus und wird daher nur eine schwache Gedächtnisspur erzeugen. Die dritte Fragengruppe kann nur beantwortet werden, wenn die Versuchsperson die Bedeutung des Wortes berücksichtigt. Wir erwarten für diese Fragengruppe daher eine bessere Leistung beim anschließenden Wiedererkennenstest. Die Hypothese für unser Experiment ist also, daß beim Wiedererkennenstest die Wörter aus der Orientierungsaufgabe, bei der nach der semantischen Beziehung des Wortes zu einem Satz gefragt wird, besser erkannt werden, als die Wörter aus einer nicht-semantischen Orientierungsaufgabe. Für die Wiedererkennensleistung bei den beiden nicht-semantischen Aufgaben wird kein Unterschied erwartet, auch wenn die Bearbeitungszeiten sich stark unterscheiden werden.

11.2 Methoden

11.2.1 Versuchsaufbau

Die Fragen und Wörter werden auf einem Bildschirm gezeigt. Dieser befindet sich in Augenhöhe etwa 60 cm vor der Versuchsperson. Es werden helle Standardschriftzeichen vor dunklem Hintergrund benutzt. Am oberen Rand des Bildschirms wird der Text „Bitte beantworten Sie folgende Frage:" gezeigt. Darunter erscheint in jedem Durchgang die entsprechende Frage. Am unteren Rand des Bildschirms wird ein Hinweis auf die Antworttasten eingeblendet. Das Testwort wird in der Mitte des Bildschirms dargestellt. Zur Eingabe der Antworten werden die Cursortasten benutzt. Die Taste mit dem Pfeil nach links steht für die Antwort „ja" und die Taste mit dem Pfeil nach rechts für die Antwort „nein".

11.2.2 Versuchsablauf

In der Lernphase erscheint am Anfang eines Durchgangs auf dem Bildschirm die Testfrage. Nach 2 s erscheint darunter das Testwort. Es ist 1 s sichtbar. Nachdem sowohl das Testwort verschwunden als auch die Reaktion abgegeben ist, erscheint für 1 s die Rückmeldung „Richtig!" oder „Falsch!", je nach Reaktion, und bei richtigen Reaktionen die Reaktionszeit.

Es werden 36 Wörter dargeboten, jeweils 12 mit jeder Orientierungsaufgabe. Jeweils die Hälfte der Fragen ist mit „ja" und die andere Hälfte mit „nein" zu beantworten. Nachdem die 36 Durchgänge bearbeitet sind, erscheint auf dem Bildschirm folgender Text:

> „Es wurde Ihnen jetzt eine Reihe von Wörtern gezeigt, zu denen Sie jeweils eine Frage beantworten sollten. Wir möchten nun gerne wissen, wie gut Ihnen die einzelnen Wörter im Gedächtnis haften geblieben sind.

Wir werden Ihnen daher im folgenden Teil der Untersuchung noch einmal eine Reihe von Wörtern zeigen, die zum Teil aus neuen, bisher nicht vorgekommenen und zum Teil aus den bereits vorgekommenen Wörtern besteht.

Sie sollen bei jedem Wort angeben, ob es in der gerade bearbeiteten Liste enthalten war oder nicht.

In einigen Sekunden geht's weiter."

Dieser Text bleibt 30 s sichtbar. Danach wird die Versuchsperson durch einen Tastendruck aufgefordert, den Wiedererkennenstest zu starten. Dazu wird in jedem Durchgang am oberen Bildschirmrand die Frage „Kam das folgende Wort im vorausgehenden Durchgang vor?" gezeigt, und die Versuchsperson gibt wie vorher mit Hilfe der Cursortasten ihre Antwort ein. Für die Reaktion hat sie beliebig lange Zeit, das Testwort verschwindet allerdings nach 1 s. Im Wiedererkennenstest werden 72 Wörter benutzt, davon 36 neue und die 36 Wörter aus den Orientierungsaufgaben.

11.3 Praktikumsaufgabe

Fertigen Sie eine Versuchsanweisung an, in der Sie der Versuchsperson ihre Aufgabe so erklären, als würde es sich um ein Reaktionszeitexperiment handeln. Dies könnte etwa folgendermaßen geschehen:

„In diesem Experiment wird untersucht, wie schnell man bestimmte Eigenschaften von Wörtern beurteilen kann.

In jedem Durchgang erscheint im oberen Teil des Bildschirms eine Frage, die sich auf ein Wort bezieht, das kurz nach der Frage in der Mitte des Bildschirms gezeigt wird. Alle Fragen können mit „ja" oder „nein" beantwortet werden. Bitte lesen Sie die Frage und beurteilen dann das gezeigte Wort im Hinblick auf die Frage. Wenn Ihre Antwort „ja" ist, dann drücken Sie bitte die linke Taste, bei „nein" die rechte Taste. Alle Fragen sind einfach zu beantworten, und Sie sollen die Antwort so schnell wie möglich geben, aber trotzdem falsche Antworten vermeiden. Nach jeder Antwort wird Ihnen angezeigt, wie lange Sie für die Reaktion gebraucht haben."

Führen Sie das Experiment mit einer Versuchsperson durch, der der Inhalt des Experiments unbekannt ist. Studenten, die ebenfalls am Praktikum teilnehmen oder früher bereits teilgenommen haben, sind als Versuchspersonen nicht geeignet. Nach der Durchführung des Experiments klären Sie die Versuchsperson kurz über den Sinn der Untersuchung auf und bitten sie, diesen geheim zu halten. Das Experiment wird mit dem Kommando vti gestartet. Zur Identifikation der Datendateien muß ein Versuchspersonenkode als Argument angegeben werden.

Im Datenprotokoll sind sowohl die Durchgänge aus der Lernphase als auch die aus dem Wiedererkennenstest aufgelistet. Es enthält für jeden Durchgang die folgenden 5 Einträge: einen Kode zur Unterscheidung von Lernphase (1) und Wiedererkennenstest (2), einen Indikator, der die Art der Orientierungsaufgabe bzw. ob das Wort neu oder alt ist andeutet (Buchstabenschema = 2, Groß- oder Kleinschreibung = 3, Satzinhalt = 4, neues Wort im Wiedererkennenstest = 0), das Testwort, die Reaktionszeit und einen Antwortkode zur Unterscheidung von richtigen (0) und falschen (1) Antworten.

1. Berechnen Sie die mittleren Reaktionszeiten in der Lernphase und die Wiedererkennenshäufigkeiten für die 3 Arten von Orientierungsaufgaben und stellen Sie diese graphisch dar.

2. Prüfen Sie, ob sich die mittleren Reaktionszeiten und die Wiedererkennensleistungen statistisch signifikant unterscheiden.

3. Prüfen Sie, auf welche Art von Orientierungsaufgabe ein eventuell vorhandener Unterschied zurückzuführen ist.

4. Fassen Sie das Experiment in einem Kurzbericht zusammen. Diskutieren Sie dabei speziell die in der Fragestellung formulierten Hypothesen und untersuchen, ob nicht die Art der Orientierungsaufgabe, sondern deren Bearbeitungsdauer die relevante Einflußgröße auf die Behaltensleistung ist.

11.4 Literaturhinweise

Die Hypothese, daß längerfristige Speicherung durch die Tiefe der Verarbeitung bei der Informationsaufnahme zustande kommt, wurde von Baddeley (1978) heftig kritisiert. Der wesentliche Kritikpunkt Baddeleys ist das Fehlen einer von der Speichergüte unabhängigen

Operationalisierung des Konzepts der Verarbeitungstiefe. In den Experimenten wird die Tiefe der Verarbeitung immer durch die Leistung bei der Wiedergabe bestimmt. Von Craik und Tulving (1975) wurde gezeigt, daß die Verarbeitungstiefe nicht einfach durch die Bearbeitungszeit bestimmt werden kann, denn es gibt syntaktische Orientierungsaufgaben, wie etwa das Einordnen in ein Konsonanten-Vokal-Schema, die eine lange Reaktionszeit erfordern, aber trotzdem nicht zu einer hohen Speichergüte führen. Gerade dies zeigt für Baddeley, daß die einzige Operationalisierung für „Verarbeitungstiefe" die Speichergüte selbst ist. Zur Einführung in die Ergebnisse und Probleme der Gedächtnispsychologie eignet sich Kluwe (1990). Er diskutiert auch die Rolle der Elaboration beim langfristigen Speichern von Information.

12 Replikationen

In diesem Kapitel wird eine Reihe von Experimenten dargestellt, die sich gut für ein weiterführendes Experimentalpsychologisches Praktikum eignen und die im wesentlichen Replikationen publizierter Experimente darstellen. Das Übertragen der einzelnen Experimente auf die hier vorausgesetzte technische Ausstattung hat natürlich mehr oder minder große Modifikationen zur Folge. Ein Experiment ist für die Psychologie aber nur dann von Bedeutung, wenn man angeben kann, welche Details des Versuchsaufbaus geändert werden dürfen, ohne daß sich das Ergebnis bedeutsam ändert. Hier werden nur solche Experimente vorgestellt, die mit ihren Vorbildern in den wesentlichen Punkten übereinstimmen.

12.1 Mentale Rotation nach Cooper & Shepard (1978)

Damit Wahrnehmung für die Orientierung in der Umwelt hilfreich sein kann, ist es notwendig, daß wir Objekte, denen wir bereits früher begegnet sind, schnell wiedererkennen. „Erkennen eines Objektes" bedeutet dabei, daß ein Wahrnehmungseindruck einem Begriff zugeordnet wird, der im Langzeitgedächtnis gespeichert ist. In den Experimenten von Cooper und Shepard (1978) und Moyer (1973) wird versucht herauszufinden, wie „ähnlich" ein Wahrnehmungseindruck und die Repräsentation des zugeordneten Begriffes im Langzeitgedächtnis sind. Die Aufgabe der Versuchsperson im Experiment von Cooper und Shepard ist das Wiedererkennen bzw. Klassifizieren eines Buchstaben, der nicht aufrecht, sondern gedreht und möglicherweise gespiegelt dargeboten wird. Unabhängige Variable ist der

Rotationswinkel und abhängige Variable ist die Zeit, die die Versuchsperson benötigt, um zu entscheiden, ob der Buchstabe spiegelverkehrt ist oder nicht. Bei Cooper und Shepard ergab sich ein linearer Zusammenhang zwischen dem Rotationswinkel und der mittleren Reaktionszeit. Die Autoren schließen daraus, daß die Repräsentation eines Buchstabens im Gedächtnis bildhaft ist und wie ein Bild rotiert werden muß, bevor sie mit dem Wahrnehmungseindruck verglichen werden kann.

Im Experiment `menrot` werden die Buchstaben F, L und R mit den Rotationswinkeln 0 bis 180° in 7 gleichabständigen Abstufungen gezeigt. Jeder Buchstabe wird in der Hälfte der Fälle gespiegelt und in der anderen Hälfte normal dargestellt. Dies ergibt 3 (Buchstaben) × 7 (Rotationswinkel) × 2 (Spiegelungen) = 42 Reizsituationen, von denen jede 4mal gezeigt wird. Dem voran wird jeder der 42 Reize einmal in einem Übungsblock bearbeitet. Bei der Formulierung der Versuchsanweisung ist darauf zu achten, daß die Versuchsperson möglichst schnell, aber trotzdem fehlerfrei arbeitet.

Als Hinweissignal erscheint vor jeder Darbietung für 400 ms ein Kreuz in der Mitte des Bildschirms. 300 ms nach dem Verschwinden des Kreuzes erscheinen die Reize. Zwischen der Reaktion und dem Hinweissignal wird eine Pause von 3 s eingelegt. Zur Reaktion werden die linke und rechte Maustaste benutzt. Die linke Taste steht für „der Buchstabe ist normal", die rechte für „der Buchstabe ist gespiegelt". Die Datendatei enthält für jeden Durchgang folgende Informationen: einen Durchgangszähler, den Buchstaben, einen Kode für normal (0) oder gespiegelt (1), einen Kode für richtige (0) und falsche (1) Reaktionen, den Rotationswinkel und die Reaktionszeit.

12.2 Symbolischer Distanzeffekt nach Moyer (1973)

Auch die Untersuchung von Moyer (1973) liefert Hinweise auf eine bildhafte Repräsentation von Objekten im Gedächtnis. Es ist bekannt, daß bei Paarvergleichen von kontinuierlich abstufbaren Größen die Entscheidungszeiten um so länger werden, je kleiner der Unterschied zwischen den zu vergleichenden Größen ist. Moyer (1973) fand, daß dies auch für Gedächtnisurteile gilt. Die Versuchspersonen müssen in diesem Experiment Fragen der Art „Ist ein Hund größer als ein Hase?" beantworten. Unabhängige Variable ist der durchschnittliche Größenunterschied zwischen den Tieren, deren Namen verwendet werden. Abhängige Variable ist die Reaktionszeit, die für die Entscheidung benötigt wird. Die Fragestellung ist, ob die mittlere Reaktionszeit vom Größenunterschied abhängt.

Im Experiment **symdist** werden folgende Tiernamen benutzt:
„Ameise", „Maus", „Hase", „Hund" und „Pferd". Jeder Name wird mit jedem anderen in beiden Richtungen verglichen, dies ergibt 20 Reizpaare, von denen jedes 5mal dargeboten wird, so daß 100 Durchgänge zu bearbeiten sind. Die beiden Namen werden links und rechts von einem Fixationspunkt auf dem Bildschirm gezeigt. Die Aufgabe der Versuchsperson ist es, so schnell wie möglich die Taste auf der Seite des größeren Tieres zu drücken. Auch hier ist bei der Formulierung der Versuchsanweisung darauf zu achten, daß die Versuchsperson möglichst schnell, aber fehlerfrei arbeitet. Zur Reaktion werden die linke und rechte Maustaste benutzt. Der zeitliche Ablauf eines Durchgangs ist mit dem beim Experiment **menrot** identisch. Die Datendatei enthält in jeder Zeile folgende Informationen: einen Durchgangszähler, den Abstand der beiden Tiere auf der oben angegebenen Rangreihe, einen Kode, ob die Antwort richtig (0) oder falsch (1) war, und die Reaktionszeit.

12.3 Gleich/verschieden-Aufgaben nach Posner & Mitchell (1967)

In Kapitel 9 wurde die Methode von Sternberg (1969) dargestellt, Komponenten eines Informationsverarbeitungsprozesses durch das Hinzufügen oder Wegnehmen einzelner Verarbeitungsstufen zu isolieren. Ein ähnliches Vorgehen wurde von Posner und Mitchell (1963) für Klassifikationsaufgaben vorgeschlagen, bei denen Objekte aufgrund mehrerer Eigenschaft als gleich oder ungleich eingestuft werden müssen (auch dargestellt in Prinz, 1990). Ein Beispiel für eine solche Aufgabe ist das Klassifizieren von Buchstaben als gleich oder verschieden. Dies kann aufgrund von Formidentität geschehen, nach der A und A gleich, A und a aber verschieden sind, kann aber auch aufgrund semantischer Eigenschaften erfolgen, wonach A und a als gleich gelten können. Von Posner und Mitchell (1967) wird die Klassifikation aufgrund des Buchstabentyps (Vokal/Konsonant) benutzt. Anhand der mittleren Reaktionszeiten, die für „Gleich"- und „Verschieden"-Urteile benötigt werden, kann untersucht werden, ob Versuchspersonen die Urteile anhand der Merkmalshierarchie „physikalisch gleich" – „semantisch gleich" – „gleicher Typ" fällen. Wenn dies so ist, dann wird erwartet, daß die Reaktionszeiten um so länger werden, je abstrakter die Urteilsgrundlage ist.

Im Experiment `samediff` werden der Versuchsperson in jedem Durchgang 2 Buchstaben gezeigt, je einer links und einer rechts vom Mittelpunkt des Bildschirms. Aufgabe der Versuchsperson ist zu beurteilen, ob die beiden Buchstaben zum gleichen Buchstabentyp (Vokal/Konsonant) gehören oder nicht. Der zeitliche Ablauf eines Durchgangs ist mit dem im Experiment `symdist` identisch. Die linke Reaktionstaste steht für „gleich", die rechte für „verschieden". Verwendet werden die 8 Buchstaben A, a, B, b, E, e, D und d. Es gibt jeweils 8 Paare von physikalisch gleichen (AA), nominal gleichen (Aa) und typgleichen (AE) Buchstaben. Dazu werden 24 Paare von typverschiedenen Buchstaben gebildet, so daß insgesamt 48 Paare entstehen. Jedes Paar wird 4mal vorgegeben. In der Datendatei ist enthalten: ein Durchgangszähler, ein Kode für die Art des Buchstabenpaares (physikalisch gleich (1), nominal gleich (2), typgleiche Vokale (3), typgleiche Konsonanten (4), typverschieden (5)), ein Kode, ob die Antwort richtig (0) oder falsch (1) war, und die Reaktionszeit.

12.4 Suche im Langzeitgedächtnis: Satzverifikation nach Collins & Quillian (1969)

Theorien des semantischen Gedächtnisses beschreiben, wie Begriffe und ihre Beziehungen gespeichert und abgerufen werden. Ein sehr wichtiger Punkt ist dabei, wie Ober- und Unterbegriffe gespeichert und abgerufen werden. Es lassen sich 2 große Gruppen von Modellen unterscheiden: Netzwerkmodelle und Modelle, die von Eigenschaften („features") ausgehen. Eine der frühesten Arbeiten zu Netzwerkmodellen stammt von Collins und Quillian (1969). Das experimentelle Paradigma ist das der Satzverifikation. Die Versuchsperson bekommt einen Satz vorgelegt und hat zu entscheiden, ob der Satz wahr oder falsch ist. Abhängige Variable ist die Reaktionszeit. Unabhängige Variable ist die Anzahl der Unter- oder Oberbegriffsebenen, die in einer hierarchischen Gedächtnisstruktur durchlaufen werden müssen, um die Validität des Satzes zu prüfen. Es wird angenommen, daß jede Eigenschaft eines Begriffes zusammen mit dem höchsten Begriff abgespeichert ist, der diese Eigenschaft besitzt. Die Eigenschaft „kann fliegen" etwa soll mit dem Begriff „Vogel" abgespeichert sein und nicht als Eigenschaft jedes einzelnen Vogels. Wird also der Satz „Ein Sperling kann fliegen" vorgelegt, dann muß zuerst „Sperling" dem Begriff „Vogel" zugeordnet werden, erst dann kann die Eigenschaft „kann fliegen" validiert werden. Die Eigenschaft „kann sich bewegen" ist zusammen mit „Lebewesen" abgespeichert, was wiederum Oberbegriff zu „Vogel" ist, so daß der Satz „Ein Sperling kann sich bewegen" zur Verifikation länger dauern sollte als „Ein Sperling kann fliegen" (auch besprochen in Kluwe, 1990).

Das Programm `veri` gibt der Versuchsperson Sätze vor, von denen sie entscheiden muß, ob sie richtig oder falsch sind. Gemessen wird die Reaktionszeit. Die Sätze können mit Hilfe eines Textverarbeitungsprogramms in die Datei `veri.x`[1] eingetragen werden. Anhand der bereits eingetragenen Beispielsätze ist das Eingabeformat leicht zu erkennen.

12.5 Verifikation logischer Aussagen nach Baddeley (1968)

Für viele Untersuchungen wird eine Aufgabe benötigt, die ohne aufwendige Erläuterung von jeder Person auszuführen ist, grundsätzlich von den meisten Menschen gelöst werden kann, aber trotzdem zur Lösung die volle Aufmerksamkeit beansprucht, so daß die Leistung bei der Aufgabe sehr leicht durch Nebentätigkeiten beeinflußt wird. Aufgaben dieser Art sind die „AB-Aufgaben" von Baddeley (1968). Sie bestehen darin, daß der Versuchsperson ein Satz vorgelegt wird, der eine Aussage über die Reihenfolge der 2 Buchstaben A und B in einer gleichzeitig gezeigten Kombination beschreibt. Also etwa „B

---

[1] Bei der Standardinstallation der Experimentalprogramme befindet sich die Datei `veri.x` im Verzeichnis \pxl\app\lop.

folgt A" zusammen mit „AB". Die Schwierigkeit der Aufgabe kann durch Umformungen verändert werden: „A folgt nicht B" oder „B nicht vor A".

Das Programm `ablog` gibt jeweils einen Satz wie etwa „A vor B" und darunter die Buchstabenfolge „AB" vor und mißt die Reaktionszeit, die verstreicht, bis eine der beiden Antworttasten für „richtig" (Pfeil nach links) oder „falsch" (Pfeil nach rechts) gedrückt wird. Anschließend wird eine Rückmeldung ausgegeben. Die Sätze sind in der Datei `ablog.x`[2] abgelegt und können mit Hilfe eines Textverarbeitungsprogrammes geändert werden.

12.6 Anagramme

Anagrammaufgaben bestehen in Buchstabenfolgen, die so geordnet werden müssen, daß ein sinnvolles Wort entsteht: MEINPETREX.[3] Sie werden nicht nur in der Forschung, sondern auch in psychologischen Testverfahren angewandt (Kloep, 1982) und lassen sich über die Anzahl der Buchstaben oder die Wortbekanntheit in einfacher Weise in der Schwierigkeit verändern (Kaplan & Carvellas, 1968; Mayzner & Tressell, 1962, 1966).

Das Programm `anagram` gibt 10 Blöcke mit je 6 Anagrammen vor. Die Blöcke 3, 4, 7 und 8 enthalten je 2 unlösbare Anagramme. Dem voraus geht ein kurzer Übungsblock mit 2 Anagrammen. Das Anagramm wird in der Mitte des Bildschirm dargestellt. Die Versuchsperson kann mit Hilfe der Maus einzelne Buchstaben anwählen, und diese werden dann in der Zeile unter dem Anagramm in der Reihenfolge, in der sie angewählt werden, zu einem Wort zusammengesetzt. Der letzte Buchstabe des erzeugten Wortes kann durch Anwählen mit der Maus wieder in das Anagramm zurückgesetzt werden. Ein Anagramm ist „gelöst", wenn alle Buchstaben des Anagramms in das neue „Wort" aufgenommen sind. Als Lösungszeit gilt die Zeit vom Beginn der Darstellung bis zur Lösung. Es wird untersucht, wie sich die mittlere Lösungszeit ändert, wenn vorher unlösbare Aufgaben bearbeitet wurden. Die Datendatei enthält in jeder Zeile folgende Information: das Anagramm, einen Indikator für lösbare (1) und nicht

---

[2] Auch die Datei `ablog.x` befindet sich im Verzeichnis \pxl\app\lop.
[3] Lösung: EXPERIMENT.

lösbare (2) Anagramme, das von der Versuchsperson erzeugte Wort und die Lösungszeit in 1/100 s.

12.7 Das Missionare-und-Kannibalen-Problem

Das Missionaren-Kannibalen-Problem (im Englischen auch „hobbits and orcs problem" genannt) besteht darin, eine Gruppe aus 3 Missionaren und 3 Kannibalen mit Hilfe eines Bootes, das nur 2 Sitzplätze hat, über einen Fluß zu transportieren. Dabei dürfen nie auf einer Seite des Flußes mehr Kannibalen als Missionare sein. Das Problem wurde neben anderen von Thomas (1974), Jülisch und Krause (1976) und Jeffries, Polson, Razran, und Atwood (1977) zur Untersuchung des Problemlöseverhaltens benutzt. Es kann auch mit anderen Zahlen von Personen und Sitzplätzen formuliert werden. Das Programm für dieses Experiment wird mit dem Kommando mcgame gestartet. Als Argumente können neben dem Kode für die Versuchsperson die Anzahl von Personen und die Anzahl der Sitzplätze im Boot angegeben werden. Der Befehl

```
mcgame rudi 3 2
```

startet die Standardversion des Problems mit 3 Missionaren, 3 Kannibalen und 2 Plätzen im Boot.

Die Versuchsperson macht ihre Eingaben, indem sie mit dem Mauszeiger auf bestimmte Felder klickt. Das Bild zeigt eine symbolische Lanschaft mit einem Fluß in der Mitte und einem Boot. Die Missionare sind durch die Buchstaben „M" und die Kannibalen durch die Buchstaben „C" angedeutet. Klicken auf eine Person am Ufer bewegt die Person ins Boot. Klicken auf die Spitze des Bootes bewegt das Boot ans gegenüberliegende Ufer. Klicken auf eine Person im Boot läßt die Person wieder Aussteigen. Regelverstöße werden nicht zugelassen.

Das Experimentalprogramm mcgame gibt das Problem nur einmal vor. Die Datendatei enthält für jeden Zug der Versuchsperson einen Eintrag. Dieser besteht aus folgenden Informationen: die Nummer des Zuges, die Anzahl der Missionare und der Kannibalen auf der linken (der Anfangsseite) Seite des Flußes, die Position des Bootes (0=links, 1=rechts) und die Zeit (in 1/10 s), die die Versuchsperson für den Zug benötigt hat. Ein Zug wird durch die Abfahrt des Bootes beendet.

12.8 Der Turm von Hanoi

Der Turm von Hanoi ist ein Stapel von Scheiben unterschiedlicher Größe, in dem nie eine größere Scheibe auf einer kleineren liegen darf. Der Stapel wird am Anfang auf der ersten von 3 Positionen aufgebaut und die Aufgabe der Versuchsperson ist es, den Stapel auf die dritte der 3 Positionen zu transportieren. Die zweite Position kann als Zwischenablage dienen. Zum Transport darf immer nur eine einzige Scheibe bewegt werden (Lüer & Spada, 1990). Der Schwierigkeitsgrad der Aufgabe kann durch die Anzahl der Scheiben kontrolliert werden. Üblich sind 3–6 Scheiben. Der Turm von Hanoi eignet sich besonders gut für die Untersuchung von prozessualen Aspekten des Problemlösens, wie etwa der Teilzielbildung (Gagné & Smith, 1962; Klix & Rautenstrauch-Goede, 1967; Sydow, 1970).

Auf dem Bildschirm wird der Stapel durch graue Scheiben unterschiedlicher Größe und Helligkeit dargestellt, die von oben betrachtet werden. Je kleiner die Scheibe, desto heller ist ihre Oberfläche. Die drei Positionen sind durch Kreuze markiert. Die Versuchsperson kann mit dem Mauszeiger bei gedrückter Taste jeweils die oben liegende Scheibe eines Stapels hochheben und auf eine andere Position legen.

Das Experimentalprogramm wird mit dem Kommando `tohanoi` gestartet, der Kode für die Versuchsperson und die Anzahl der Scheiben werden als Argumente angegeben:

    tohanoi rudi 5

startet das Programm mit `rudi` als Versuchspersonenkode und 5 Scheiben.

Das Programm führt bei jedem Start nur ein Spiel durch. Es ist beendet, wenn der Stapel vollständig von der linken Position auf die rechte Position transportiert ist. Ein Zug ist durch das Ablegen einer hochgehobenen Scheibe auf einer Position, die nicht ihre Ausgangsposition ist, definiert. Regelverstöße werden nicht zugelassen.

12.8 Der Turm von Hanoi

Die Datendateien enthalten für jeden Zug folgende Informationen: die Nummer des Zuges, die Position, von der eine Scheibe hochgehoben, die Position auf die sie gelegt wurde, und die Zeit (in 1/10 s), die für den Zug benötigt wurde. Die Positionen sind mit den Ziffern 0, 1 und 2 kodiert.

13 Statistische Verfahren

Während Konzepte wie *Fehler erster Art* und *Fehler zweiter Art* in Lehrbüchern der Statistik in der Regel gründlich abgehandelt werden, wird die grundsätzliche Logik, die allen statistischen Testverfahren zugrunde liegt, nur selten explizit dargestellt. Dies hat zur Folge, daß in Berichten zum Experimentalpsychologischen Praktikum häufig Wendungen wie etwa „unsere Ergebnisse beweisen die Nullhypothese" auftauchen. Der folgende Abschnitt soll zeigen, warum solche Aussagen falsch sind und welche Schlüsse tatsächlich aus statistischen Testergebnissen gezogen werden können.

13.1 Zur Logik des Hypothesentestens

Ein Hypothesentest geht von 2 alternativen Hypothesen aus. Die Hypothese H_0 wird „Nullhypothese" genannt, sie ist dadurch ausgezeichnet, daß sie es erlaubt, bestimmte Vorhersagen über beobachtbare Daten zu machen bzw. aus ihr abzuleiten. Die Hypothese H_1, die „Alternativhypothese" ist das logische Komplement von H_0. In den meisten Fällen kann aus H_1 keine konkrete Vorhersage über Daten abgeleitet werden. Als Beispiel betrachten wir die einfache Hypothese H_0, daß der Erwartungswert einer in einer bestimmten Population normalverteilten Zufallsvariablen X den Wert $\mathcal{E}(X) = \mu$ hat. Die Alternativhypothese dazu ist $\mathcal{E}(X) \neq \mu$. Unter der Annahme, daß H_0 gilt, kann die Verteilungsfunktion eines Stichprobenmittelwerts $\overline{x}$ abgeleitet werden. Es läßt sich zeigen, daß $\overline{x}$ normalverteilt ist mit $\mathcal{E}(\overline{x}) = \mu$ und der Varianz $\sigma^2(\overline{x}) = \sigma^2(X)/n$, wobei n der Umfang der Stichprobe ist.

Die Ableitung dieser Verteilungsparameter geht davon aus, daß H_0 gilt. Ist dies nicht der Fall, dann kann für den Stichprobenmittelwert keine Verteilung vorhergesagt werden, da allein aus der Tatsache, daß $\mathcal{E}(X) \neq \mu$, die Verteilung von $\bar{x}$ nicht abzuleiten ist. Da bei Gültigkeit von H_0 die Verteilungsfunktion von $\bar{x}$ bekannt ist, kann berechnet werden, wie wahrscheinlich es ist, daß ein empirisch beobachteter Wert $\bar{x}$ in die „nähere Umgebung" von μ fällt. Die Hypothese H_0 wird dann abgelehnt, wenn der empirisch beobachtete Wert in einen Bereich, den „Ablehnungsbereich" fällt, für den bei Gültigkeit von H_0 eine Wahrscheinlichkeit besteht, die kleiner als das festgesetzte Signifikanzniveau α ist. Man schließt also aus der Tatsache, daß das Ereignis „$\bar{x}$ fällt in den Ablehnungsbereich" eintritt, das bei Gültigkeit von H_0 eine sehr kleine Wahrscheinlichkeit hat, daß H_0 *nicht* gilt. Gilt aber nicht H_0, so muß H_1 gelten, denn H_1 ist bezüglich der in Frage kommenden Parameter das logische Komplement von H_0. Damit ist die Ablehnung von H_0 eine Bestätigung von H_1. Der Grad der Bestätigung von H_1 ist umso größer, je weniger wahrscheinlich es ist, daß das beobachtete Ereignis bei Gültigkeit von H_0 eintritt, je kleiner also α ist. Die Bestätigung ist allerdings kein Beweis, denn es besteht ja eine gewisse Irrtumswahrscheinlichkeit. Auch bei Gültigkeit von H_0 fällt nämlich mit der Wahrscheinlichkeit α der Wert von $\bar{x}$ in den Ablehnungsbereich. Da bei dem hier geschilderten Vorgehen in diesem Fall die Nullhypothese trotzdem abgelehnt würde, wird mit der Wahrscheinlichkeit α die Hypothese H_0 zu Unrecht abgelehnt. Man nennt α deshalb auch „Wahrscheinlichkeit eines Fehlers 1. Art." Wegen dieser Fehlermöglichkeit kann eine Ablehnung von H_0 nur als „Bestätigung" nicht als „Beweis" von H_1 aufgefaßt werden.

Tritt für $\bar{x}$ ein Wert in der näheren Umgebung des unter H_0 zu erwartenden Wertes μ auf, so wird H_0 beibehalten, da es keinen Grund gibt, die Hypothese abzulehnen. Das Beibehalten von H_0 führt aber nicht zu einer „Ablehnung" der Alternativhypothese H_1. Dafür gibt es 2 Gründe. Erstens kann auch das Beibehalten von H_0 fehlerhaft sein, denn es könnte ja auch bei Gültigkeit von H_1 $\bar{x}$ in einen Bereich fallen, dessen Wahrscheinlichkeit unter H_0 größer ist als α. Die Wahrscheinlichkeit dieses Fehlers wird üblicherweise mit β bezeichnet, und der Fehler wird „Fehler 2. Art" genannt: Man behält in diesem Fall H_0 bei, obwohl H_1 gilt.

13.1 Zur Logik des Hypothesentestens

Der zweite Grund dafür, daß beim Beibehalten von H_0 die Alternative H_1 nicht als widerlegt betrachtet werden kann, ist schwerwiegender als der erste. Er liegt in der Logik des Verfahrens begründet. Wir betrachten dazu die logischen Schlüsse beim Hypothesentesten. Sei A die (theoretische) Aussage „H_0 gilt", B sei die (empirische) Aussage „$\bar{x}$ hat die Verteilung $N(\mu, \sigma^2/n)$." Die Ableitung der Aussage B aus der Annahme A ist dann der logische Satz „A impliziert B." Wird nun empirisch festgestellt, daß B nicht gilt, dann gelten die Sachverhalte

„A impliziert B"
„B ist falsch."

Hieraus folgt logisch, daß A falsch ist, also das Komplement von A gilt. Damit ist (abgesehen von den oben beschriebenen statistischen Fehlermöglichkeiten) die Alternativhypothese H_1 bestätigt. Wird aber nun festgestellt, daß B gilt, dann gelten die Sachverhalte

„A impliziert B"
„B ist wahr."

Aus diesen beiden Sachverhalten läßt sich aber logisch *nichts* über die Geltung von A aussagen. Denn auch wenn A nicht gilt, können diese beiden Sachverhalte bestehen, da die Implikation „A impliziert B" auch dann wahr ist, wenn A falsch ist. Nur wenn die Implikation gilt und B falsch ist, kann daraus auf die Falschheit von A geschlossen werden. Dies folgt aus der Wahrheitstabelle der Implikation:

A	B	$A \to B$
w	w	w
w	f	f
f	w	w
f	f	w

Wir sehen, daß durch die erste und dritte Zeile die Möglichkeit existiert, daß sowohl B als auch $A \to B$ wahr ist, und zwar sowohl wenn A wahr als auch wenn A falsch ist. Da wir empirisch nur die Wahrheitswerte von B und $A \to B$ feststellen können, ist in diesem

Fall kein Schluß auf den Wahrheitswert von A möglich. Anders dagegen wenn B falsch und $A \to B$ wahr ist. Dann kann nur der Fall aus Zeile 4 vorliegen. Daraus folgt, daß in diesem Fall A falsch und damit die Alternativhypothese H_1 bestätigt ist.

Über diese logischen Überlegungen hinaus, ist auch inhaltlich klar, daß ein Wert von $\bar{x}$ mit unter H_0 hinreichend hoher Wahrscheinlichkeit nicht als Widerlegung von H_1 gelten kann. Dies liegt einfach daran, daß in der Ableitung der Verteilung von $\bar{x}$ nicht danach gefragt werden muß, welche Verteilung $\bar{x}$ hat, wenn H_1 gilt. Bei vielen Alternativhypothesen ist eine solche Frage auch sinnlos, da sie als Ungleichungen formuliert sind und daher keine konkreten Parameterwerte oder Verteilungen aus ihnen folgen. Die Frage nach der Verteilung der Prüfgröße unter der Alternativhypothese ist eine Frage nach der *Teststärke*. Je unterschiedlicher die Verteilungen der Prüfgröße bei den beiden Hypothesen sind, desto größer wird die Teststärke sein. Man versteht darunter die Wahrscheinlichkeit, daß die Nullhypothese abgelehnt wird, wenn die Alternativhypothese gilt.

13.2 Auswahl eines statistischen Testverfahrens

Für die Auswahl eines statistischen Tests sind folgende Merkmale eines Experiments von Bedeutung:

1. *Die Anzahl der unabhängigen Variablen oder Faktoren.* Zu unterscheiden ist hier, ob eine einzige oder ob mehrere unabhängige Variablen benutzt werden. Versuchsanordnungen mit mehr als einer unabhängigen Variablen erlauben die experimentelle Untersuchung von Interaktionen zwischen Einflußgrößen. Für ihre statistische Analyse wird in der Regel eine mehrfaktorielle Varianzanalyse zu benutzen sein. Da dieses Verfahren voraussetzt, daß die abhängige Variable normalverteilt ist, muß das Experiment entsprechend angelegt werden.

2. *Die Anzahl der Ausprägungen der unabhängigen Variablen oder die Faktorstufen.* Hier ist zu unterscheiden, ob nur 2 oder ob mehr als 2 Faktorstufen vorkommen. Bei 2 Faktorstufen ist in der Regel ein Vergleich von 2 Erwartungswerten mit Hilfe eines t-Tests oder eines ähnlichen Verfahrens durchzuführen.

3. *Die stochastische Abhängigkeit der Meßwerte aus verschiedenen Faktorstufen.* Eine stochastische Abhängigkeit der Meßwerte aus 2 Faktorstufen liegt dann vor, wenn das Wissen, daß bei einem der beiden Faktoren ein bestimmter Wert beobachtet wurde, die Ungewißheit für den Wert der anderen Faktorstufe verändert. Die Anwendung eines Tests für abhängige Meßwerte setzt voraus, daß jedem Meßwert einer Untersuchungseinheit bei einer Faktorstufe eindeutig ein Meßwert der anderen Faktorstufe zugeordnet werden kann. Die Meßwerte müssen also immer gepaart werden können. Dies ist etwa dann der Fall, wenn eine Untersuchungseinheit eine Versuchsperson ist, Meßwerte für beide Faktorstufen an der gleichen Person erhoben werden und der Vergleich über mehrere Personen durchgeführt werden soll. Man nennt solche Versuchspläne auch *Pläne mit Meßwiederholung.*

4. *Das Skalenniveau und die Verteilung der abhängigen Variablen.* Tests, die von bestimmten Verteilungen der Meßwerte ausgehen, können in der Regel nur dann angewandt werden, wenn die abhängige Variable mindestens intervallskaliert ist. Anderenfalls sind nichtparametrische Tests anzuwenden, die von der Rangordnung der Meßwerte ausgehen und keine spezielle Verteilungsannahme zugrunde legen.

Wir betrachten im folgenden nur parametrische Tests. Die erste Gruppe dieser Tests dient dazu, 2 oder mehr Mittelwerte zu vergleichen. Diese Tests nehmen an, daß die Meßwerte normalverteilt sind. Bei mehr als 2 Faktorstufen wird darüber hinaus angenommen, daß in allen Faktorstufen die Varianzen gleich sind. Die zweite Gruppe von Tests geht von binomial verteilten Werten aus. Dies sind immer Häufigkeiten von zufälligen Ereignissen.

13.3 Überschlagen des notwendigen Stichprobenumfangs

Eine häufig gestellte Frage im Experimentalpsychologischen Praktikum ist „Wieviele Versuchspersonen brauchen wir?" Diese Frage ist nicht leicht zu beantworten, und es gibt im Grunde keine allgemeingültige und objektive Lösung. Es gibt allerdings Möglichkeiten, die für einen bestimmten Zweck notwendige Stichprobengröße abzuschätzen, wenn über das zu untersuchende Problem gewisse Vorinformationen bekannt sind oder erhoben werden können und wenn der Forscher bereit ist, eine Bewertung des zu erwartenden Effektes vorzunehmen bzw. anzugeben, wie groß ein Effekt mindestens sein sollte, daß er den Aufwand eines Experiments lohnt.

Wir betrachten folgendes statistisches Problem: Ein Effekt soll mit Hilfe eines zweiseitigen t-Tests für unabhängige Stichproben bei homogenen Varianzen untersucht werden. Das α-Niveau wird auf $\alpha = 0.05$ festgelegt. Wieviele Beobachtungseinheiten werden benötigt, um mit hinreichender Sicherheit die Nullhypothese ablehnen zu können?

Um diese Frage beantworten zu können, müssen wir eine Annahme über die Größe des Effekts machen. Eine solche Annahme kann als Hypothese über den Effekt selbst betrachtet werden, sie kann aber auch als Stärke aufgefaßt werden, die der Effekt mindestens haben muß, damit er für uns überhaupt von Interesse ist.

Die Annahme über die Effektgröße wird nach Cohen (1988) in Einheiten der Standardabweichung der zu betrachtenden Zufallsvariablen spezifiziert. Wir wollen eine Effektgröße von mindestens 0.5 Einheiten annehmen, eine Größe, die von Cohen als „mittel" bezeichnet wird. Was heißt nun „mit hinreichender Sicherheit die Nullhypothese ablehnen?" Die Wahrscheinlichkeit, bei Gültigkeit der Alternativhypothese eines Tests die Nullhypothese abzulehnen, wird als Teststärke bezeichnet. Ihr Komplement ist der β-Fehler, der zum Beibehalten der Nullhypothese führt, obwohl sie falsch ist.

Als Teststärke wollen wir den Wert 0.8 voraussetzen, also einen β-Fehler von 0.2 zulassen. Mit diesen Angaben können wir nun aus Tabelle 2.3.5 von Cohen (1988) oder auch Tabelle V.7 von Sievers (1989) den notwendigen Stichprobenumfang entnehmen. Wir benötigen in unserem Fall 64 Beobachtungseinheiten pro Gruppe.

Um also mit einem t-Test für unabhängige Stichproben bei homogenen Varianzen einen Effekt von 0.5 Einheiten der Standardabweichung bei einem α-Niveau von $\alpha = 0.05$ mit einer Teststärke von $(1-\beta) = 0.8$ zu entdecken, werden pro Gruppe mindestens 64 Beobachtungseinheiten benötigt. Die Wahrscheinlichkeit, einen β-Fehler zu machen, beträgt dabei immer noch $\beta = 0.2$.

Die Wahrscheinlichkeit für einen β-Fehler steigt bei sonst gleichen Bedingungen mit abnehmender Zahl von Beobachtungen rapide an.

Für 32 Beobachtungseinheiten pro Gruppe erhält man bereits ein β von $\beta = 0.5$. Dies bedeutet, daß man mit 32 Untersuchungseinheiten pro Gruppe den Effekt der Größe 0.5 nur in der Hälfte der Fälle als signifikant einstuft. Diese Zahlen illustrieren, daß ein halbwegs zuverlässiger Nachweis mittelgroßer Effekte bereits eine verhältnismäßig große Stichprobe verlangt. Von Stelzl (1982) wird gezeigt, daß viele psychologische Untersuchungen in dieser Hinsicht mit zu kleinen Stichproben durchgeführt werden. Die Experimente dieses Praktikums sind in der Regel so angelegt, daß sie an einer einzigen Person durchgeführt werden können und daß ohne großen Aufwand verhältnismäßig viele Untersuchungseinheiten (Durchgänge) erhoben werden können. Wir können deshalb von einer hinreichend großen Teststärke ausgehen. Für genauere Abschätzungen der Teststärke bzw. des notwendigen Stichprobenumfangs bei anderen statistischen Testverfahren sei auf Cohen (1988) verwiesen.

13.4 Experimente mit einer einzigen Versuchsperson

In den Experimenten dieses Praktikums kommt es häufig vor, daß nur Daten von einer einzigen Versuchsperson erhoben werden. Um trotzdem (zu Übungszwecken) statistische Aussagen machen zu können, wird dieser Versuchsperson eine Versuchsbedingung mehrmals vorgelegt, wodurch wiederholte Messungen bei einer Person entstehen. Es liegt also scheinbar ein Design mit Meßwiederholung vor. Dies ist aber nicht der Fall, denn bei dieser Vorgehensweise ist nicht die Person, sondern ein einzelner Durchgang als Untersuchungseinheit aufzufassen. Randomisierung bedeutet hier, daß jedem einzelnen Durchgang zufällig eine Versuchsbedingung zugeordnet ist. Die Grundgesamtheit ist nicht die Menge aller möglichen Versuchspersonen, sondern die Menge aller möglichen Durchgänge, die mit der einen Versuchsperson ausgeführt werden können. Das Ergebnis eines solchen Experiments kann natürlich nicht auf eine Grundgesamtheit von Personen verallgemeinert werden, sondern nur auf die Grundgesamtheit der Durchgänge mit der einen Versuchsperson. Eine Verallgemeinerung auf andere Personen ist daher mit statistischen Argumenten nicht zu rechtfertigen.

Es wurde allerdings bereits früher betont, daß die Themen dieses Praktikums so ausgesucht sind, daß die Effekte auch an Einzelpersonen nachweisbar sind, eine Anforderung, die nicht in allen Bereichen der Psychologie gleich gut erfüllbar ist. In der Regel wird dies dadurch verhindert, daß Meßwiederholungen an einer Person nicht durchführbar sind, weil sich die Person durch die Messung ändert, wie etwa bei einem Lernexperiment, wie es in Kapitel 11 durchgeführt wird. Darüber hinaus sind in der Psychologie aber auch häufig die Effektgrößen zu klein, um an Einzelpersonen nachweisbar zu sein. „Zu klein" heißt, daß der experimentell erzeugte Effekt bezogen auf die Zufallsstreuung des beobachteten Verhaltens zu klein ist. In solchen Fällen werden viele Personen benötigt, um den Effekt nachweisen zu können.

13.5 Statistische Darstellung von Daten

13.5.1 Allgemeine Hinweise zur Darstellung von Ergebnissen[1]

Die Darstellung der Ergebnisse eines Experiments erfordert besondere Sorgfalt. Der Ergebnisteil eines Experimentalberichts muß so informativ wie möglich sein, er muß alles Wesentliche enthalten und alles Unwesentliche weglassen. Die Gestaltung ist sowohl in der rechnerischen Datenaufbereitung als auch der optischen Darstellung so einzurichten, daß sich der Leser schnell ein Bild über das Resultat der Untersuchung machen kann.

Entscheidend für eine übersichtliche Darstellung der Ergebnisse ist ein ausgewogenes Verhältnis von Text, Tabellen und Abbildungen sowie eine sorgfältig überlegte Auswahl des darzustellenden Materials. Im Text werden die Hauptergebnisse sprachlich formuliert und die Tabellen und Abbildungen erläutert. Der Textteil darf auf keinen Fall fehlen. Es genügt nicht, unter der Überschrift „Ergebnisse" einige Seiten lang nur Tabellen und Abbildungen folgen zu lassen.

---

[1] Teile dieser Hinweise stammen aus *Hinweise zur Gestaltung von Berichten zum Experimentalpsychologischen Praktikum*, eine kleine Schrift, die über mehrere Jahre hinweg in Zusammenarbeit mit den Kollegen Ronald Hübner, Josef Lukas und Erich Weichselgartner an der Universität Regensburg entstanden ist.

13.5 Statistische Darstellung von Daten

Besonders im Ergebnisteil ist auf stilistisch einwandfreie Formulierungen zu achten. So schreibt man nicht etwa „...ist in der folgenden Tabelle dargestellt: ..." und läßt dann eine Tabelle folgen, sondern man schreibt „...ist in Tabelle 1 dargestellt." und fügt die Tabelle 1 an einer geeigneten Stelle ein. Das gleiche gilt für Abbildungen, denn auch sie können nicht Teile von deutschen Sätzen sein. Die strikte Trennung von Text, Tabellen und Abbildungen erleichtert dem Setzer einer Zeitschrift die Gestaltung des Layout.

Das darzustellende Zahlenmaterial wird in Tabellen zusammengefaßt. Nach Möglichkeit sollte man es vermeiden, mehrere Tabellen hintereinander aufzuführen. Die Ergebnisse sollten so aufbereitet werden, daß der Leser die Ergebnisse unmittelbar im Zusammenhang mit der Fragestellung beurteilen kann. Aus diesem Grund gehören Rohdaten nur in seltenen Ausnahmefällen in den Ergebnisteil. Man wird sich vielmehr auf die Darstellung von berechneten Parametern (Mittelwerte, Streuungen, Wahrscheinlichkeiten ...), statistischen Prüfgrößen, Signifikanzniveaus etc. beschränken.

Empfohlen werden graphische Darstellungen der Ergebnisse. Eine gute Abbildung veranschaulicht die wesentlichen Resultate der Untersuchung auf einen Blick. Besonders zu beachten ist, daß die Beschriftung (insbesondere die Achsenbezeichnungen) eindeutig ist. Es muß erkennbar sein, was in der Zeichnung empirisches Material ist (in der Regel Punktmarkierungen) und was theoretisch abgeleitet wurde (in der Regel durchgezogene Kurven). Das unkritische Verbinden von Datenpunkten mit durchgezogenen Geradenstücken ist nur in seltenen Fällen eine empfehlenswerte Lösung. Hier einige Punkte, die bei der Gestaltung von Abbildungen und Tabellen zu beachten sind:

1. Eine Abbildung oder Tabelle soll zusammen mit ihrer Beschriftung eine in sich geschlossene Informationseinheit sein, die weitgehend unabhängig vom sonstigen Text zu verstehen ist.

2. Abbildungen und Tabellen sind zu numerieren. Die Nummern dienen zum Herstellen von Bezügen im Text.

3. Alle Teile der Abbildung oder Tabelle müssen identifizierbar sein. Aus der Beschriftung und der Legende muß klar hervorgehen, was die einzelnen Punkte oder Linien bedeuten. Insbesondere müssen die Achsen beschriftet und der Zusammenhang zwischen den Elementen der Abbildung und der Fragestellung bzw. den Daten

erläutert sein. Bei Tabellen muß aus der Beschriftung und der Legende genau hervorgehen, was die einzelnen Spalten und Zeilen der Tabelle enthalten.

4. In wissenschaftlichen Arbeiten darf eine Abbildung keine überflüssigen Elemente enthalten. Schmückendes Zierat, wie es bei sogenannter „Business"-Graphik üblich ist, hat in der Wissenschaft nichts zu suchen. Insbesondere sind zweidimensional darstellbare Sachverhalte nicht durch „räumliche" Darstellungen zu verunstalten.

5. Das Deutsche ist keine Bilderschrift! Da in einem Experimentalbericht nur syntaktisch korrekte Sätze vorkommen dürfen, können Abildungen und Tabellen nicht als Teile von Sätzen auftreten. Wird auf eine Abbildung oder eine Tabelle verwiesen, ist dies stets mit Bezug auf die Nummer der Abbildung oder Tabelle in der folgenden Form zu tun: „...zeigt Abb. X die Ergebnisse..."

13.5.2 Relative Häufigkeiten

In vielen Experimenten wird gezählt, wie häufig ein Ereignis E aufgetreten ist. Daten dieser Art werden meist mit Hilfe von *relativen Häufigkeiten* dargestellt. Bei n Beobachtungen ist die relative Häufigkeit p_E des Ereignisses E

$$p_E = \frac{n_E}{n}, \qquad (13.1)$$

wobei n_E die Anzahl der Fälle ist, bei denen E aufgetreten ist. Tabelle 13.1 zeigt Daten einer Versuchsperson aus dem Experiment zum Wortüberlegenheitseffekt (Kap. 6). Die Tabelle gibt für jede innere Buchstabenposition in einem Wort aus 6 Zeichen die relative Häufigkeit an, mit der ein an der entsprechenden Position dargebotener Buchstabe richtig identifiziert wurde. Die Darstellung durch relative Häufigkeiten hat den Vorteil, daß die Zahlenwerte unabhängig von der Stichprobengröße und damit leichter zu vergleichen sind.

13.5.3 Häufigkeitsverteilungen

Die Verteilung von Zufallsvariablen mit mehr als 2 Ausprägungen kann besonders übersichtlich in Form von *Häufigkeitsverteilungen*

Tabelle 13.1. Die Tabelle zeigt für die Positionen 2–5 die relativen Häufigkeiten, mit denen bei Darbietung von 6 Zeichen der Buchstabe an der entsprechenden Position richtig wiedergegeben werden konnte. Die Buchstaben waren entweder in sinnvolle Wörter oder in Zufallsfolgen von Buchstaben eingebettet. Jeder Wert beruht auf 40 Beobachtungen. Im Experiment mußte die Versuchsperson einen von 2 vorgegebenen Buchstaben identifizieren, so daß sie eine Ratewahrscheinlichkeit von 0.5 hat. Die letzte Spalte gibt die Mittelwerte über die jeweiligen Zeilen an (vgl. Kap. 6).

	\multicolumn{4}{c}{Position}	
Kontext	2	3	4	5	Gesamt
---	---	---	---	---	---
Zufallsfolgen	0.60	0.55	0.55	0.25	0.488
Wörter	0.80	0.60	0.70	0.65	0.688

dargestellt werden. Man teilt dazu den Wertebereich der Zufallsvariablen in gleich große Intervalle auf und zählt, wieviele Werte in jedes Intervall fallen. Diese können dann als absolute oder relative Häufigkeiten graphisch dargestellt werden. Ist der Wertebereich klein, kann auch wie in Abb. 13.1 für jeden einzelnen Wert die Häufigkeit angegeben werden.

Die Verteilungsfunktion einer Zufallsvariablen ist an den Daten einer Stichprobe häufig dann besser zu erkennen, wenn die *kumulierten*, relativen Häufigkeiten dargestellt werden. Die Graphik gibt dann für alle x im Wertebereich der Zufallsvariablen die relativen Häufigkeiten $p(X \leq x)$ an. Abbildung 1.2 auf Seite 9 zeigt 2 solcher kumulierter Häufigkeitsverteilungen.

13.5.4 Schätzung von Erwartungswert und Varianz einer Zufallsvariablen

Zur Schätzung des Erwartungswertes $\mathcal{E}(X)$ und der Varianz $\mathrm{var}(X)$ einer Zufallsvariablen X wird eine Stichprobe von n Elementen erhoben und das arithmetische Mittel

$$\overline{x} = \frac{1}{n} \sum_{i=1}^{n} x_i \tag{13.2}$$

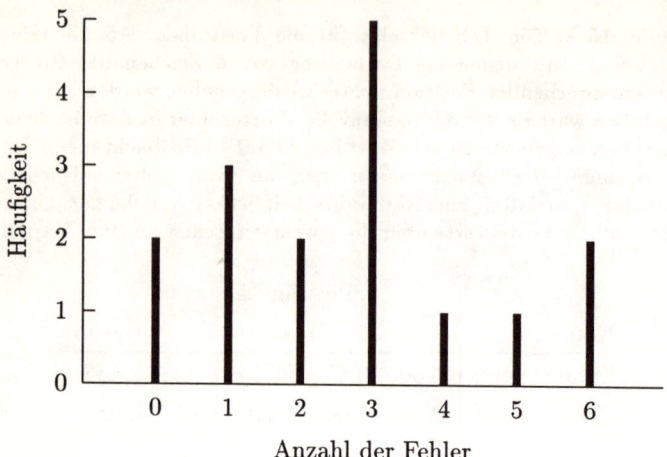

Abb. 13.1. Verteilung der Fehlerzahlen in der letzten Spalte der Daten aus Tabelle 10.1. Gezeigt ist die absolute Häufigkeit von fehlerhaften Antworten bis zum Erreichen des Lernkriteriums. Das Kriterium von zwei aufeinander folgenden, fehlerfreien Durchgängen war nach dem 14. Durchgang erreicht. Zu lernen waren 16 Items.

und die Stichprobenvarianz

$$s_x^2 = \frac{1}{n-1}\left(\sum_{i=1}^{n} x_i^2 - n\,\overline{x}^2\right) \qquad (13.3)$$

berechnet. Zur Beurteilung von Mittelwertsunterschieden ist es notwendig, die Genauigkeit anzugeben, mit der ein Erwartungswert geschätzt wurde. Man benützt dazu die Standardabweichung $s_{\overline{x}}$ des Mittelwerts $\overline{x}$. Diese wird als *Standardschätzfehler* des Mittelwerts bezeichnet:

$$s_{\overline{x}} = \sqrt{\frac{s^2}{n}} = \frac{s}{\sqrt{n}}. \qquad (13.4)$$

13.6 Testverfahren

13.6.1 Vergleich der Erwartungswerte von 2 Binomialverteilungen bei unabhängigen Stichproben

Es wird untersucht, ob ein Ereignis E unter 2 verschiedenen Bedingungen B_1 und B_2 gleich häufig eintritt. Die Bedingung B_1 werde n_1-mal, die Bedingung B_2 werde n_2-mal realisiert, und das Ereignis E werde dabei k_1- bzw. k_2-mal beobachtet. Die einzelnen Experimente sollen stochastisch unabhängig sein. Die Frage ist dann, ob die beiden Häufigkeiten k_1 und k_2 aus Binomialverteilungen mit dem gleichen Parameter $p_1 = p_2 = p$ stammen können. Die Prüfgröße

$$\begin{aligned}\chi^2 &= \frac{(k_1 - pn_1)^2}{pn_1} + \frac{[(n_1 - k_1) - (1-p)n_1]^2}{(1-p)n_1} \\ &\quad + \frac{(k_2 - pn_2)^2}{pn_2} + \frac{[(n_2 - k_2) - (1-p)n_2]^2}{(1-p)n_2} \\ &= \frac{(k_1 - pn_1)^2}{p(1-p)n_1} + \frac{(k_2 - pn_2)^2}{p(1-p)n_2}\end{aligned}$$

ist dann χ^2-verteilt mit einem Freiheitsgrad, falls die Wahrscheinlichkeit p mit

$$p = \frac{k_1 + k_2}{n_1 + n_2}$$

aus den Daten geschätzt wird. Bei $H_0: p_1 = p_2$ und $H_1: p_1 \neq p_2$ wird H_0 abgelehnt, falls $\chi^2 \geq \chi^2_{1,\alpha}$. Aufgrund der Empfehlung von Sievers (1989) wird die in der Literatur für den Fall von $df = 1$ häufig empfohlene Kontinuitätskorrektur nicht angewandt.

Beispiel

Wir betrachten Daten aus dem Experiment zum visuell-sensorischen Speicher. Es wird angenommen, daß die Abfrage jedes einzelnen Buchstaben ein Bernoulli-Experiment ist, bei dem nur die Ereignisse E = „richtige Antwort" und $\overline{E}$ = „falsche Antwort" auftreten können. Die Antworten auf die einzelnen Tests sollen stochastisch unabhängig sein und die Wahrscheinlichkeit innerhalb jeder Abfragemethode wird als konstant angenommen. Die beiden Bedingungen sind Ganz- (B_1) und Teilbericht (B_2). Beim Ganzbericht werden in 120 Durchgängen je 8 Buchstaben, also insgesamt $n_1 = 960$ Buchstaben abgefragt. Beim Teilbericht werden in 120 Durchgängen je 4, zusammen also $n_2 = 480$ Buchstaben abgefragt. Eine Versuchsperson habe beim Ganzbericht $k_1 = 525$ und beim Teilbericht $k_2 = 405$ richtige Antworten erzielt. Geprüft wird die Nullhypothese, daß die Antwortwahrscheinlichkeit bei beiden Berichtsarten gleich ist: $p_1 = p_2$. Mit der Schätzung

$$p = \frac{525 + 405}{960 + 480} = 0.65$$

erhalten wir für die Prüfgröße den Wert

$$\chi^2 = \frac{(525 - 0.65 \cdot 960)^2}{0.65 \cdot 960} + \frac{(405 - 0.65 \cdot 480)^2}{0.65 \cdot 480}$$
$$= 43.2.$$

Bei einem kritischen Wert von $\chi_{1,0.05} = 3.842$ wird die Nullhypothese abgelehnt.

13.6.2 Vergleich der Erwartungswerte von 2 unabhängigen Normalverteilungen bei unbekannter aber gleicher Varianz

Der t-Test für unabhängige Stichproben ist geeignet, die Erwartungswerte zweier unabhängiger Normalverteilungen zu vergleichen. Sind X und Y normalverteilte Zufallsvariablen, dann werden diese als unabhängig betrachtet, wenn die Realisierung eines bestimmten Wertes der einen Variablen keinen Einfluß auf die Werte der anderen Variablen hat. Dies ist in der Regel dann der Fall, wenn X und Y Daten verschiedener Personen sind, die nichts gemeinsam haben, das sie von anderen Personen der Stichprobe unterscheidet. In den Experimenten dieses Praktikums werden häufig Werte zweier Zufallsvariablen bei einer einzigen Person erhoben, wie etwa im Fall der einfachen Reaktionszeiten auf 2 verschiedene Signale. In diesem Fall sind die Reaktionszeiten der Versuchsperson als die Grundgesamtheit zu betrachten, nicht die Menge aller Versuchspersonen, wie dies sonst in der Psychologie häufig der Fall ist. Die statistische Aussage bezieht sich damit auf die Menge aller Reaktionszeiten, und es wird geprüft, ob die Verteilungen der Reaktionszeiten auf die beiden verschiedenen Signale verschiedene Erwartungswerte haben. Die Aussage des Tests ist auf die eine Versuchsperson beschränkt und kann nicht auf andere Personen verallgemeinert werden. Für die eine Person kann jedoch durch geeignete experimentelle Vorkehrungen dafür gesorgt werden, daß die Zufallsvariablen der Reaktionszeiten für die beiden Signale stochastisch unabhängig sind. Damit kann der t-Test für unabhängige Stichproben benutzt werden, um zu prüfen, ob die Reaktionszeiten der Versuchsperson auf die beiden Signale verschieden sind oder nicht. Voraussetzung für diesen Test ist, daß die Varianzen der beiden Zufallsgrößen in der Grundgesamtheit gleich sind. Ist der Umfang der beiden Stichproben hinreichend groß (über 30) und annähernd gleich, was bei unseren Experimenten immer der Fall ist, kann der t-Test auch bei geringfügig unterschiedlichen Varianzen ohne Verlust des α-Niveaus verwendet werden.

Als Prüfgröße für den t-Test wird die Statistik

$$t = \frac{\overline{x}_1 - \overline{x}_2}{\sqrt{\dfrac{(n_1-1)s_1^2 + (n_2-1)s_2^2}{n_1+n_2-2}}} \sqrt{\frac{n_1 n_2}{n_1+n_2}}$$

benutzt. Sie ist t-verteilt mit $n_1 + n_2 - 2$ Freiheitsgraden. Falls $n_1 = n_2 = n$, dann vereinfacht sie sich zu

$$t = \frac{\overline{x}_1 - \overline{x}_2}{\sqrt{s_1^2 + s_2^2}} \sqrt{n}.$$

Bei H_0: $\mu_1 = \mu_2$ und H_1: $\mu_1 \neq \mu_2$ wird H_0 abgelehnt, falls $t < -t_{n_1+n_2-2, 1-\frac{\alpha}{2}}$ oder $t > -t_{n_1+n_2-2, 1-\frac{\alpha}{2}}$. Bei H_0: $\mu_1 \leq \mu_2$ und H_1: $\mu_1 > \mu_2$ wird H_0 abgelehnt, falls $t > t_{n_1+n_2-2, 1-\alpha}$.

Zum einfachen Berechnen der Prüfgröße t wird eine Tabelle nach dem Schema von Tabelle 13.2 erstellt. Sie enthält vier Spalten: Die empirischen Werte für x_1 und x_2 und jeweils deren Quadrate.

Beispiel

Von einer Versuchsperson wurden einfache Reaktionszeiten auf 2 verschiedene Signale gemessen. Jedes Signal wurde 50-mal dargeboten.

Tabelle 13.2. Tabellenschema für den t-Test. Zur Berchnung werden die Summen der einfachen und der quadrierten Meßwerte benötigt. Damit können sowohl die Mittelwerte nach Gleichung (13.2) als auch die Varianzen nach Gleichung (13.3) in einfacher Weise berechnet werden.

X_1	X_2	X_1^2	X_2^2
.	.	.	.
.	.	.	.
.	.	.	.
$\sum x_1$	$\sum x_2$	$\sum x_1^2$	$\sum x_2^2$

Durchgänge, mit „Reaktionszeiten" unter 100 ms werden nicht in die Auswertung aufgenommen. Es verbleiben $n_1 = 50$ Reaktionszeiten für das erste und $n_2 = 49$ für das zweite Signal. Für die Summen ergibt sich: $\sum x_1 = 12879$, $\sum x_2 = 10970$, $\sum x_1^2 = 3515280$ und $\sum x_2^2 = 2578550$. Für Mittelwerte und Varianzen erhält man $\overline{x}_1 = 257.58$, $\overline{x}_2 = 223.878$, $s_1^2 = 4039.02$ und $s_2^2 = 2554.4$. Die Prüfgröße hat den Wert

$$t = \frac{257.58 - 223.87}{\sqrt{\frac{(50-1)\cdot 4039.02 + (49-1)2554.4}{50+49-2}}} \sqrt{\frac{49 \cdot 50}{49 + 50}}$$
$$= 2.917.$$

Bei einem Signifikanzniveau von $\alpha = 0.05$ und einem kritischen Wert von $t_{50+49-2, 0.975} = 1.98$ bei $(50+49-2)$ Freiheitsgraden wird die Nullhypothese H_0: $\mu_1 = \mu_2$ abgelehnt. Die Reaktionszeit auf das hellere Signal ist signifikant verschieden von der auf das dunklere Signal.

13.6.3 Vergleich der Erwartungswerte von 2 stochastisch abhängigen Normalverteilungen

Bei 2 abhängigen Meßwerten von jeder Untersuchungseinheit kann der Test direkt auf der Differenz der Meßwerte einer Untersuchungseinheit aufbauen. Sind die Meßwerte normalverteilt, dann gilt dies auch für die Differenzen. Unter der Nullhypothese, daß zwischen den beiden Faktorstufen kein Unterschied besteht, hat die Differenz der Meßwerte den Erwartungswert 0. Als Prüfgröße wird die t-Statistik für die Meßwertdifferenz benutzt:

$$t = \frac{\overline{D}}{s_D}\sqrt{n},$$

wobei $\overline{D}$ der Mittelwert der Meßwertdifferenzen, s_D deren Standardabweichung und n die Anzahl der Meßwertdifferenzen ist. Die Prüfgröße ist t-verteilt mit $(n-1)$ Freiheitsgraden.

Bei H_0: $\mu_1 = \mu_2$ und H_1: $\mu_1 \neq \mu_2$ wird H_0 abgelehnt, falls $t < -t_{n-1,1-\frac{\alpha}{2}}$ oder $t > t_{n-1,1-\frac{\alpha}{2}}$. Bei H_0: $\mu_1 \leq \mu_2$ und H_1: $\mu_1 > \mu_2$ wird H_0 abgelehnt, falls $t > t_{n-1,1-\alpha}$.

Beispiel

Wir betrachten Daten von 6 Versuchspersonen, für die jeweils die mittlere Reaktionszeit auf ein Signal der Leuchtdichte 3 cd/m² und ein Signal der Leuchtdichte 100 cd/m² gemessen wurde. Die Nullhypothese ist, daß die Reaktionszeit auf das hellere Signal nicht kürzer ist als die auf das dunklere Signal: H_0: $\mu_{100} \geq \mu_3$. Die folgende Tabelle enthält die Daten und die für die Berechnung notwendigen Differenzen und deren Quadrate.

X_3	X_{100}	D	D^2
247	204	43	1849
241	219	22	484
236	203	33	1089
262	219	43	1849
211	197	14	196
192	185	7	49
$\sum$		162	5516

Mit

$$\overline{D} = \frac{162}{6} = 27$$

und
$$s_D = \sqrt{\frac{5516 - 6 \cdot 27^2}{5}} = 15.113$$
ergibt sich für die Prüfgröße
$$t = \frac{27}{15.113}\sqrt{6} = 4.376.$$
Bei einem kritischen Wert von $t_{n-1,0.95} = 2.02$ wird die Nullhypothese abgelehnt. Die mittlere Reaktionszeit auf das hellere Signal ist also signifikant kürzer.

13.6.4 Einfache Varianzanalyse bei stochastisch unabhängigen Meßwerten

Bei normalverteilten Meßwerten einer unabhängigen Variablen mit mehr als 2 Stufen der unabhängigen Variablen wird zum Vergleich der Erwartungswerte eine einfache Varianzanalyse durchgeführt. Man nennt die unabhängigen Variablen im Zusammenhang mit der Varianzanalyse in der Regel *Faktoren* und ihre Ausprägungen *Faktorstufen*. Voraussetzung für die Varianzanalyse ist, daß die Varianzen in allen Faktorstufen gleich sind. Das lineare Modell der einfachen Varianzanalyse für den Meßwert X_{ik} bei der Untersuchungseinheit k und der Faktorstufe i ist

$$X_{ik} = \mu_i + \epsilon_{ik}.$$

Dabei ist μ_i der Erwartungswert von X_{ik} in der Faktorstufe i und ϵ_{ik} ist ein Fehlerterm. Häufig ist man nicht an μ_i sondern nur an den Abweichungen vom Gesamtmittelwert interessiert und schreibt dann

$$X_{ik} = \mu + \alpha_i + \epsilon_{ik},$$

wobei μ der Erwartungswert in der Population, $\alpha_i = \mu_i - \mu$ der Effekt der Faktorstufe i und ϵ_{ik} der Fehlerterm ist.

Bei m Faktorstufen ist die Nullhypothese der einfachen Varianzanalyse H_0: $\mu_1 = \mu_2 = \ldots = \mu_m$ oder alternativ H_0: $\alpha_i = 0$, für alle $i = 1, \ldots, m$. Liegen für jede Faktorstufe i genau n_i Meßwerte vor, dann ist die Prüfgröße der einfachen Varianzanalyse

$$F = \frac{(q_1 - q_0)/(m - 1)}{(q_2 - q_1)/(n - m)]}, \tag{13.5}$$

wobei $n = \sum_i n_i$. Für die Berechnung der Quadratsummen q_i werden folgende Formeln benutzt:

$$q_0 = \frac{1}{n} x_{..}^2$$
$$q_1 = \sum_{i=1}^{m} \frac{x_{i\cdot}^2}{n_i}$$
$$q_2 = \sum_{i=1}^{m} \sum_{k=1}^{n_i} x_{ik}^2.$$

Hier und in den folgenden Abschnitten werden für die über einen Index der beobachteten Variablen x_{ik} berechneten Summen folgende Abkürzungen verwendet:

$$x_{i\cdot} = \sum_{k=1}^{n} x_{ik}$$
$$x_{..} = \sum_{i=1}^{m} x_{i\cdot}.$$

Bei Gültigkeit der Nullhypothese ist die Prüfgröße (13.5) F-verteilt mit $(m-1, n-m)$ Freiheitsgraden. Die Nullhypothese wird abgelehnt, wenn $F > F_{(m-1),(n-m),(1-\alpha)}$.

Beispiel

Im Stroop-Experiment wird die Reaktionszeit unter drei verschiedenen Bedingungen gemessen: 1. Die Testfarbe wird durch ein Wort angegeben, das die Buchstabenfarbe angibt. 2. Die Testfarbe wird durch ein Wort angegeben, das zwar ein Farbwort ist, aber nicht die Testfarbe bezeichnet. 3. Die Testfarbe wird von einer neutralen Buchstabenfolge angegeben. Die Nullhypothese ist, daß die mittleren Reaktionszeiten unter allen drei Bedingungen identisch sind. Wir haben Daten von einer Person unter allen drei Bedingungen und nehmen an, daß die Varianzen in allen Bedingungen gleich sind. Wegen der großen Zahl von Messungen ($n_i = 30$) können wir eine Normalverteilung der mittleren Reaktionszeiten annehmen. Zur Berechnung der Prüfgröße bildet man eine Tabelle nach dem Schema von Tabelle

Tabelle 13.3. Beispiel einer Berechnungstabelle zur einfachen Varianzanalyse. Die Daten stammen aus einem Stroop-Experiment (Kap. 7). Die Tabelle enthält für jede der 3 Bedingungen die Reaktionszeiten und deren Quadrate. Die letzte Zeile enthält die Summen über die entsprechenden Spalten.

k	x_{1k}	x_{1k}^2	x_{2k}	x_{2k}^2	x_{3k}	x_{3k}^2
1	753	567009	568	322624	787	619369
2	806	649636	775	600625	753	567009
3	779	606841	564	318096	873	762129
4	749	561001	818	669124	589	346921
5	498	248004	993	986049	752	565504
6	621	385641	568	322624	878	770884
7	619	383161	695	483025	716	512656
8	877	769129	871	758641	627	393129
9	661	436921	530	280900	1093	1194649
10	621	385641	624	389376	568	322624
11	688	473344	1734	3006756	1576	2483776
12	867	751689	631	398161	872	760384
13	724	524176	1112	1236544	1426	2033476
14	753	567009	618	381924	880	774400
15	1117	1247689	1992	3968064	972	944784
16	651	423801	1030	1060900	867	751689
17	657	431649	562	315844	939	881721
18	782	611524	754	568516	777	603729
19	680	462400	963	927369	1183	1399489
20	711	505521	561	314721	963	927369
21	587	344569	601	361201	911	829921
22	849	720801	930	864900	779	606841
23	745	555025	909	826281	846	715716
24	694	481636	933	870489	898	806404
25	693	480249	842	708964	744	553536
26	712	506944	562	315844	713	508369
27	942	887364	998	996004	846	715716
28	835	697225	1270	1612900	787	619369
29	746	556516	592	350464	878	770884
30	592	350464	1125	1265625	1393	1940449
$\sum$	22009	16572579	25725	25482555	26886	25682896

13.3 mit m Paaren von Spalten, da für jede Faktorstufe die Summen der einfachen und quadrierten Meßwerte benötigt werden.

Für die Daten aus Tabelle 13.3 ergeben sich folgende Quadratsummenwerte:

$$q_0 = \frac{(22009 + 25725 + 26886)^2}{90} = 61868271.11$$

$$q_1 = \frac{22009^2 + 25725^2 + 26886^2}{30} = 62300956.73$$

$$q_2 = 16572579 + 25482555 + 25682896 = 67738030.$$

Die Prüfgröße des Tests nach Gl. (13.5) hat damit den Wert

$$F = \frac{(62300956.73 - 61868271.11)/(3-1)}{(67738030 - 62300956.73)/(90-3)}$$
$$= 3.46.$$

Bei einem Signifikanzniveau von $\alpha = 0.05$ und einem kritischen Wert von $F_{2,87,0.95} = 3.10$ wird die Nullhypothese abgelehnt. Zwischen den mittleren Reaktionszeiten in den verschiedenen Interferenzbedingungen des Stroop-Experiments bestehen also signifikante Unterschiede.

13.6.5 Einfache Varianzanalyse bei stochastisch abhängigen Meßwerten

Werden bei jeder Untersuchungseinheit Meßwerte unter allen Faktorstufen erhoben, dann liegen stochastisch abhängige Meßwerte vor. In diesem Fall ist eine *einfaktorielle Varianzanalyse mit Meßwiederholungen* durchzuführen. Wir betrachten m Faktorstufen und nehmen für jede Faktorstufe n Meßwerte an. Da Meßwiederholungen vorliegen, müssen in allen Faktorstufen gleich viele Meßwerte vorkommen.

Das lineare Modell, das der einfachen Varianzanalyse mit Meßwiederholungen zugrunde liegt, ist:

$$X_{ik} = \mu + \alpha_i + \pi_k + \gamma_{ik} + \epsilon_{ik},$$

wobei μ der Erwartungswert in der Population, α_i der Effekt der Faktorstufe i, π_k der Beitrag der Versuchsperson k, γ_{ik} der für Faktorstufe i bei Versuchsperson k spezielle Effekt und ϵ_{ik} der Fehlerterm ist. Es ist bereits an der identischen Indizierung von γ und ϵ

erkennbar, daß diese beiden Größen nicht einzeln identifizierbar sind. Dagegen ist es aufgrund der wiederholten Beobachtung möglich, den Varianzanteil der durch die Person k bewirkt wird, zu isolieren. Dieser wird als q_2 von der Quadratsumme der Fehler $q_3 - q_1$ abgezogen und vermindert so gegenüber dem Design ohne Meßwiederholungen die Fehlervarianz. Die Nullhypothese ist H_0: $\alpha_i = 0$, für alle $i = 1, \ldots, m$. Die Prüfgröße ist

$$F = \frac{(q_1 - q_0)/(m-1)}{(q_3 - q_1 - q_2 + q_0)/[(m-1)(n-1)]}.$$

Sie ist F-verteilt mit $(m-1), [(m-1)(n-1)]$ Freiheitsgraden. Die Quadratsummen q_i sind in folgender Weise definiert:

$$q_0 = \frac{1}{mn} x_{..}^2$$

$$q_1 = \frac{1}{n} \sum_{i=1}^{m} x_{i.}^2$$

$$q_2 = \frac{1}{m} \sum_{k=1}^{n} x_{.k}^2$$

$$q_3 = \sum_{i=1}^{m} \sum_{k=1}^{n} x_{ik}^2.$$

Beispiel

Ergebnisse der statistischen Datenanalyse eines Stroop-Experiments können nicht auf eine Population verallgemeinert werden, wenn wie in Abschnitt 13.6.4 nur Daten einer einzigen Versuchsperson einbezogen werden. Betrachtet man Daten mehrerer Versuchspersonen, dann liegt ein Design mit Meßwiederholung vor, da jede der 3 Faktorstufen von jeder Versuchsperson bearbeitet wird.

Für die Quadratsummen $q_0, \ldots, q_3$ erhalten wir mit den Werten aus Tabelle 13.4:

$$q_0 = \frac{8686^2}{3 \cdot 4} = 6287216.333$$

Tabelle 13.4. Berechnungsbeispiel zur einfachen Varianzanaylse bei abhängigen Meßwerten mit Daten von 4 Personen aus einem Stroop-Experiment (Kap. 7). Wir verwenden als Daten die Mittelwerte wiederholter Reaktionszeitmessungen einer Person unter der jeweiligen Bedingung. Jede Zeile der Tabelle enthält Daten einer Versuchsperson. Wie in Tabelle 13.3 sind für jede Bedingung die Reaktionszeit und deren Quadrat angegeben. Die letzte Spalte der Tabelle enthält zusätzlich die Zeilensummen der Reaktionszeiten.

k	x_{1k}	x_{1k}^2	x_{2k}	x_{2k}^2	x_{1k}	x_{1k}^2	$\sum$
1	743	552049	733	537289	763	582169	2239
2	726	527076	771	594441	866	749956	2363
3	689	474721	681	463761	737	543169	2107
4	654	427716	620	384400	703	494209	1977
$\sum$	2812	1981562	2805	1979891	3069	2369503	8686

$$q_1 = \frac{2812^2 + 2805^2 + 3069^2}{4} = 6298532.5$$

$$q_2 = \frac{2239^2 + 2363^2 + 2107^2 + 1977^2}{3} = 6314956$$

$$q_3 = 1981562 + 1979891 + 2369503 = 6330956.$$

Für die Prüfgröße ergibt sich daraus

$$F = \frac{(6298532.5 - 6287216.333)/(3-1)}{\frac{6330956 - 6298532.5 - 6314956 + 6287216.333}{(3-1)(4-1)}}$$

$$= 7.248.$$

Bei einem kritischen Wert von $F_{2,6,0.95} = 5.14$ wird die Nullhypothese abgelehnt. Wir können daher auch für die Gesamtpopulation von bedeutsamen Reaktionszeitunterschieden zwischen den 3 Bedingungen des Stroop-Experiments ausgehen.

13.6.6 Zweifache Varianzanalyse bei stochastisch unabhängigen Meßwerten

Werden in einem Experiment 2 oder mehr unabhängige Variablen verwendet, so kann die Auswertung bei geeigneter Verteilung der

Meßwerte mit Hilfe einer mehrfaktoriellen Varianzanalyse erfolgen. Eine Besonderheit mehrfaktorieller Varianzanalysen besteht darin, daß sie die Analyse von Interaktionseffekten erlauben. Interaktionseffekte liegen dann vor, wenn ein Effekt nicht in allen Stufen des einen Faktors im gleichen Ausmaß auftritt, sondern je nach Ausprägung des anderen Faktors in unterschiedlichem Ausmaß. Wir beschränken uns hier auf den zweifaktoriellen Fall.

Eine zweifaktorielle Varianzanalyse für stochastisch unabhängige Meßwerte wird dann zur Datenauswertung benutzt, wenn von jeder Untersuchungseinheit nur Daten für eine Versuchsbedingung erhoben werden, so daß alle Meßwerte aus den verschiedenen Versuchsbedingungen stochastisch unabhängig sind. Dies geschieht etwa dann, wenn von jeder Versuchsperson genau ein Meßwert aus einer Versuchsbedingung erhoben wird. Die Verteilung der Versuchspersonen auf die Bedingungen hat zufällig zu erfolgen. Wertet man nur Daten von einer einzigen Person aus (vgl. Abschnitt 13.4), dann hat die Verteilung der Bedingungen auf die Durchgänge zufällig zu erfolgen. Wir betrachten hier nur den Fall, daß sich in jeder Versuchsbedingung gleich viele Untersuchungseinheiten befinden.

Das lineare Modell für ein Experiment mit 2 unabhängigen Variablen ist

$$X_{ijk} = \mu + \alpha_i + \beta_j + \gamma_{ij} + \epsilon_{ijk}.$$

Dabei ist μ der Erwartungswert in der Population, α_i der Effekt der Faktorstufe i des ersten Faktors, β_j der Effekt der Faktorstufe j des zweiten Faktors, γ_{ij} der Effekt beim gemeinsamen Auftreten des ersten Faktors in Stufe i und des zweiten Faktors in Stufe j und ϵ_{ijk} der Fehlerterm. In diesem Design können drei Hypothesen geprüft werden, 2 Haupteffekte und ein Interaktionseffekt:

H_{01}: $\quad \alpha_i = 0$, für alle $i = 1, \ldots, m$

H_{02}: $\quad \beta_j = 0$, für alle $j = 1, \ldots, p$

H_{03}: $\quad \gamma_{ij} = 0$, für alle $i = 1, \ldots, m, j = 1, \ldots, p$.

Die Alternativhypothesen sind jeweils die logischen Komplemente der Nullhypothesen, also etwa:

H_{11}: $\quad \alpha_i \neq 0$ für mindestens ein i.

Die Prüfgrößen für die drei Tests sind folgende F-Werte:

$$F_1 = \frac{(q_1 - q_0)/(m-1)}{(q_4 - q_3)/[mp(n-1)]}$$

$$F_2 = \frac{(q_2 - q_0)/(p-1)}{(q_4 - q_3)/[mp(n-1)]}$$

$$F_3 = \frac{(q_3 - q_1 - q_2 + q_0)/[(m-1)(p-1)]}{(q_4 - q_3)/[mp(n-1)]}.$$

Die Quadratsummen q_i sind folgendermaßen definiert:

$$q_0 = \frac{1}{mpn} x_{...}{}^2$$

$$q_1 = \frac{1}{pn} \sum_{i=1}^{m} x_{i..}{}^2$$

$$q_2 = \frac{1}{mn} \sum_{j=1}^{p} x_{\cdot j \cdot}{}^2$$

$$q_3 = \frac{1}{n} \sum_{i=1}^{m} \sum_{j=1}^{p} x_{ij\cdot}{}^2$$

$$q_4 = \sum_{i}^{m} \sum_{j}^{p} \sum_{k}^{n} x_{ijk}{}^2.$$

Bei Gültigkeit der entsprechenden Nullhypothese ist die Prüfgröße F_1 F-verteilt mit $[m-1, mp(n-1)]$ Freiheitsgraden, F_2 ist F-verteilt mit $[p-1, mp(n-1)]$ Freiheitsgraden und F_3 ist F-verteilt mit $[(m-1)(p-1), mp(n-1)]$ Freiheitsgraden.

Beispiel

Tabelle 13.5 zeigt Daten aus einem Experiment zum Bewegungsnacheffekt (Kap. 4). Es gibt 2 Faktoren mit je 2 Faktorstufen: die Bewegungsart (linear oder radial) und das Beobachtungsauge in der Testphase (identisch mit adaptiertem Auge oder nicht). Da alle Daten von einer einzigen Versuchsperson stammen, handelt es sich um ein zweifaktorielles Design mit unabhängigen Meßwerten (vgl. Ab-

13 Statistische Verfahren

Tabelle 13.5. Berechnungstabelle für eine zweifaktorielle Varianzanalyse mit stochastisch unabhängigen Meßwerten. Die Daten stammen aus einem Experiment zum Bewegungsnacheffekt, sie wurden an einer einzigen Person erhoben und geben die Dauer des Nacheffekts in Sekunden an (vgl. Kap. 4 und Abb. 4.2). Der erste Faktor ist die Bewegungsart (linear oder radial) und der zweite Faktor ist das Beobachtungsauge in der Testphase (identisch mit adaptatiertem Auge oder nicht). Neben den Dauern des Nacheffekts in Sekunden sind jeweils die Quadrate eingetragen. Außerdem sind für die Unterabschnitte der einzelnen Faktorstufen die Summenwerte angegeben.

Bewegung	x_{i1k}	x_{i1k}^2	x_{i2k}	x_{i2k}^2	$\sum$
linear	11	121	4	16	
	8	64	3	9	
	11	121	6	36	
	8	64	5	25	
	14	196	5	25	
	13	169	6	36	
$\sum$	65	735	29	147	94
radial	14	196	10	100	
	15	225	5	25	
	14	196	9	81	
	16	256	5	25	
	17	289	13	169	
	15	225	10	100	
$\sum$	91	1387	52	500	143
$\sum$	156		81		

schnitt 13.4). Die Hypothesen sind, daß Radial- und Linearbewegung zu unterschiedlichen Nacheffektdauern führen und daß der Nacheffekt größer ist, wenn das adaptierte Auge auch in der Testphase zur Beobachtung benutzt wird. Nach den Ergebnissen von Heller und

Ziefle (1990) ist darüber hinaus ein Interaktionseffekt zu erwarten: Die Abnahme der Nacheffektdauer beim Wechsel des Beobachtungsauges sollte bei der Radialbewegung geringer sein als bei der Linearbewegung, da die längere Nacheffektdauer bei der Radialbewegung durch Tiefenwahrnehmungsmechanismen verursacht sein soll, die binokular verschaltet sind.

Für die Quadratsummen q_i ergeben sich folgende Werte:

$$q_0 = \frac{(156+81)^2}{2 \cdot 2 \cdot 6} = 2340.375$$

$$q_1 = \frac{94^2 + 143^2}{2 \cdot 6} = 2440.42$$

$$q_2 = \frac{156^2 + 81^2}{2 \cdot 6} = 2574.75$$

$$q_3 = \frac{65^2 + 29^2 + 91^2 + 52^2}{6} = 2675.17$$

$$q_4 = 735 + 147 + 1387 + 500 = 2769.$$

Wir erhalten damit folgende F-Werte:

$$F_1 = \frac{(2440.42 - 2340.375)/(2-1)}{(2769 - 2675.17)/[2 \cdot 2 \cdot (6-1)]} = 21.32$$

$$F_2 = \frac{(2574.75 - 2340.375)/(2-1)}{(2769 - 2675.17)/[2 \cdot 2 \cdot (6-1)]} = 49.96$$

$$F_3 = \frac{(2675.17 - 2440.42 - 2574.75 + 2340.375)/[(2-1)(2-1)]}{(2769 - 2675.17)/[2 \cdot 2 \cdot (6-1)]}$$
$$= 0.08.$$

Bei einem kritischen Wert von $F_{1,20,0.95} = 4.35$ wird die Nullhypothese zu F_1, daß die beiden Bewegungsarten den gleichen Nacheffekt erzeugen, abgelehnt. Auch die Nullhypothese zu F_2, daß der Wechsel des Beobachtungsauges keinen Effekt hat. wird abgelehnt. Die Hypothese, daß der Nacheffekt der Radialbwegung besser auf das kontralaterale Auge transferiert wird als der der Linearbewegung, kann nicht bestätigt werden, da die Nullhypothese zu F_3 nicht abgelehnt werden kann.

13.6.7 Zweifache Varianzanalyse bei stochastisch abhängigen Meßwerten

Werden alle Stufen aller Faktoren bei jeder Versuchsperson beobachtet, und werden Daten von mehr als einer Versuchsperson erhoben, dann liegt ein mehrfaktorielles Design mit vollständiger Meßwiederholung vor. Die Fehlervarianz stammt in diesem Fall aus 2 möglichen Quellen: der intraindividuellen Variabilität einerseits und der interindividuellen Varianz andererseits. Dies kann wie im einfaktoriellen Fall auch hier bei der Berechnung der Effektgrößen berücksichtigt werden, da ja von jeder Untersuchungseinheit (Person) mehrere Meßwerte vorliegen.

Das lineare Modell für ein Experiment mit 2 abhängigen Variablen ist

$$X_{ijk} = \mu + \alpha_i + \beta_j + \gamma_{ij} + \pi_k + \epsilon_{ijk}.$$

Dabei ist μ der Erwartungswert in der Population, α_i der Effekt der Faktorstufe i des ersten Faktors, β_j der Effekt der Faktorstufe j des zweiten Faktors, γ_{ij} der Effekt beim gemeinsamen Auftreten des ersten Faktors in Stufe i und des zweiten Faktors in Stufe j, π_k der personenspezifische Effekt und ϵ_{ijk} der Fehlerterm. In diesem Design können wie bei der Varianzanalyse für unabhängige Meßwerte drei Hypothesen geprüft werden, 2 Haupteffekte und ein Interaktionseffekt:

H_{01}: $\alpha_i = 0$, für alle $i = 1, \ldots, m$
H_{02}: $\beta_j = 0$, für alle $j = 1, \ldots, p$
H_{03}: $\gamma_{ij} = 0$, für alle $i = 1, \ldots, m, j = 1, \ldots, p$.

Die Prüfgrößen für die drei Tests sind folgende F-Werte:

$$F_1 = \frac{(q_1 - q_0)/(m-1)}{(q_5 - q_1 - q_3 - q_0)/[(m-1)(n-1)]}$$

$$F_2 = \frac{(q_2 - q_0)/(p-1)}{(q_6 - q_2 - q_3 - q_0)/[(p-1)(n-1)]}$$

$$F_3 = \frac{(q_4 - q_1 - q_2 + q_0)/[(m-1)(p-1)]}{\dfrac{q_7 + q_1 + q_2 + q_3 - q_4 - q_5 - q_6 + 5q_0}{(m-1)(p-1)(n-1)}}.$$

Die Quadratsummen q_i sind folgendermaßen definiert:

$$q_0 = \frac{1}{mpn} x_{...}{}^2$$

$$q_1 = \frac{1}{pn} \sum_{i=1}^{m} x_{i..}{}^2$$

$$q_2 = \frac{1}{mn} \sum_{j=1}^{p} x_{.j.}{}^2$$

$$q_3 = \frac{1}{mp} \sum_{k=1}^{n} x_{..k}{}^2$$

$$q_4 = \frac{1}{n} \sum_{i=1}^{m} \sum_{j=1}^{p} x_{ij.}{}^2$$

$$q_5 = \frac{1}{p} \sum_{i=1}^{m} \sum_{k=1}^{n} x_{i\cdot k}{}^2$$

$$q_6 = \frac{1}{m} \sum_{j=1}^{p} \sum_{k=1}^{n} x_{.jk}{}^2$$

$$q_7 = \sum_{i}^{m} \sum_{j}^{p} \sum_{k}^{n} x_{ijk}{}^2.$$

Bei Gültigkeit der entsprechenden Nullhypothese ist die Prüfgröße F_1 F-verteilt mit $[m-1, (m-1)(n-1)]$ Freiheitsgraden, F_2 ist F-verteilt mit $[p-1, (p-1)(n-1)]$ Freiheitsgraden und F_3 ist F-verteilt mit $[(m-1)(p-1), (m-1)(p-1)(n-1)]$ Freiheitsgraden.

Beispiel

Betrachtet man beim Experiment zum Bewegungsnacheffekt (Kap. 4) nicht wie in Tabelle 13.5 nur Daten einer einzigen Versuchsperson, sondern von mehreren Personen, dann geht man am besten von den Mittelwerten jeder Person bei jeder Bedingung aus. Solche Werte von

Tabelle 13.6. Berechnungstabelle für eine zweifaktorielle Varianzanalyse mit stochastisch abhängigen Meßwerten. Die Daten stammen aus dem gleichen Experiment wie die von Tabelle 13.5, allerdings sind hier Daten von 4 Personen aufgeführt. Zur Auswertung werden nur die Mittelwerte jeder Person in jeder Bedingungskombination benötigt.

Bewegung/Vp	x_{i1k}	x_{i1k}^2	x_{i2k}	x_{i2k}^2	$\sum$
linear					
1	10.83	117.29	4.83	23.33	
2	12.67	160.53	3.67	13.47	
3	18.33	335.99	13.50	182.25	
4	10.83	117.29	6.00	36.00	
$\sum$	52.66	731.096	28.00	255.048	80.66
radial					
1	15.17	230.13	8.67	75.17	39.50
2	18.17	160.53	6.67	13.47	41.18
3	17.50	306.25	10.83	117.29	60.16
4	12.17	148.11	4.50	20.25	33.50
$\sum$	63.01	1014.64	30.67	257.197	93.68
$\sum$	115.67		58.67		

4 Versuchspersonen sind in Tabelle 13.6 dargestellt. Für die Quadratsummen erhält man aus den Daten der Tabelle folgende Werte:

$$q_0 = \frac{(115.67 + 58.67)^2}{2 \cdot 2 \cdot 4} = 1899.65$$

$$q_1 = \frac{80.66^2 + 93.68^2}{2 \cdot 4} = 1910.247$$

$$q_2 = \frac{115.67^2 + 58.67^2}{2 \cdot 4} = 2102.715$$

$$q_3 = \frac{39.5^2 + 41.18^2 + 60.16^2 + 33.5^2}{2 \cdot 2} = 1999.38$$

$$q_4 = \frac{52.66^2 + 28.00^2 + 63.01^2 + 30.67^2}{4} = 2117.00$$

$$q_5 = \frac{1808.63 + 2265.85}{2} = 2037.24$$

$$q_6 = \frac{3439.89 + 991.364}{2} = 2215.63$$

$$q_7 = 731.096 + 255.048 + 1014.64 + 257.197 = 2257.98.$$

Mit den Werten

$$1910.247 + 2102.715 + 1999.38 = 6012.342$$
$$2117 + 2037.24 + 2215.63 = 6369.87$$

erhalten wir für die Prüfgrößen die folgenden F-Werte:

$$F_1 = \frac{(1910.247 - 1899.65)/(1-1)}{(2037.24 - 1720.21 - 1842.43 - 1899.65)/[(2-1)(4-1)]}$$
$$= 1.166$$

$$F_2 = \frac{(2102.715 - 1899.65)/(1-1)}{(2215.63 - 1401.81 - 1842.43 - 1899.65)/[(2-1)(4-1)]}$$
$$= 46.20$$

$$F_3 = \frac{(2117 - 1910.247 - 2102.715 + 1899.65)/[(2-1)(2-1)]}{\frac{2257.98 + 6012.342 - 6369.87 - 1899.65}{(2-1)(2-1)(4-1)}}$$
$$= 13.80.$$

Bei einem kritischen Wert von $F_{1,3,0.95} = 10.13$ kann H_{01} nicht abgelehnt werden. Die Nullhypothese H_{02} dagegen wird abgelehnt. Darüber hinaus muß auch H_{03} abgelehnt werden. Die über mehrere Personen hinweg erhobenen Daten zeigen also einen signifikanten Interaktionseffekt zwischen der Bewegungsart und dem Transfer. Der Nacheffekt vermindert sich bei kontralateraler Beobachtung beim radialen Bewegungsmuster stärker als beim linearen. Abbildung 13.2 veranschaulicht dieses Ergebnis.

13.6.8 Test der Symmetrie einer Verteilung

Bei vielen parametrischen Testverfahren wird angenommen, daß die abhängige Größe normalverteilt ist. Bestehen Zweifel darüber, ob

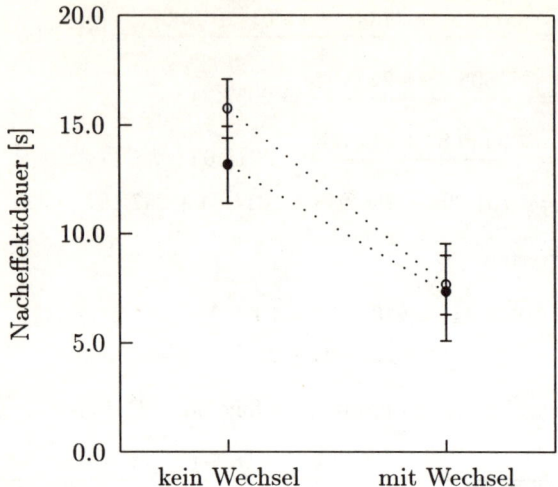

Abb. 13.2. Ergebnisse von 4 Versuchspersonen bei der Bestimmung des Bewegungsnacheffekts. Die offenen Punkte geben Daten der Radialbewegung, die gefüllten Punkte Daten der Linearbewegung an. Bei den rechten Punkten wurde für die Testphase das Beobachtungsauge gewechselt, bei den linken Punkten nicht. Die Bereiche geben die Standardschätzfehler der Mittelwerte an. Die Adaptationsdauer war 30 s. Die Daten zeigen einen signifikanten Interaktionseffekt. Der Kontralaterale Transfer ist, bezogen auf die ipsilaterale Nacheffektdauer, bei der Linearbewegung größer als bei der Radialbewegung.

diese Annahme gerechtfertigt ist, dann muß sie statistisch überprüft werden. Bei hinreichend großen Stichproben eignet sich dafür ein χ^2-Anpassungstest analog zu Abschnitt 13.6.1 für Normalverteilungen.

Ein einfaches Verfahren, das auch auf kleine Stichproben gut angewandt werden kann, prüft, ob die Verteilung der Stichprobenwerte symmetrisch zum arithmetischen Mittel liegt. Abweichungen von der Symmetrie kann man bereits daran erkennen, daß sich Median und arithmetisches Mittel stark unterscheiden. Eine statistische Prüfung der Symmetrie kann über eine Schätzung der Schiefe der Verteilung erfolgen. Als Prüfgröße eignet sich

$$t = \frac{S_3 \cdot \sqrt{n} \cdot \sqrt{(n+1)(n+3)}}{S_2 \cdot \sqrt{S_2} \cdot \sqrt{6}\sqrt{(n-2)}},$$

die t-verteilt ist mit unendlich vielen Freiheitsgraden (Snedecor, 1956), es kann also die Tabelle der Standardnormalverteilung benutzt werden. Dabei ist

$$S_2 = \sum_{i=1}^{n} (x_i - \overline{x})^2$$

und

$$S_3 = \sum_{i=1}^{n} (x_i - \overline{x})^3.$$

Die Nullhypothese ist H$_0$: $T = 0$, der Test ist also zweiseitig. Ein positiver Wert der Prüfgröße bedeutet, daß ein Überschuß an Werten unterhalb des arithmetischen Mittels vorliegt.

Beispiel

Für die in Bild 1.2 auf Seite 9 dargestellten 50 Reaktionszeiten auf das dunklere Signal ergeben sich folgende Werte: $S_1 = 197912$ und $S_3 = 30997900$. Der Wert der Prüfgröße ist damit

$$\begin{aligned} t &= \frac{30997900 \cdot \sqrt{50} \cdot \sqrt{(50+1)(50+3)}}{197912 \cdot \sqrt{197912} \cdot \sqrt{6}\sqrt{(50-2)}} \\ &= 7.627. \end{aligned}$$

Bei einem kritischen Wert von $t_{\infty, 0.975} = 1.96$ wird die Nullhypothese abgelehnt. Arithmetisches Mittel und Median stimmen nicht überein, die Verteilung ist rechtsschief.

13.6.9 Lineare Regression

Bei der Regressionsanalyse wird untersucht, ob die Realisierungen einer Zufallsvariablen X Vorhersagen der Realisierungen einer zweiten Zufallsvariablen Y zulassen. Bei der Regression 1. Art betrachtet man die bedingten Erwartungswerte $\mathcal{E}(Y \mid X = x)$ für alle möglichen Werte x von X. Diese liefert zwar die bestmögliche Vorhersage der Realisierungen von Y, hat aber den Nachteil, daß sie genauso viele „Parameter" hat, wie X verschiedene Werte annehmen kann. Eine Schätzung der bedingten Erwartungswerte setzt außerdem voraus, daß für jede Realisierung von X hinreichen viele Beobachtungen von Y durchgeführt werden können.

Wesentlich ökonomischer ist die Regression 2. Art. Dabei wird für den Zusammenhang zwischen X und dem bedingten Erwartungswert $\mathcal{E}(Y \mid X)$ ein funktionaler Zusammenhang angenommen, der durch eine einfache Formel mit wenigen Parametern beschrieben werden kann. Die Schätzung der Parameter erfolgt nach dem Prinzip der kleinsten Abweichungsquadrate: Man wählt diejenigen Parameter der Regressionsfunktion f, bei denen die Summe der quadrierten Abweichungen zwischen $f(x) = \mathcal{E}(Y \mid X = x)$ und den Realisierungen y am kleinsten ist. Besonders einfach ist das Schätzproblem zu lösen, wenn für f eine lineare Funktion der Form

$$f(x) = \alpha + \beta x$$

angenommen wird. Man spricht dann von *linearer Regression*. Die Schätzfunktionen a, b für α und β sind

$$a = \overline{y} - b\overline{x}$$

$$b = \frac{\sum_{i=1}^{n} x_i y_i - n\,\overline{x}\,\overline{y}}{\sum_{i=1}^{n} x_i^2 - n\overline{x}^2}.$$

Der Steigungsfaktor β heißt *Regressionskoeffizient*. Eine genaue Betrachtung der Formel zeigt, daß

$$b = \frac{s_{xy}}{s_x^2}.$$

Die Regressionsgerade verläuft also durch den Punkt $(\overline{x}, \overline{y})$ und hat die Steigung b.

Wurden empirisch 2 Regressionsgeraden mit den Parametern α, α', β und β' geschätzt, dann ist häufig zu prüfen, ob die zur Grundgesamtheit gehörenden Regressionskoeffizienten übereinstimmen: H_0:

$\beta = \beta'$. Ein statistischer Test dieser Nullhypothese wird von Bosch (1987) angegeben. Die Prüfgröße ist

$$t = \frac{(b-b')\sqrt{n_1 + n_2 - 4}}{\sqrt{(d+d') \cdot \left(\frac{1}{(n_1-1)s_x^2} + \frac{1}{(n_2-1)s_{x'}^2}\right)}}$$

mit $d = (n_1 - 1)\left(s_y^2 - b\right)$ und $d' = (n_2 - 1)\left(s_{y'}^2 - b'\right)$. Falls H_0 stimmt, ist sie t-verteilt mit $(n_1 + n_2 - 4)$ Freiheitsgraden.

Beispiel

Im Sternberg-Paradigma (Kap. 9) wird die mittlere Reaktionszeit für die Entscheidung, ob ein Testitem in der Lernliste war, gemessen. Es gibt 2 Faktoren: die Länge der Lernliste (1 bis 6 Items) und die Herkunft des Testitems („positiv": aus der Lernliste oder „negativ": aus deren Komplement). Nach der Theorie von Sternberg soll sich ein konstanter Zuwachs an Reaktionszeit pro Item ergeben und der Zuwachs soll bei positiven und negativen Durchgängen gleich sein. Daraus folgt, daß der Zusammenhang zwischen Listenlänge und mittlerer Reaktionszeit durch eine Gerade darstellbar ist, und daß die Steigung der Geraden in der positiven und negativen Bedingung identisch ist. Abbildung 9.2 auf Seite 109 zeigt Daten und Regressionsgeraden einer Versuchsperson. Als Wert der Prüfgröße für die Hypothese H_0: $\beta = \beta'$, wobei β für die positiven und β' für die negativen Durchgänge steht, ergibt sich:

$$\begin{aligned}
n_1 = n_2 &= 144 \\
s_{xy}^2 &= 128.886 \\
s_x^2 = s_{x'}^2 &= 2.937 \\
s_y^2 &= 27244.639 \\
b &= 45.215 \\
d &= (144-1)(27244.639 - 45.215) = 3889517.63 \\
s_{x'y'}^2 &= 132.803 \\
s_{y'}^2 &= 47548.942 \\
b' &= 43.882
\end{aligned}$$

$$d' = (144-1)(47548.942 - 43.882) = 6793223.58$$
$$d + d' = 10682741.21$$
$$t = \frac{(43.882 - 45.215)\sqrt{144 + 144 - 4}}{\sqrt{10682741.21 \cdot \left(\frac{1}{(144-1)2.937} + \frac{1}{(144-1)2.937}\right)}}$$
$$= \frac{-22.46411}{180.134}$$
$$= 0.1247.$$

Bei einem kritischen Wert von $t_{(144+144-4, 0.975)} = 1.97$ wird daher die Nullhypothese gleicher Steigungen der beiden Regressionsgeraden beibehalten.

14 Wie schreibt man eine Zusammenfassung?

Zu jedem Manuskript gehört eine Zusammenfassung. In ihr werden in wenigen Sätzen

- die Fragestellung,
- die wesentlichen Versuchspersonenmerkmale,
- die experimentellen Methoden und die Versuchsanordnung,
- die Ergebnisse und
- die Schlußfolgerungen

der Arbeit dargestellt. Eine Zusammenfassung soll aus etwa 100 bis 150 Wörtern bestehen. Sie muß präzise und in sich abgeschlossen sein. Jeder einzelne Satz darf nur die wirklich notwendigen Wörter enthalten und muß dabei so genau wie möglich dem Inhalt der Arbeit entsprechen. Dies gilt auch für den Titel einer Arbeit. Ein Titel wie „Reaktionszeitmessung" kann nicht der Titel einer experimentellen Arbeit sein, weil er das abgehandelte Thema zwar einordnet, den genauen Inhalt aber offen läßt.

Bei der Formulierung des Titels und der Zusammenfassung sollte man deren Verwendungszweck berücksichtigen. Ein potentieller Leser wird den Titel einer Arbeit häufig erstmals in einer Literaturliste finden. Der Titel sollte ihm dann die Möglichkeit geben zu entscheiden, ob die Arbeit für den Leser von so großem Interesse sein könnte, daß es sich lohnt, sie zu lesen. Ähnliches gilt für die Zusammenfassung. Man kann davon ausgehen, daß sie einem potentiellen Leser in einer Datenbank oder einem Abstract-Band begegnet, oder daß der

Leser eine Zeitschrift durchblättert und jeweils die Zusammenfassungen liest. Auch hier muß der Leser mit Hilfe der Zusammenfassung entscheiden können, ob es sich für ihn lohnt, den ganzen Artikel zu lesen. Für diese Entscheidung sind genau die oben erwähnten Punkte ausschlaggebend. Und es muß gewährleistet sein, daß der Titel und vor allem die Zusammenfassung in sich geschlossen und verständlich sind. Die Zusammenfassung muß auch ohne den vollständigen Artikel verständlich sein.

Beispiel

Der Zusammenhang zwischen der Anzahl der Reaktionsalternativen und der Reaktionszeit auf optische Signale

In einem Experiment zur Wahlreaktionszeit[1] wurde untersucht, wie die Reaktionszeit auf visuelle Signale von der Anzahl der Reaktionsalternativen abhängt.[2] Versuchsperson war eine Studentin im Alter von 22 Jahren, ebenfalls Teilnehmerin des Experimentalpsychologischen Praktikums.[3] In jedem Durchgang wurde zuerst die Anzahl der möglichen Alternativen angezeigt, und dann mußte auf eines von 1, 2 oder 4 möglichen Signalen mit dem Drücken der entsprechenden Reaktionstaste reagiert werden.[4] Von jeder Bedingung wurden 50 Durchgänge in zufälliger Reihenfolge, dazu vorher 50 Übungsdurchgänge erhoben.[5] Die mittlere Reaktionszeit bei einer Alternative lag bei 220 ms, bei zwei Alternativen bei 243 ms und bei vier Alternativen bei 262 ms. Die Unterschiede sind bei einem einseitigen t-Test auf dem Niveau $\alpha = 0.05$ signifikant[6] und bestätigen die Annahme, daß die mittlere Reaktionszeit linear mit dem Logarithmus der Anzahl von Alternativen wächst.[7]

---

[1] Thema
[2] Fragestellung
[3] Versuchsperson
[4] Versuchsaufbau
[5] Versuchsablauf
[6] Ergebnis
[7] Interpretation

Literatur

Anstis, S. (1986). Motion perception in the frontal plane. In K. R. Boff, L. Kaufman & J. P. Thomas (Eds.), *Handbook of perception and human performance. Vol. 1, Sensory processes and perception* (chap. 16). New York: John Wiley and Sons.

Anstis, S. (1990). Motion aftereffects from a motionless stimulus. *Perception, 19*, 301–306.

Anstis, S. & Gregory, R. L. (1965). The aftereffect of seen motion: The role of retinal stimulation and of eye movement. *Quartely Journal of Experimental Psychology, 17*, 173–174.

Anstis, S. & Moulden, B. P. (1970). Aftereffect of seen movement: Evidence for peripheral and central components. *Quartely Journal of Experimental Psychology, 22*, 222–229.

Atkinson, R. C. & Shiffrin, R. M. (1968). Human memory: A proposed system and its control processes. In K. W. Spence & J. T. Spence (Eds.), *The psychology of learning and motivation* (Vol. 2, pp. 89–195). New York: Academic Press.

Averbach, E. & Coriell, A. S. (1961). Short-term memory in vision. *Bell System Technical Journal, 40*, 309–328.

Averbach, E. & Sperling, G. (1961). Short-term storage of information in vision. In C. Cherry (Ed.), *Information theory: Proceedings of the fourth London Syposium*, (pp. 196–211). London: Butterworth.

Baddeley, A. D. (1968). A three-minute reasoning test based on grammatical transformations. *Psychonomic Science, 10*, 341–342.

Baddeley, A. D. (1976). *The psychology of memory.* New York: Basic.

Baddeley, A. D. (1978). The trouble with levels: A reexamination of Craik and Lockhart's framework for memory research. *Psychological Review, 85*, 139–152.

Baddeley, A. D. (1990). *Human memory: theory and practice.* London: Lawrence Erlbaum.

Baird, J. C. & Noma, E. (1978). *Fundamentals of scaling and psychophysics.* New York: Wiley.

Berkson, J. (1955). A statistically precise and relatively simple method of estimating the bio-assay with quantal response, based on the logistic function. *Journal of the American Statistical Society, 48,* 565–599.

Bjork, R. A. (1975). Short-term storage: The ordered output of a central processor. In F. Restle, R. M. Shiffrin, N. J. Castellan, H. R. Lindman & D. B. Pisioni (Eds.), *Cognitive theory* (Vol. 1, pp. 151–171). Hillsdale, NJ: Lawrence Erlbaum.

Bock, R. D. & Jones, L. V. (1968). *The measurement and prediction of judgement and choice.* San Francisco: Holden-Day.

Bortz, J. (1993). *Statistik für Sozialwissenschaftler.* Berlin: Springer-Verlag.

Bosch, K. (1987). *Elementare Einführung in die angewandt Statistik* (4. Aufl.). Braunschweig: Vieweg & Sohn.

Bower, G. H. (1961). Application of a model to paired-associate learning. *Psychometrika, 26,* 255–280.

Brigner, W. L. (1986). Is velocity of motion aftereffect proportional to velocity of induction. *Perceptual and Motor Skills, 63,* 362.

Broadbent, D. E. (1958). *Perception and communication.* London: Pergamon Press.

Brown, J. (1958). Some tests of the decay theory of immediate memory. *Quarterly Journal of Experimental Psychology, 10,* 12–21.

Calfee, R. C. (1985). *Experimental methods in psychology.* New York: Holt, Rinehart and Winston.

Calvert, J. (1988). Adaptation to movement in right and left visual fields. *Cortex, 24,* 589–593.

Cohen, J. (1988). *Statistical power analysis for the behavioral sciences* (2nd ed.). Hillsdale, NJ: Lawrence Erlbaum.

Cohen, J. D., Dunbar, K. & McClelland, J. L. (1990). On the control of automatic processes: a parallel distributed processing account of the Stroop effect. *Psychological Review, 97,* 332–361.

Collins, A. M. & Quillian, M. R. (1968). Retrieval time from semantic memory. *Journal of Verbal Learning and Verbal Behavior, 8,* 240–247.

Cooper, L. A. & Sheppard, R. N. (1978). Transformations on representations of objects in space. In E. C. Carterette & M. P. Friedman (Eds.), *Handbook of perception. Vol. 8: Perceptual coding.* New York: Academic Press.

Coren, S. & Girgus, J. S. (1978). *Seeing is deceiving: The psychology of visual Illusions.* Hillsdale, NJ: Lawrence Erlbaum.

Craik, F. I. M. & Lockhart, R. S. (1972). Levels of processing: A framework for memory research. *Journal of Verbal Learning and Verbal Behavior, 11*, 671–684.

Craik, F. I. M. & Watkins, M. J. (1973). The role of rehearsal in short-term memory. *Journal of Verbal Learning and Verbal Behavior, 12*, 599–607.

Craik, F. I. M. & Tulving, E. (1975). Depth of processing and the retention of words in episodic memory. *Journal of Experimental Psychology: General, 104*, 268–294.

Crannel, C. W. & Parrish, J. M. (1957). A comparison of immediate memory span for digits, letters, and words. *The Journal of Psychology, 44*, 319–327.

Estes, W. K. (1950). Toward a statistical theory of learning. *Psychological Review, 57*, 94–107.

Falmagne, J.-C. (1985). *Elements of psychophysical theory.* Oxford: Clarendon Press.

Fechner, G. T. (1860). *Elemente der Psychophysik.* Leipzig: Breitkopf und Härtel.

Fletcher, H. & Munson, W. A. (1933). Loudness, its definition, measurement and calculation. *Journal of the Acoustical Society of America, 5*, 82-108.

Fox, L. A., Shor, R. E. & Steinman, R. J. (1971). Semantic gradients and interference in naming color, spatial direction, and numerosity. *Journal of Experimental Psychology, 91*, 59–65.

Frisby, J. P. (1983). *Sehen: Optische Täuschungen, Gehirnfunktionen, Bildgedächtnis.* München: Verlag Heinz Moos.

Gagné, R. M. & Smith, E. C. (1962). A study of the effects of verbalization on problem solving. *Journal of Experimental Psychology, 63*, 12–18.

Gegenfurtner, K. & Sperling, G. (1992). Information transfer in iconic memory experiments. *Journal of Experimental Psychology: Human Perception and Performance.* In print.

Glanzer, M. (1972). Storage mechanisms in recall. In G. H. Bower (Ed.), *The psychology of learning and motivation* (Vol. 5, pp. 129–193). New York: Academic Press.

Glaser, M. O. & Glaser, W. R. (1982). Time course analysis of the Stroop phenomenon. *Journal of Experimental Psychology: Human Perception and Performance, 8*, 875–894.

Goldstein, E. B. (1989). *Sensation and perception* (3rd ed.). Belmont, CA: Wadsworth.

Green, D. M., Smith, A. F. & von Gierke, S. M. (1983). Choice reaction time with a random foreperiod. *Perception & Psychophysics, 34*, 195–208.

Green, D. M. & von Gierke, S. M. (1984). Visual and auditory choice reaction times. *Acta Psychologica, 48*, 231–247.

Gregory, R. L. (1978). *Eye and brain* (3rd ed.). New York: McGraw-Hill.

Guilford, J. P. (1954). *Psychometric methods.* New York: McGraw-Hill.

Hallet, P. E. (1986). Eye movements. In K. R. Boff, L. Kaufman & J. P. Thomas (Eds.), *Handbook of perception and human performance. Vol. 1, Sensory processes and perception* (chap. 10). New York: John Wiley and Sons.

Harris, J. D. (1952). Pitch discrimination. *Journal of the Acoustical Society of America, 24*, 750–755.

Heller, D. & Ziefle, M. (1990). Zur Bedingungsanalyse von Bewegungsnacheffekten. *Schweizerische Zeitschrift für Psychologie, 49*, 139–149.

Herrmann, Th. (1990). Sprechen und Sprachverstehen. In H. Spada (Hrsg.), *Allgemeine Psychologie* (Kap. 5). Bern: Huber.

Hershenson, M. (1987). Visual system responds to rotational and size-change components of complex proximal motion patterns. *Perception & Psychophysics, 42*, 60–64.

Hershenson, M. (1989). Duration, time constant, and decay of the linear motion aftereffect as a function of inspection duration. *Perception & Psychophysics, 45*, 251–257.

Heuer, H. (1981). Binary choice reaction time as a criterion for motor equivalence. *Acta Psychologica, 50*, 35–47.

Howes, D. H. & Solomon, R. L. (1951). Visual duration threshold as a function of word-probability. *Journal of Experimental Psychology, 41*, 401–410.

Hubel, D. H. & Wiesel, T. N. (1968). Receptive fields of single neurons in the cat's striate cortex. *Journal of Physiology, 148*, 574–591.

Hurvich, L. M. (1981). *Color vision.* Sunderland, MA: Sinauer.

Irtel, H. (1991). *Psychophysische Invarianzen in der Farb- und Helligkeitswahrnehmung.* Berlin: Springer-Verlag.

Irtel, H. (1992). Color-vision demonstrations on an IBM PC/AT with VGA. *Behavior Research Methods, Instruments, and Computers, 24*, 88-89.

Jeffries, R., Polson, P. G., Razran, L. & Atwood, M. E. (1977). A process model for missionaries-cannibals and other river-crossing problems. *Cognitive Psychology, 9*, 412–440.

Jülisch, B. & Krause, W. (1976). Semantischer Kontext und Problemlöseprozesse. In F. Klix (Hrsg.), *Psychologische Beiträge zur Analyse kognitiver Prozesse* (S. 274–301). Berlin: Deutscher Verlag der Wissenschaften.

Kaplan, I. T. & Carvellas, T. (1968). Effect of word length on anagram solution time. *Journal of Verbal Learning and Verbal Behavior, 7*, 201–206.

Kaufman, L. & Rock, I. (1962). The moon illusion. *Science, 136*, 953–961.

Keck, M. J., Palella, T. D. & Pantle, A. J. (1976). Motion aftereffect as afunction of the contrast of sinusoidal gratings. *Vision Research, 16*, 187–191.

Keppel, G. (1988). *Design and analysis: A researcher's handbook.* Englewood Cliffs, NJ: Prentice-Hall.

Keppel, G. & Underwood, B. J. (1962). Proactive inhibition in short-term retention of single terms. *Journal of Verbal Learning and Verbal Behavior, 1*, 153–161.

Kintsch, W. (1977). *Memory and Cognition.* New York: Wiley.

Kintsch, W. & Morris, C. J. (1965). Application of a Markov model to free recall and recognition. *Journal of Experimental Psychology, 69*, 200–206.

Klix, F. & Rautenstrauch-Goede, K. (1967). Struktur- und Komponentenanalyse von Problemlöseprozessen. *Zeitschrift für Psychologie, 174*, 167–193.

Kloep, M. (1982). *Zur Psychologie der Aufgabenschwierigkeit.* Frankfurt/Main: Lang.

Kluwe, R. H. (1990). Gedächtnis und Wissen. In H. Spada (Hrsg.), *Allgemeine Psychologie* (Kap. 3). Bern: Huber.

Kohfeld, D. L. (1971). Simple reaction time as a function of stimulus intensity in decibels of light and sound. *Journal of Experimental Psychology, 88*, 251–257.

Künnapas, T. M. (1955). An analysis of the „vertical-horizontal illusion". *Journal of Experimental Psychology, 49*, 134–140.

Levine, M. W. & Shefner, J. M. (1991). *Fundamentals of sensation and perception* (2nd ed.). Pacific Grove, CA: Brooks/Cole Publishing Company.

Levinson, E. & Sekuler, R. (1975). The independence of channels in human vision selective for direction of movement. *Journal of Physiology, 250*, 347–366.

Levitt, H. (1971). Transformed up-down methods in psychoacoustics. *The Journal of the Acoustical Society of America, 49*, 467–476.

Luce, R. D. (1986). *Response times.* New York: Oxford University Press.

Luce, R. D. & Galanter, E. (1963). Discrimination. In R.D. Luce, R.R. Bush & E. Galanter (Eds.), *Handbook of mathematical psychology* (Vol. 1, pp. 191–243). New York: Wiley.

Lüer, G. & Spada, H. (1990). Denken und Problemlösen. In H. Spada (Hrsg.), *Allgemeine Psychologie* (Kap. 4). Bern: Huber.

Mack, A., Goodwin, J., Thordarsen, H., Benjamin, D. & al. (1987). Motion aftereffects associated with pursuit eye movements. *Vision Research, 27*, 529–536.

MacLeod, C. M. (1991). Half a century of research on the Stroop effect: An integrative review. *Psychological Bulletin, 109*, 163–203.

Mahmud, S. H. (1987). Motion aftereffect: Short and long term storage. *Psychological Studies, 32*, 123–126.

Mansfield, R. J. W. (1973). Latency functions in human vision. *Vision Research, 13*, 2219–2234.

Masin, S. C. & Vidotto, G. (1983). A magnitude estimation study of the inverted-T illusion. *Perception & Psychophysics, 33*, 582–584.

Masland, R. H. (1969). Visual motion perception: Experimental modification. *Science, 165*, 819–821.

Massaro, D. W. (1989). *Experimental psychology: An information processing approach.* San Diego: Harcourt Brace Jovanovich.

Mayzner, M. S. & Tresselt, M. E. (1962). Anagram solution times: a function of word transition probabilities. *Journal of Experimental Psychology, 63*, 510–513.

Mayzner, M. S. & Tresselt, M. E. (1966). Anagram solution times: a function of multiple solution anagrams. *Journal of Experimental Psychology, 71*, 66–73.

McClelland, J. L. & Rumelhart, D. E. (1981). An interactive activation model of context effects in letter perception: Part 1. An account of basic findings. *Psychological Review. 88*, 375–407.

McCollough, C. (1965). The conditioning of color perception. *American Journal of Psychology, 78*, 362–368.

McElree, B. & Dosher, B. A. (1989). Serial position and set size in short-term memory: The time course of recognition. *Journal of Experimental Psychology: General, 118*, 346–373.

Miller, G. A. (1956). The magical number seven, plus or minus two: Some limits on our capacity for processing information. *Psychological Review, 63*, 81–97.

Miller, G. A., Bruner, J. S. & Postman, L. (1954). Familiarity of letter sequences and tachistoscopic identification. *Journal of General Psychology, 50*, 129–139.

Morton, J. (1969). Categories of interference: verbal mediation and conflict in card sorting. *British Journal of Psychology, 60*, 329–345.

Morton, J. & Chambers, S. M. (1973). Selective attention to words and colours. *Journal of Experimental Psychology, 25*, 387–397.

Moyer, R. S. (1973). Comparing objects in memory: evidence suggesting an internal psychophysics. *Perception & Psychophysics, 13*, 180–184.

Murdock, B. B. Jr. (1962). The serial position effect of free recall. *Journal of Experimental Psychology, 64*, 482–488.

Murdock, B. B. Jr. (1964). Proactive inhibition in short-term memory. *Journal of Experimental Psychology, 68*, 184–189.

Neisser, U. (1967). *Cognitive psychology.* New York: Appleton-Century-Crofts.

Perlman, G. & Horan, F. L. (1986). Report on UNIX|STAT release 5.1: Data analysis programs for UNIX and MSDOS. *Behavior Research Methods, Instruments & Computers, 18*, 168–176.

Peterson, L. R. & Peterson, M. J. (1959). Short-term retention of individual verbal items. *Journal of Experimental Psychology, 58,* 193–198.

Posner, M. I. & Mitchell, R. F. (1967). Chronometric analysis of classification. *Psychological Review, 74,* 392–409.

Prinz, W. (1990). Wahrnehmung. In H. Spada (Hrsg.), *Allgemeine Psychologie* (Kap. 2). Bern: Huber.

Puff, R. C. (Ed.). (1982). *Handbook of research methods in human memory and cognition.* New York: Academic Press.

Reicher, G. M. (1969). Perceptual recognition as a function of meaningfulness of stimulus material. *Journal of Experimental Psychology, 81,* 275–280.

Rock, I. (1957). The role of repetition in associative learning. *American Journal of Psychology, 70,* 186–193.

Rumelhart, D. E. & McClelland, J. L. (1982). An interactive activation model of context effects in letter perception: Part 2. The contextual enhancement effect and some tests and extensions of the model. *Psychological Review. 89,* 60–94.

Rundus, D. (1971). Analysis of rehearsal processes in free recall. *Journal of Experimental Psychology, 89,* 63–77.

Schönpflug, W. & Vetter, G.H. (1975). *Psychologische Kennwerte von Trigrammen.* Meisenheim am Glahn: Hain.

Sievers, W. (1989). *Elemente der Statistik* (2. Aufl.). Göttingen: Universität Göttingen, Beratungsstelle für empirische Methoden und Statistik in den Erziehungswissenschaften.

Snedecor, G. W. (1956). *Statistical methods* (5th ed.). Ames, Iowa: Iowa State University Press.

Snodgrass, J. G., Levy-Berger, G. & Haydon, M. (1985). *Human experimental psychology.* New York: Oxford University Press.

Spada, H. (Hrsg.). (1990). *Allgemeine Psychologie.* Bern: Huber.

Sperling, G. (1960). The information available in brief visual presentations. *Psychological Monographs, 74*(11), (Whole No. 498).

Sperling, G. (1963). A model for visual memory tasks. *Human Factors, 5,* 19–31.

Sperling, G. (1967). Succesive approximations to a model for short-term memory. *Acta Psychologica, 27,* 285–292.

Sperling, G. (1984). A unified theory of attention and signal detection. In R. Parasuranam & D. R. Davies (Eds.), *Varieties of attention* (pp. 103–181). New York: Academic Press.

Spoehr, K. T. & Lehmkuhle, S. W. (1982). *Visual information processing*. San Francisco: Freeman.

Stelzl, I. (1982). *Fehler und Fallen in der Statistik*. Bern: Huber.

Sternberg, S. (1966). High-speed scanning in human memory. *Science, 153*, 652–654.

Sternberg, S. (1969). The discovery of processing stages: extensions of Donders' method. In W. G. Koster (Ed.), *Attention and performance II. Acta Psychologica, 30*, 276–314.

Sternberg, S. (1975). Memory scanning: New findings and current controversies. *Quarterly Journal of Experimental Psychology, 27*, 1–32.

Stevens, S. S. (1975). *Psychophysics: Introduction to its perceptual, neural, and social prospects*. New York: Wiley.

Stroop, J. R. (1935). Studies of interference in serial verbal reactions. *Journal of Experimental Psychology, 18*, 643–661.

Sydow, H. (1970). Versuche zur strukturellen und metrischen Darstellung von Problemzusänden in Lösungsprozessen. In F. Klix (Hrsg.), *Kypernetische Analysen geistiger Prozesse*. Berlin: Deutscher Verlag der Wissenschaften.

Tack, W. H. (1976). *Stochastische Lernmodelle*. Stuttgart: Kohlhammer.

Tack, W. H. (1983). Psychophysische Methoden. In H. Feger & J. Bredenkamp (Hrsg.), *Enzyklopädie der Psychologie. Messen und Testen*. Göttingen: Hogrefe.

Teichner, W. H. & Krebs, M. J. (1972). Laws of the simple visual reaction time. *Psychological Review, 79*, 344–358.

Teichner, W. H. & Krebs, M. J. (1974). Laws of visual choice reaction time. *Psychological Review, 81*, 75–98.

Thomas, J. C. (1974). An analysis of behavior in the hobbits-orcs problem. *Cognitive Psychology, 6*, 257–269.

Townsend, J. T. & Ashby, F. G. (1983). *The stochastic modeling of elementary psychological processes*. Cambridge: Cambridge University Press.

Treisman, A. M. & Fearnley, S. (1969). The Stroop test: selective attention to colours and words. *Nature, 222*, 437–439.

Underwood, B. J. (1966). *Experimental psychology* (2nd ed.). New York: Appleton Century-Crofts.

Urban, F. M. (1909). Die psychophyischen Maßmethoden als Grundlagen empirischer Messungen. *Archiv für die gesamte Psychologie*, *15*, 261–355 und *16*, 168–227.

Watson, A. (1978). A Riemann geometric explanation of the visual illusions and figural aftereffects. In E. L. J. Leeuwenberg & H. F. J. M. Buffart (Eds.), *Formal theories of visual perception* (pp. 139–169). New York: Wiley.

Weber, E. H. (1846). Der Tastsinn und das Gemeingefühl. In R. Wagner (Hrsg.), *Handwörterbuch der Physiologie* (Band 3, S. 481–588). Braunschweig: Vieweg.

Weisstein, N. & Harris, C. S. (1974). Visual detection of line segments: An object-superiority effect. *Science*, *186*, 752–755.

Wender, K. F. (1990). Ausgewählte Methoden. In H. Spada (Hrsg.), *Allgemeine Psychologie* (Kap. 10). Bern: Huber.

Wheeler, D. D. (1970). Processes in word recognition. *Cognitive Psychology*, *1*, 59–85.

Wickens, T. D. (1982). *Models for behavior: Stochastic processes in psychology*. San Francisco: W.H. Freeman.

Wier, C. C., Jesteadt, W. & Green, D. M. (1977). Frequency discrimination as a function of frequency and sensation level. *Journal of the Acoustical Society of America*, *61*, 178–184.

von Wright, J. M., (1972). On the problem of selection in iconic memory. *Scandinavian Journal of Psychology*, *13*, 159–171.

Wundt, W. (1904). *Grundriß der Psychologie* (6. Aufl.). Leipzig: W. Engelmann.

Anhang A
Experimentalprogramme

A.1 Wo und wie man die Programme erhalten kann

Die Programme zu diesem Praktikum können über öffentlich zugängliche Fileserver bezogen werden. Internet-Benutzer können die Programme mit Hilfe des Kommandos `ftp` vom Internetknoten

```
rpss3.psychologie.uni-regensburg.de
```

kopieren. Sie sind dort im Verzeichnis **pub/expra** unter dem Namen **xpra.zip** als komprimiertes Archiv abgelegt. Befindet man sich an einem Rechner mit Internet-Anschluß, müssen dazu folgende Befehle eingegeben werden:

```
ftp rpss3.psychologie.uni-regensburg.de
anonymous
<Email-Adresse>
cd pub/expra
bin
get xpra.zip
quit
```

Der Knoten `rpss3.psychologie.uni-regensburg.de` hat die Internetnummer 132.199.1.104. Die Eingabe „`anonymous`" gilt als Benutzername, und als Passwort wird die Email-Adresse des Benutzers eingegeben. Die Datenübertragung dauert einige Minuten, dann liegt die Datei `xpra.zip` vor. Ihre Größe ist etwa 1.3 MB. Diese Datei muß mit Hilfe des Programms `pkunzip.exe` auf einem IBM PC/AT unter MS-DOS expandiert werden. `pkunzip.exe` ist bei allen öffentlichen Fileservern und sicher in jedem Universitätsrechenzentrum erhältlich. Das Expandieren von xpra.zip ergibt die Dateien readme, install.bat und expra.zip. Die Praktikumsprogramme sind in der Datei expra.zip enthalten und können auf die im folgenden Abschnitt beschriebene Weise installiert werden.

Die Programme können auch vom Fileserver der Akademischen Software Kooperation (ASK) bezogen werden. Der Zugang mit Hilfe von ftp erfolgt über die Adresse askhp.ask.uni-karlsruhe.de (192.67.194.33). Die Datei xpra.zip befindet sich auf dem Fileserver der ASK im Unterverzeichnis pub/education/psychology.

Bedingungen für die Zusendung einer Programmdiskette (gegen Unkostenerstattung) können vom Autor erfragt werden.

A.2 Installation

Diese Installationshinweise gehen davon aus, daß entweder die Programmdiskette mit den folgenden vier Dateien

    readme
    install.bat
    pkunzip.exe
    expra.zip

vorhanden ist, oder daß die Datei mit dem Namen xpra.zip mit ftp von einem Server geholt und expandiert wurde.

Die Installation setzt Version 5.0 des Betriebssystems MS-DOS voraus. Vor der Installation muß die Datei readme gelesen werden. Sie enthält unter anderem Hinweise auf Programmänderungen, die im vorliegenden Text nicht mehr berücksichtigt werden konnten. Grundlage dieses Textes ist Version 4.01 der Programmbibliothek PXL des Autors. Frühere Versionen stimmen nicht mit den vorliegenden Programmbeschreibungen überein. Die Versionsnummer der Bibliothek wird in der Datei readme und in allen Datendateien mit der Extension dat angegeben.

A.2.1 Kopieren der Dateien

Die Installation des Systems erfolgt mit Hilfe des Programms install.bat. Zum Installieren wird die Diskette in das Disketten-

A.2 Installation

laufwerk eingelegt und auf Betriebssystemebene das Laufwerk, in dem sich die Diskette befindet zum aktuellen Laufwerk bestimmt. Ist dies das Laufwerk A, dann geschieht dies durch Eingabe von

```
a:
```

auf Betriebssystemebene. Das Verzeichnis, in dem sich die oben genannten Dateien befinden, muß also das aktuelle Arbeitsverzeichnis sein. Dies gilt auch dann, wenn sich die Dateien nicht auf einer Diskette, sondern im Unterverzeichnis einer Festplatte befinden. Dann startet man **install** und gibt dabei als Argument das Laufwerk an, auf dem die Programme installiert werden sollen, also das Ziellaufwerk! Die Kommandozeile

```
install c:
```

installiert die Programme mit c: als Zielpfad. Die Installation erzeugt folgende Verzeichnisstruktur:

```
\pxl            Hauptverzeichnis, setup.bat
    \etc        Tabellen, Schriftdateien
    \bin        Ausfuehrbare Dateien
    \app        Verzeichnisse mit den
                Parameterdateien der Experimente
         \...
\expra          Verzeichnis fuer Datendateien
    \kap1       Datendateien
    ...
    \kap12
```

Die Installation erzeugt außerdem eine Datei **setup.bat**, die im Verzeichnis pxl abgelegt wird. Sie enthält Vorschläge für die Definition der Umgebungsvariablen PXL. Diese Variable *muß* vor dem Start eines Experiments definiert sein! Dies kann durch Aufruf von **setup** geschehen. Alternativ dazu können die in **setup.bat** enthaltenen Anweisungen in die allgemeine Initialisierungsdatei **autoexec.bat** aufgenommen werden.

Das Programmpaket kann auf dem Fileserver eines lokalen Netzes installiert werden. Die Installationsprozedur **install** akzeptiert auch einen Pfadnamen als Ziel. Bei

```
install c:\psych
```

wird der Verzeichnisbaum **pxl** als Unterverzeichnis von **psych** auf dem Laufwerk **c** angelegt. Bei der Installation in einem Netz ist zu beachten, daß der Benutzer zur Durchführung eines Experiments im aktuellen Verzeichnis und in dem Verzeichnis, das durch die Umgebungsvariable TMP angegeben wird, Schreibberechtigung haben muß. Es ist ferner zu beachten, daß die bei Netzen üblichen, langen Pfadnamen in den Kommandodateien des Praktikums zum Überschreiten der maximal möglichen Länge einer Kommandozeile führen können.

Im Verzeichnis **pxl\bin** befindet sich ein Programm, das überprüft, ob die Installation korrekt ausgeführt wurde. Das Programm heißt **pxlcheck**. Wenn es von jedem Verzeichnis aus aufgerufen werden kann und keinen Fehler meldet, dann sind die Experimentalprogramme richtig installiert.

A.2.2 Voraussetzungen zum Starten eines Experiments

Jedes Experiment wird durch eine Parameterdatei gesteuert. Diese Dateien befinden sich in den Unterverzeichnissen von **pxl\app**. Die Kommandodateien zum vereinfachten Starten eines Programms befinden sich im Verzeichnis **pxl\bin**. Ist das System korrekt installiert, dann können die Kommandodateien von jedem Verzeichnis aus aufgerufen werden. Voraussetzung dafür ist, daß **pxl\bin** im Suchpfad für ausführbare Dateien PATH enthalten ist und daß die Umgebungsvariable PXL auf das Stammverzeichnis von **pxl** zeigt, was **setup.bat** durch die Anweisung

```
set PXL=c:\pxl
```

erreicht.

Es wird empfohlen, für jedes Praktikum ein eigenes Unterverzeichnis und darin für jedes Experiment ebenfalls ein eigenes Unterverzeichnis anzulegen. Die folgenden Beispiele gehen davon aus, daß das Verzeichnis des Praktikums **expra** heißt und daß für jedes Experiment ein Unterverzeichnis angelegt wird, das nach dem Kapitel des Buches benannt ist, in dem es beschrieben ist. Das Unterverzeichnis für Experimente aus Kapitel 1 sollte **kap1** heißen. Ist also **pxl\bin** im Suchpfad für ausführbare Dateien und ist die Umgebungsvariable PXL korrekt gesetzt, dann kann nach Eingabe von

```
cd \expra\kap1
```

das Experiment **erzv** mit dem Kommando

```
erzv hans
```

für die Versuchsperson **hans** gestartet werden.

A.2.3 Druckerausgabe und statistische Auswertungen

Die Ausgabe der Daten und Ergebnisse eines Experiments auf einem Drucker und die Berechnung statistischer Auswertungen wird durch Umgebungsvariablen gesteuert. Statistische Berechnungen werden durchgeführt, wenn die Umgebungsvariable **PXLST** gesetzt ist. Eine Druckerausgabe der Ergebnisse erfolgt, wenn die Umgebungsvariable **PXLPR** gesetzt ist. Die exakten Werte von **PXLST** und **PXLPR** sind gleichgültig. Für die statistischen Berechnungen werden Programme von Perlman und Horan (1986) benutzt.

A.2.4 Ausmessen der Bildschirmgröße

Der folgende Schritt dient dazu, dem System mitzuteilen, welche physikalischen Ausmaße der Bildschirm hat, auf dem die Programme laufen sollen. Dazu kann das Hilfsprogramm **scrnsize** benutzt werden, um die Einstellung der Parameter **screenwidth** und **screenheight** in der Initialisierungsdatei **startup.pxl** zu kontrollieren. Das Programm **scrnsize** befindet sich im Unterverzeichnis pxl\bin. Die Datei startup.pxl befindet sich im Verzeichnis pxl\etc und wird von jedem Programm unmittelbar nach dem Start ausgewertet. Falls die Maßangaben in startup.pxl richtig sind, zeigt das Programm **scrnsize** ein horizontal und ein vertikal angeordnetes Lineal mit korrekter Maßeinteilung.

Um die exakten Bildschirmmaße mit Hilfe von **scrnsize** zu bestimmen, geht man folgendermaßen vor: Man mißt mit einem Lineal die Breite und Höhe des Bildschirms ab und ruft dann **scrnsize** auf und gibt die gemessene Breite und Höhe in den Optionen in Einheiten von 1/10 Millimeter an:

scrnsize -w 2400 -h 1800

gibt an, daß der Bildschirm als 2400 1/10 Millimeter breit und 1800 1/10 Millimeter hoch angenommen werden soll. Die von `scrnsize` erzeugten Skalen kann man nun benutzen, um mit Hilfe der Regler für die Horizontal- und Vertikalablenkung am Monitor die horizontale und vertikale Ausdehnung des Bildes optimal einzustellen. Um eine optimale Bildschärfe zu erreichen, empfiehlt es sich bei den meisten Monitoren, die Bildröhre nicht vollständig auszunutzen, sondern an allen Seiten einen Rand von etwa einem Zentimeter zu lassen. Neben der Horizontal- und Vertikalablenkung kann auch die horizontale und vertikale Position des Bildschirms mit Reglern am Monitor eingestellt werden. Die von `scrnsize` erzeugten Skalen sollten sich exakt in der Mitte des Bildschirms schneiden.

Ist der Monitor korrekt eingestellt, dann werden die Skalen auf dem Bildschirm mit denen eines Lineals verglichen. Stimmen die Skalen nicht überein, dann können mit Hilfe der Cursortasten die Horizontal- und Vertikaleinteilungen auf dem Bildschirm verändert werden. Die Pfeile nach rechts und links verändern die Horizontal-, die nach oben und unten die Vertikaleinteilung. Stimmen die Skalen auf dem Bildschirm mit denen des Lineals überein, kann mit Hilfe der Taste **ENDE** das Programm `scrnsize` beendet werden. `scrnsize` modifiziert dann die Werte von `screenwidth` und `screenheight` in der Datei `startup.pxl` entsprechend den gefundenen Einstellungen. Die alte Version der Datei `startup.pxl` wird als `startup.bak` gesichert. Die automatische Modifikation von `startup.pxl` ist nur möglich, wenn das System vorher korrekt installiert wurde. Insbesondere muß die Umgebungsvariable **PXL** so gesetzt sein, wie das oben beschrieben wurde.

Bei älteren Monitoren hängt die effektive Bildgröße von der Betriebsart ab. Da nicht alle Programme des Praktikums in der gleichen Betriebsart arbeiten, gibt es ein weiteres Einstellprogramm, das die Betriebsart jedes Experiments kennt und diese auch zum Einstellen des Monitors benutzt. Das Programm wird mit dem Kommando `monitor` aufgerufen und verlangt als erstes Argument den Namen des Experiments, wie er in jedem Kapitel angegeben ist. Die weiteren Argumente von `monitor` und das Vorgehen beim Einstellen sind mit `scrnsize` identisch.

A.2.5 Ausgabe akustischer Signale

Einige Experimente dieses Praktikums erzeugen Signaltöne, die normalerweise über den im Rechner eingebauten Lautsprecher ausgegeben werden. Dabei handelt es sich um Rechteckschwingungen, deren Lautstärke nicht verändert werden kann. Eine bessere Tonqualität kann dadurch erreicht werden, daß der Rechner mit einer Synthesizerkarte ausgerüstet wird. Solche Karten sind nicht teuer und erlauben die Ausgabe von Sinusschwingungen und den direkten Anschluß eines Kopfhörers. Die Programme zu diesem Praktikum stellen die Anwesenheit eines Adlib-kompatiblen[1] Synthesizers automatisch fest und geben dann alle akustischen Signale über den Synthesizer aus. Soll dies verhindert werden, dann ist in die Datei `startup.pxl` die Zeile

```
sounddevice = 1
```

einzufügen. Akustische Signale werden dann über den Lautsprecher des Computers ausgegeben, auch wenn eine Synthesizerkarte vorhanden ist.

A.3 Durchführen eines Experiments

A.3.1 Starten eines Programms

In diesem Abschnitt wird beschrieben, wie ein Experimentalprogramm gestartet werden kann und welche Dateien dabei entstehen. Dabei wird die Art der Installation vorausgesetzt, die vom Installationsprogramm des Experimentalpraktikums automatisch ausgeführt wird. Falls die gewählte Installation davon abweicht, so ist die folgende Beschreibung an den entsprechenden Stellen zu korrigieren.

Um möglichst vollständige und leicht zu verarbeitende Daten- und Protokolldateien zu haben, erzeugen die Programme viele und verhältnismäßig große Ausgabedateien in reinem ASCII-Textformat. Beim Programmieren wurde keine Rücksicht auf einen sparsamen Umgang mit vorhandenem Plattenspeicher genommen. Bei der

---

[1] Adlib-kompatible Synthesizer sind in nahezu allen PC-Soundkarten enthalten, die für Computerspiele geeignet sind.

Durchführung des Praktikums empfiehlt es sich deshalb nach Abschluß eines Experiments die Daten auf Disketten zu sichern und das entsprechende Verzeichnis zu löschen. Für Zwischendateien während des Programmlaufes müssen mindestens 50 KB freier Plattenspeicher zur Verfügung stehen.

Vor dem Starten

Unmittelbar nach dem Einschalten des Rechners ist also zuerst das Laufwerk C als aktuelles Laufwerk zu bestimmen. Dies geschieht durch Eingabe[2] von

    c:

Wir betrachten im folgenden das Programm erzv aus Kapitel 1 als Beispiel. Um das Unterverzeichnis \expra\kap1 zum aktuellen Verzeichnis zu bestimmen, ist nach dem Einschalten des Rechners

    cd \expra\kap1

einzugeben.[3] Alternativ dazu kann man auch eingeben:

    cd expra
    cd kap1

Man hat damit das Verzeichnis expra\kap1 zum aktuellen Arbeitsverzeichnis bestimmt.

Datenerhebung

Jedes Experiment wird mit seinem Namen aufgerufen. Da ein Experimentalprogramm in der Regel für mehrere Versuchspersonen aufgerufen wird, müssen die Namen der Datendateien erkennen lassen, von welcher Versuchsperson sie stammen. Daher muß beim Aufruf eines Experiments ein Kode angegeben werden, der es später erlaubt, die Versuchspersonen zu unterscheiden. Dieser Kode darf nicht mehr

---

[2] Jede Eingabe muß mit der RETURN-Taste abgeschlossen werden.
[3] Das Zeichen \ wird in der Regel durch gleichzeitiges Drücken der Taste mit der Beschriftung „Alt Gr" rechts von der Leertaste und der Taste mit dem Aufdruck „\" eingegeben.

als vier Zeichen enthalten und darf nur aus Buchstaben und Ziffern bestehen. Es wird empfohlen nur Buchstaben zu verwenden. Zum Starten des Reaktionszeitexperiments für eine Versuchsperson mit dem Kode hans ist also einzugeben

erzv hans

Damit wird das Experiment gestartet. Der für eine Versuchspersonen gewählte Kode muß einmalig sein. Dies bedeutet, daß in dem Verzeichnis des Experiments noch keine Datendatei mit dem gleichen Kode sein darf.[4] Die Experimentalprogramme prüfen dies vor dem Start ab und brechen gegebenenfalls die Ausführung mit einem Hinweis auf die bereits vorhandene Datei ab. In diesem Fall ist diese Datei vor dem Start mit dem Kommando

del hans.res

zu löschen oder es ist ein anderer Kode zu wählen. Für die Auswahl eines Kodes gilt also:

1. Der Kode darf nicht mehr als 4 Zeichen enthalten, empfohlen werden genau 4 Zeichen;

2. nur Buchstaben und Ziffern dürfen verwendet werden;

3. im Verzeichnis des Experiments darf noch keine Datendatei für den gleichen Kode vorhanden sein.[5]

Erscheint nach dem Starten des Programms ein verzerrtes oder ein durchlaufendes Videobild, dann bedeutet dies, daß der Monitor nicht korrekt auf die Betriebsart des Programms eingestellt ist. In diesem Fall ist die Horizontal- und Vertikalablenkung des Monitors nachzuregeln. Anschließend sollte mit Hilfe des in Abschnitt A.2.4 beschriebenen Programms **monitor** die Bildgröße kontrolliert und neu eingestellt werden.

---

[4] Durch Eingabe von dir /w erhält man eine Liste aller bereits vorhandenen Dateien.

[5] Diese Bedingungen sind restriktiver als eigentlich notwendig. Da ein Verstoß gegen diese Einschränkungen aber keinen Nutzen bringt, wird dringend empfohlen sie einzuhalten, da sie zur Erleichterung weiterführender Auswertungen der Datendateien beitragen können.

A.3.2 Ausgabedateien

Datendateien

Die Daten des Experiments werden in einer Datei abgelegt, deren Name aus dem Kode der Versuchsperson und der Extension `res` gebildet wird, also etwa `hans.res`. Diese Datei kann dann auch für weitere Auswertungen benutzt werden. Das Format und der Inhalt der Datendateien hängt vom jeweiligen Experiment ab und ist im entsprechenden Kapitel beschrieben. Jede Datendatei enthält für jeden Datenpunkt eine Zeile, die neben dem eigentlichen Datum auch Information über die in diesem Durchgang realisierten Bedingungen angibt. Damit kann aus der Information in jeder Zeile eine eindeutige Zuordnung des Datums zur entsprechenden experimentellen Bedingung getroffen werden. Die Daten sind reine ASCII-Textdateien, die Felder innerhalb einer Zeile sind durch Leerzeichen getrennt. Solche Dateien können mit Texteditoren bearbeitet und von den meisten Statistikprogrammen eingelesen werden. Mit dem Kommando

```
more < hans.res
```

kann die Datei seitenweise auf dem Bildschirm dargestellt werden.

Neben der Datei mit der Extension `res` entsteht bei jedem Programmlauf eine weitere Datendatei, deren Name aus dem Versuchspersonenkode, gefolgt von `_000` und der Extension `dat` besteht. Beim obigen Beispiel entstehen also die Datendateien `hans.res` und `hans_000.dat`. Die Datei `hans.res` ist so formatiert, daß sie für statistische Auswertungen geeignet ist. Die Datei `hans_000.dat` ist ein vollständiges Versuchsprotokoll, in dem alle Parameter des Experiments und alle Daten enthalten sind. Diese Datei kann ebenfalls für weitergehende Auswertungen benutzt werden, in diesem Buch wird auf das Format dieser Datei jedoch nicht näher eingegangen.

Druckerausgabe

Die Experimentalprogramme können so installiert werden, daß die Daten unmittelbar nach dem Experiment auf einem Drucker ausgegeben werden. Zu diesem Zweck wird eine Druckdatei erzeugt, deren Name gleich dem Versuchspersonenkode ist und die die Extension `prn` besitzt, in unserem Beispiel also `hans.prn`. Die Druckdatei bleibt nach dem Drucken erhalten. Sollte also versehentlich der Drucker nicht eingeschaltet sein, kann die Druckdatei auch mit dem Kommando

```
print hans.prn
```

später ausgedruckt werden.

Statistische Auswertungen

Die Ergebnisse statistischer Auswertungen werden in einer Datei abgelegt, deren Name gleich dem Versuchspersonenkode mit der Extension `erg` ist. Falls statistische Auswertungen und Druckerausgabe installiert sind, dann werden die statistischen Ergebnisse auch in die Druckdatei übernommen.

Ablaufprotokoll

Bei jedem Programmlauf entsteht ein Ablaufprotokoll, in dem die Eingaben in das Programm, der Speicherverbrauch und eventuelle Fehler registriert sind. Außerdem kann aus dem Ablaufprotokoll die Anfangs- und Endzeit des Programmlaufs entnommen werden. Die Datei für das Ablaufprotokoll hat die Extension `log`. Der Name dieser Datei ist der Name des Maschinenprogramms, das das Experiment steuert. Dieser Name ist *nicht* mit dem Programmnamen identisch, der zum Starten des Experiments benutzt wird. Den Namen der Protokolldatei kann man durch das Kommando

```
dir *.log
```

herausfinden. Die Protokolldatei wird bei jedem neuen Programmlauf überschrieben.

Anhang B
Lernlisten für Experimente zum Kurzzeitgedächtnis

B.1 Zur Gedächtnisspanne

Die Tabellen B.1, B.2 und B.3 enthalten in den Zeilen die Lernlisten aus den Experimenten gsb, gsw und gsz zur Bestimmung der Gedächtnisspanne für Ziffern, Buchstaben und Wörter (Kap. 8). Der Versuchsleiter überprüft anhand dieser Tabellen die Antworten der Versuchsperson. Wird eine Liste vollständig korrekt wiedergegeben, drückt der Versuchsleiter auf die Taste mit dem Pfeil nach links, andernfalls auf die Taste mit dem Pfeil nach rechts. Das Experiment wird abgebrochen, wenn die Versuchsperson von einer Listenlänge keine einzige Liste mehr vollständig reproduzieren kann.

Anhang B Lernlisten

Tabelle B.1. Konsonantenlisten zur Bestimmung der Gedächtnisspanne.

Durchgang	Lernlisten									
0	B	K	G	P						
1	G	S	Y	H						
2	M	D	S	P						
3	B	F	W	S						
4	V	W	Z	G	L					
5	Z	W	Y	M	Q					
6	R	Q	P	T	D					
7	L	D	S	M	N					
8	P	K	X	H	F	L				
9	S	F	P	R	B	V				
10	H	M	L	K	Q	F				
11	V	J	K	L	H	C				
12	N	Z	B	L	C	H	K			
13	L	G	H	T	X	Y	M			
14	P	B	D	M	N	Q	H			
15	D	S	R	X	B	P	N			
16	R	V	H	G	K	P	D	Q		
17	B	Y	G	V	R	T	P	Q		
18	F	J	X	W	Q	Z	T	N		
19	J	T	R	N	F	P	L	V		
20	L	R	D	F	K	Y	S	T	Z	
21	L	P	K	Z	B	Y	M	G	N	
22	R	S	Q	V	M	B	W	T	Z	
23	M	K	Y	R	P	S	G	J	X	
24	C	Z	Q	W	T	S	Y	N	J	K
25	T	Z	Y	H	L	K	X	F	J	R
26	Y	H	D	Z	G	C	P	X	Q	R
27	C	N	W	T	Q	P	Z	K	D	S

Tabelle B.2. Wortlisten zur Bestimmung der Gedächtnisspanne.

Durchgang	Lernlisten
0	Herr-Kasse-Stau-Blatt
1	April-Kranz-Farbe-Esel
2	Dorn-Jahr-Pferd-Wald
3	Meter-Sache-Himmel-Auge
4	Neffe-Tempo-Nacht-Karton-Dach
5	Hase-Mutter-Apfel-August-Freund
6	Schuh-Puppe-Nase-Hafer-Igel
7	Geier-Schule-Monat-Baum-Dorf
8	Mehl-Beweis-Organ-Portion-Zahn-Kanu
9	Fliege-Flöte-Fest-Matte-Vater-Jammer
10	Finger-Bett-Papier-Buch-Linde-Kind
11	Lampe-Wort-Schnee-Presi-Eimer-Wagen
12	Tafel-Ende-Abend-Geist-Trage-Stunde-Hund
13	Mode-Regen-Einband-Reihe-Mark-Nest-Maus
14	Katze-Menge-Klotz-Fahrt-Brief-Brett-Adel
15	Deckel-Messer-Tier-Bild-Hose-Sand-Schere
16	Lied-Übung-Auto-Kopf-Seite-Bach-Gras-Alarm
17	Säge-Kreuz-Beruf-Erde-Berg-Zeit-Pfahl-Zimmer
18	Licht-Ruhe-Klasse-Lord-Kurs-Gans-Wasser-Stoff
19	Mitte-Kaffee-Maler-Juli-Wind-Sonne-Blume-Ober
20	Wunde-Ostern-Kunde-Verkehr-Bein-Eiche-Ball-Wiese-Woche
21	Hand-Fürst-Garten-Bahn-Draht-Vogel-Rate-Küste-Haar
22	Butter-Niete-Luft-Gegend-Land-Brot-Ordnung-Ring-Birne
23	Fahne-Klima-Feind-Leib-Feuer-Platz-Panne-Ente-Geld

Tabelle B.3. Ziffernlisten zur Bestimmung der Gedächtnisspanne.

Durchgang	Lernlisten								
0	2	6	1	7					
1	0	6	9	5					
2	7	3	2	5					
3	4	7	2	8					
4	0	4	8	1	7				
5	2	1	7	1	6				
6	8	2	0	3	9				
7	7	6	5	0	6				
8	3	4	8	7	3	8			
9	1	4	8	6	2	1			
10	0	9	3	9	8	9			
11	5	3	8	0	4	6			
12	7	2	0	2	4	9	0		
13	0	3	2	8	7	0	9		
14	9	0	2	7	4	1	6		
15	3	6	1	6	2	4	9		
16	2	5	2	4	3	2	7	5	
17	1	8	2	0	1	6	8	6	
18	0	1	7	2	1	5	3	7	
19	8	6	3	1	0	7	9	6	
20	5	4	5	4	1	4	8	7	9
21	8	9	2	6	7	6	5	2	5
22	2	3	6	9	1	8	9	0	7
23	2	1	7	4	8	5	9	1	0
24	1	5	9	2	7	6	2	8	4	1
25	5	4	3	7	0	4	2	6	3	6
26	4	5	7	8	6	2	0	5	0	6
27	9	7	6	7	1	7	3	5	8	2

B.2 Zu seriellen Positionseffekten

Die Tabellen B.4 und B.5 auf den Seiten 210 und 211 enthalten in den Spalten die 6 Wortlisten aus dem Experiment **serpos** (Kap. 8), die zur Bestimmung des Anfangs- und Endvorteils benutzt werden. Der Versuchsleiter markiert während des Experiments in der jeweiligen Spalte die von der Versuchsperson reproduzierten Wörter. Es sind zwei Tabellen abgedruckt, für jede Versuchspersonengruppe eine. Die erste Gruppe (Tabelle B.4) sind diejenigen Personen, bei denen die ersten drei Listen mit kurzer Darbietungszeit und die zweiten drei Listen mit langer Darbietungszeit gezeigt werden. Bei der zweiten Gruppe (Tabelle B.5) werden die gleichen Wortlisten, aber mit umgekehrter Reihenfolge der Darbietungszeiten benutzt. Bei der Datenauswertung ist darauf zu achten, daß jeweils die Daten von Durchgängen gleicher Darbietungszeiten über verschiedene Personen addiert werden. Zusammengefaßt werden also die ersten drei Listen der ersten Gruppe mit den zweiten drei Listen der zweiten Gruppe und die zweiten drei Listen der ersten Gruppe mit den ersten drei Listen der zweiten Gruppe.

Tabelle B.4. Wortlisten zur Bestimmung serieller Positionseffekte.

Gruppe 1

Position	kurz			lang		
	1	2	3	4	5	6
1	Maler	Kind	Beweis	Vogel	Kaffee	Rate
2	Übung	Nacht	Wunde	Feind	Wiese	Mark
3	Land	Ober	Birne	Klotz	Wind	Beruf
4	Kranz	Geier	Auge	Blatt	Fliege	Kopf
5	Garten	Dorf	Bild	Trage	Seite	Stau
6	Hand	Zahn	Geld	Dorn	Tier	Auto
7	Bett	Jahr	Platz	Woche	Lied	Tempo
8	Vater	Preis	Fest	Herr	Katze	Wort
9	Schuh	Farbe	Lampe	Meter	Wald	Ente
10	Puppe	Dach	Blume	Brot	Neffe	Sache
11	Draht	Panne	Linde	Ende	Ordnung	Stunde
12	Finger	Schere	Baum	Butter	Eimer	Igel
13	Gegend	Kreuz	Kanu	Haar	Mutter	Stoff
14	Mitte	Reihe	Brief	Einband	Pfahl	Menge
15	Regen	Pferd	Himmel	Messer	Wagen	Papier
16	April	Karton	Zeit	Ring	Bach	Eiche
17	Klima	Hund	Kurs	Nase	Geist	August
18	Adel	Freund	Matte	Organ	Luft	Maus

Tabelle B.5. Wortlisten zur Bestimmung serieller Positionseffekte.

Gruppe 2

Position	lang			kurz		
	1	2	3	4	5	6
1	Maler	Kind	Beweis	Vogel	Kaffee	Rate
2	Übung	Nacht	Wunde	Feind	Wiese	Mark
3	Land	Ober	Birne	Klotz	Wind	Beruf
4	Kranz	Geier	Auge	Blatt	Fliege	Kopf
5	Garten	Dorf	Bild	Trage	Seite	Stau
6	Hand	Zahn	Geld	Dorn	Tier	Auto
7	Bett	Jahr	Platz	Woche	Lied	Tempo
8	Vater	Preis	Fest	Herr	Katze	Wort
9	Schuh	Farbe	Lampe	Meter	Wald	Ente
10	Puppe	Dach	Blume	Brot	Neffe	Sache
11	Draht	Panne	Linde	Ende	Ordnung	Stunde
12	Finger	Schere	Baum	Butter	Eimer	Igel
13	Gegend	Kreuz	Kanu	Haar	Mutter	Stoff
14	Mitte	Reihe	Brief	Einband	Pfahl	Menge
15	Regen	Pferd	Himmel	Messer	Wagen	Papier
16	April	Karton	Zeit	Ring	Bach	Eiche
17	Klima	Hund	Kurs	Nase	Geist	August
18	Adel	Freund	Matte	Organ	Luft	Maus

Namensverzeichnis

Anstis, S. 55, 62, *183*
Ashby, F.G. 13, *191*
Atkinson, R.C. 94, 99, 104, 128, *183*
Atwood, M.E. 141, *187*
Averbach, E. 67, *183*

Baddeley, A.D. XVII, 93, 95,
　　　　　104, 132, 139–140,
　　　　　183, 184
Baird, J.C. 38, *184*
Benjamin, D. *188*
Berkson, J. 23–24, 26, *184*
Bjork, R.A. 127, *184*
Bock, R.D. 23, 25–27, 30, 38, *184*
Boff, K.R. *183, 186*
Bortz, J. VIII, *184*
Bosch, K. 109, 179, *184*
Bower, G.H. 112–116, 123, 125,
　　　　　184, 186
Brigner, W.L. 56, *184*
Broadbent, D.E. 94, *184*
Brown, J. 94, *184*
Bruner, J.S. 76, *189*
Buffart, H.F.J.M. *192*
Bush, R.R. *188*

Calfee, R.C. VIII, *184*
Calvert, J. 56, *184*
Carterette, E.C. *185*
Carvellas, T. 140, *187*
Castellan, N.J. *184*

Chambers, S.M. 86, 90, *189*
Cohen, J. 150–151, *184*
Cohen, J.D. 91, *184*
Collins, A.M. , 138–139, *184*
Cooper, L.A. XVII, 135–136, *185*
Coren, S. 50, *185*
Coriell, A.S. 67, *183*
Craik, F.I.M. 127–129, 133, *185*
Crannel, C.W. 95–96, *185*

Davies, D.R. *190*
Dodge 76
Donders, F.C. 11
Dosher, B.A. 110, *189*
Dunbar, K. 91, *184*

Erdmann 76
Estes, W.K. 112, *185*

Falmagne, J.-C. 16, 38, *185*
Fearnley, S. 86, 90, *191*
Fechner, G.T. 16, 24, *185*
Fick, A. 42
Fletcher, H. 22, *185*
Fox, L.A. 90, *185*
Friedman, M.P. *185*
Frisby, J.P. 50, 62, *185*

Gagné, R.M. 142, *185*
Galanter, E. 19, 38, *188*
Gegenfurtner, K. 68, *185*

von Gierke, S.M. 13, *186*
Girgus, J.S. 50, *185*
Glanzer, M. 94, *186*
Glaser, M.O. 90, *186*
Glaser, W.R. 90, *186*
Goldstein, E.B. 62, *186*
Goodwin, J. *188*
Green, D.M. 13, 21, *186*, *192*
Gregory, R.L. 50, 55, 62, *183*, *186*
Guilford, J.P. 38, *186*

Hallet, P.E. 72, *186*
Harris, C.S. 82, *192*
Harris, J.D. 21, *186*
Haydon, M. VIII, 110, *190*
Heller, D. 57, 62, 170, *186*
Herrmann, Th. 82, *186*
Hershenson, M. 55–56, *186*
Heuer, H. 12, *186*
Horan, F.L. *189*, 197
Howes, D.H. 76, *186*
Hubel, D.H. 53, 55, *187*
Hurvich, L.M. 62, *187*

Irtel, H. 50, 62, *187*

Jeffries, R. 141, *187*
Jesteadt, W. 21, *192*
Jones, L.V. 23, 25–27, 30, 38, *184*
Jongeward, R.H. 127
Jülisch, B. 141, *187*

Kaplan, I.T. 140, *187*
Kaufman, L. 41, 50, *183*, *186*, *187*
Keck, M.J. 59, *187*
Keppel, G. 104, *187*
Kintsch, W. 125, *187*
Klix, F. 142, *187*, *191*
Kloep, M. 140, *187*
Kluwe, R.H. 104, 133, 139, *188*
Kohfeld, D.L. 11–12, *188*
Koster, W.G. *191*

Krause, W. 141, *187*
Krebs, M.J. 11–12, *191*
Künnapas, T.M. 42, 50, *188*

Leeuwenberg, E.L.J. *192*
Lehmkuhle, S.W. 74, *191*
Levine, M.W. 62, *188*
Levinson, E. 54, *188*
Levitt, H. 36, *188*
Levy-Berger, G. VIII, 110, *190*
Lindman, H.R. *184*
Lockhart, R.S. 128, *185*
Luce, R.D. 10–13, 19, 38, *188*
Lüer, G. 142, *188*

Mack, A. 55, *188*
MacLeod, C.M. 85, 91, *188*
Mahmud, S.H. 56, *188*
Mansfield, R.J.W. 12, *188*
Masin, S.C. 43, *188*
Masland, R.H. 56, *188*
Massaro, D.W. 11–12, 76, 82, 104, 110, *188*
Mayzner, M.S. 140, *189*
McClelland, J.L. 82, 91, *184*, *189*, *190*
McCollough, C. 62, *189*
McElree, B. 110, *189*
Miller, G.A. 76, 95–96, 99, 104, *189*
Mitchell, R.F. XVII, 137–138, *190*
Morris, C.J. 125, *187*
Morton, J. 86, 90, *189*
Moulden, B.P. 62, *183*
Moyer, R.S. , 135–137, *189*
Munson, W.A. 22, *185*
Murdock, B.B.Jr. 94, 99, 102, *189*

Neisser, U. 74, *189*
Noma, E. 38, *184*

Namensverzeichnis

Palella, T.D. 59, *187*
Pantle, A.J. 59, *187*
Parasuranam, R. *190*
Parrish, J.M. 95–96, *185*
Perlman, G. *189*, 197
Peterson, L.R. 94, 102, *190*
Peterson, M.J. 94, 102, *190*
Pisioni, D.B. *184*
Polson, P.G. 141, *187*
Posner, M.I. XVII, 137–138, *190*
Postman, L. 76, *189*
Prinz, W. 38, 50, 110, 137, *190*
Puff, R.C. 104, *190*

Quillian, M.R. , 138–139, *184*

Rautenstrauch-Goede, K. 142, *187*
Razran, L. 141, *187*
Reicher, G.M. 77–78, 82, *190*
Restle, F. *184*
Rock, I. 41, 123, *187*, *190*
Rumelhart, D.E. 82, *189*, *190*
Rundus, D. 127, *190*

Schönpflug, W. 125, *190*
Sekuler, R. 54, *188*
Shefner, J.M. 62, *188*
Shepard, R.N. XVII, 135–136
Sheppard, R.N. *185*
Shiffrin, R.M. 94, 99, 104, 128, *183*, *184*
Shor, R.E. 90, *185*
Sievers, W. 150, 157, *190*
Smith, A.F. 13, *186*
Smith, E.C. 142, *185*
Snedecor, G.W. 177, *190*
Snodgrass, J.G. VIII, 110, *190*
Solomon, R.L. 76, *186*
Spada, H. VIII, 142, *186*, *188*, *190*, *192*
Spence, J.T. *183*

Spence, K.W. *183*
Sperling, G. 65–69, 73–74, *183*, *185*, *190*
Spoehr, K.T. 74, *191*
Steinman, R.J. 90, *185*
Stelzl, I. 151, *191*
Sternberg, S. 105–106, 110, 137, *191*
Stevens, S.S. 16, *191*
Stroop, J.R. 83, *191*
Sydow, H. 142, *191*

Tack, W.H. 38, 125, *191*
Teichner, W.H. 11–12, *191*
Thomas, J.C. 141, *191*
Thomas, J.P. *183*, *186*
Thordarsen, H. *188*
Townsend, J.T. 13, *191*
Treisman, A.M. 86, 90, *191*
Tresselt, M.E. 140, *189*
Tulving, E. 129, 133, *185*

Underwood, B.J. 12, 104, *187*, *191*
Urban, F.M. 23, 25, *192*

Vetter, G.H. 125, *190*
Vidotto, G. 43, *188*

Watkins, M.J. 127, *185*
Watson, A. 50, *192*
Weber, E.H. 19, *192*
Weisstein, N. 82, *192*
Wender, K.F. 125, *192*
Wheeler, D.D. 77, *192*
Wickens, T.D. 125, *192*
Wier, C.C. 21, *192*
Wiesel, T.N. 53, 55, *187*
von Wright, J.M. 68, 73, *192*
Wundt, W. 95, *192*

Ziefle, M. 57, 62, 171, *186*

Sachverzeichnis

Abbildungen 152–154
Ablaufprotokoll 203
Ablenkaufgabe 102
ablog XVII, 140
ablog.x 140
Adaptation 53
adaptives Verfahren 36, 47–48
    Anfangswert 37
    Endwert 37
    Schrittgröße 37
    Umkehrpunkt 37
akustisches Signal 11, 199
Alles-oder-Nichts-Modell 113
Alternativhypothese 145, 148
anagram XVII, 140
Anfangsvorteil 94, 99, 102
anonymous 193
Antizipationsmethode 112
Arbeitsgedächtnis 95
Assoziationsstärke 112
Aufmerksamkeit 2, 86
Augenbewegung 65
Augenblick 65
autoexec.bat 195
Automatisierung 91

bene XVII, 60
Bewegungsnacheffekt 54–57
Bewußtsein 95
bildhaft 68
Bildschirmgröße 197

Binomialverteilung 157

Chunk 95
cvd XVII, 62, 72

dat 202
Datenauswertung 203
Datendatei 6, 202
Dezibel 12
Drucken der Daten 203

ebenmerklicher Unterschied
    18–19, 29, 36
Effektgröße 150
Empfindung 15
    als Objekteigenschaft 41
Endvorteil 94, 99–100, 102–103
erg 203
Ergebnisdatei 202
Erwartungswert 155
erzav XVII, 11
erzv XVII, 11, 197, 200
Exponentialverteilung 3
expra 196
expra.zip 194

Farbempfindung 41
Fehler erster Art 145
Fehler
    konstanter 18, 29
Fehler zweiter Art 145
ftp 193–194

Sachverzeichnis

Funktion
  logistische 19, 28
  psychometrische 19, 23, 28, 37

ganz XVII
Ganzbericht 65, 73
Gedächtnis 65
Gedächtnisspanne 94–97
Gehörsinn 41
Gesichtssinn 41
Gleichheit
  Punkt der subjektiven 18, 44
Gradient
  semantischer 84
Größenkonstanz 41
gsb XVII, 96–97, 99, 205
gsw XVII, 96–97, 99, 101, 205
gsz XVII, 96–97, 99, 205

Häufigkeitsverteilungen 154
Herstellungsmethode 35–36, 44
Hinweissignal 66, 68
Horizontal-vertikal-Täuschung 42
hvad XVII, 47
hvhe XVII, 46–47
Hypothesentest 145

Informationsverarbeitung 1
Inkongruenz 83–84
install 195
Installation der Programme 194–196
install.bat 194
Interferenz
  im Stroop-Experiment 90
  proaktive 104
Irrtumswahrscheinlichkeit 146

Kategorie
  semantische 83
Kongruenzgrad 87
konstanter Fehler 18, 29
Konstanzmethode 17, 35–36, 50
Kurzzeitgedächtnis 67, 93–95, 99, 103
  Kodierung 94

Langzeitgedächtnis 94, 99
Lernen
  Paar- 111
  serielles 103
Lernkurve 116
Lernliste 105
Lernphase 112
Leuchtdichte 4
lineare Regression 178
log 203
Logit 24

Maske 68
Maskierung
  rückwirkende 68
mcgame XVII, 141
menrot XVII, 136–137
Meßwiederholungen 2
Millilambert 12
Minimierung der quadrierten Abweichungen 23
ml XVII, 49–50
modulare Reizverarbeitung 53
Mondtäuschung 41
monitor 198, 201
Müller-Lyer-Figur 50
Müller-Urban-Gewichte 26

Nachbild 53, 62
Nacheffekt 53, 55–57, 59, 62
  negativer 53
Netzhautbild 41
Nullhypothese 145, 148

Objekteigenschaft 41
optisches Signal 4, 11

Paarlernen 111
pala XVII, 118, 123
palr XVII, 124
palst XVII, 123
Parameterschätzung 23
PATH 196
Persistenz des visuellen
   Speichers 67
petpet XVII, 103
pkunzip.exe 193
pmfa XVII, 36–37
pmfk XVII, 34
prn 202
Psychophysik 15
Punkt der subjektiven
   Gleichheit 18
PXL 196, 198
pxlcheck 196
PXLPR 197
PXLST 197

quadratische Abweichungen 23

readme 194
Reaktionsverzögerung 83
Reaktionszeit 1–2, 4, 6–8,
   10–12, 14
   Ausreißer 4
Rechteckschwingungen 22
Regression 23, 108–109, 178
Reihenfolgeeffekt 17
Reiz-Stichproben-Theorie 112
relative Häufigkeiten 154
res 202
Rückmeldung 3
rz1 XVII, 11
rz2 XVII, 11–12

Sakkade 72

samediff XVII, 138
Schalldruck 22
screenheight 197–198
screenwidth 197–198
scrnsize 197–198
Sehwinkel 4
semantische Kategorie 83
semantischer Gradient 84
serpos XVII, 100, 209
setup.bat 195–196
Signal
   akustisches 11
   optisches 4, 11
Sinusgitter 54, 57
Sinustöne 21
Skalenniveau 149
sounddevice 199
Soundkarte 199
Sprachähnlichkeit 77
Standardreiz 17
Starten eines Programms
   196–197, 199–201
startup.pxl 197–199
stern XVII, 108
Sternberg-Paradigma 105
Stichprobenumfang 150
stroop XVII, 88, 90
Stroop-Effekt 83–84
stroopsg XVII, 90
symdist 137–138, , xix
Synthesizer 199

Tabellen 153–154
   Gestaltung von 152
Tastsinn 41
Täuschung 41
tbfarbe 73, , xix
tbzeile 73–74, , xix
tbzeit 74, , xix
tbziff 73, , xix
teil 73–74, , xix

Sachverzeichnis

Teilbericht 66, 73
Teilzeiten 110
Test
  einfache Varianzanalyse 162, 165
  Gleichheit von Regressionsgeraden 178
  Gleichheit zweier Anteile 157
  Gleichheit zweier Erwartungswerte 159, 161
  Symmetrie einer Verteilung 177
  zweifache Varianzanalyse 168, 173
Testphase 112
Teststärke 148
T-Figur 43
TMP 196
tohanoi 142, , xix
Trigramm 111, 125
t-Test
  abhängige Stichproben 161
  unabhängige Stichproben 159

Übergangswahrscheinlichkeit 115
Umkehrpunkte 37
Unterscheidbarkeit von Reizen 16
Unterschied
  ebenmerklicher 18–19, 29

Varianz einer Zufallsvariablen 155
Varianzanalyse
  einfache für abhängige Stichproben 165
  einfache für unabhängige Stichproben 162
  zweifache für abhängige Stichproben 173
  zweifache für unabhängige Stichproben 168
Vergleichsreiz 17
veri 139, , xix
veri.x 139
Versionsnummer 194
Versuchsanweisung 14, 39, 51–52, 92
  Verfassen einer 60
Versuchspersonenkode 7
Verteilungsfunktion 155
Vincentisierung 115
visuell-sensorischer Speicher 67, 72
Vorsignal 2–3
vorwort 81, , xix
vti 132, , xix

Wahlreaktionszeit 1
Wahrnehmung 41
Wahrnehmungsgeschwindigkeit 10
Wahrnehmungsschwellen 16
Wahrnehmungstäuschung 42
Wartezeit im Reaktionszeitexperiment
Wasserfalltäuschung 57
Webersche Konstante 30
Webersches Gesetz 19, 30
wort 81, , xix
Wortähnlichkeit 76
Worthäufigkeit 76
Wortüberlegenheitseffekt 75

xpra.zip 193–194

Zufallsgröße 2